珍藏版

The Balanced Scorecard: Translating Strategy into Action

平衡计分卡

——化战略为行动

[美] 罗伯特·卡普兰 [美]大卫·诺顿 著
刘俊勇 孙薇 译 王化成 译校

75年来最伟大的管理工具

——《哈佛商业评论》

U0890295

SPM 南方传媒
广东经济出版社
·广州·

图书在版编目（CIP）数据

平衡计分卡：化战略为行动／（美）卡普兰，（美）诺顿著；刘俊勇等译. —广州：广东经济出版社，2013.11（2025.4重印）
ISBN 978-7-5454-2835-3

Ⅰ.①平… Ⅱ.①卡… ②诺… ③刘… Ⅲ.①企业战略-战略管理 Ⅳ.①F272

中国版本图书馆 CIP 数据核字（2013）第 254749 号

责任编辑：周伊凌　陈念庄
责任技编：陆俊帆

平衡计分卡：化战略为行动
PINGHENG JIFENKA: HUA ZHANLUE WEI XINGDONG

出版发行	广东经济出版社（广州市环市东路水荫路11号11～12楼）
经销	全国新华书店
印刷	广东鹏腾宇文化创新有限公司 （珠海市高新区唐家湾镇科技九路88号10栋）
开本	730毫米×1020毫米　1/16
印张	17.75
字数	304千字
版次	2013年11月第1版
印次	2025年4月第47次
书号	ISBN 978-7-5454-2835-3
定价	48.00元

营销中心地址：广州市环市东路水荫路11号11楼
电话：（020）87393830　邮政编码：510075
如发现印装质量问题，影响阅读，请与本社联系
广东经济出版社常年法律顾问：胡志海律师

推荐序

中国组织需要实用的解决之道去应对各种重要挑战。通常，它们要在有限的时间和资源限制下完成多项任务。幸运的是，有一个在全球范围内得到广泛认可的著名实用管理方法能够帮助企业建立对战略的关注，并显著提高业绩。这就是平衡计分卡，本书就是平衡计分卡推广的起始。

我们非常高兴地向中国的读者们推荐罗伯特·卡普兰博士和大卫·诺顿博士的多部震撼著作，这是其中的第一部，是他们两位共同创造了平衡计分卡方法。《平衡计分卡：化战略为行为》这部原著将这一创新方法确立为衡量和管理组织战略的最佳实践操作方法。

这一经典著作描述了如何把战略分解为行动方案，全书运用了许多实战案例、例子和图表，帮助读者理解如何将战略管理的基本概念转化为实际行动。卡普兰先生和诺顿先生都拥有营运管理学博士学位，他们所创造的这一卓越的战略衡量和管理方法可普遍适用于几乎任何一种类型的组织。

自从1990年他们的创新模式和方法首次确立以来，卡普兰先生和诺顿先生在战略管理这一领域作出了巨大的贡献。他们最初的两部有关平衡计分卡的著作已在全球被翻译成20多种语言[1]。他们俩和BSCOL（平衡计分卡协会）的咨询顾问们已经完成了500多个咨询项目，帮助企业确定、沟通和成功地执行战略。他们不断地学习、更新并推动这一工具的不断发展，使平衡计分卡作为一个系统、有效的帮助各类组织取得突破性成果的方法而得到广泛认可与运用。

就战略管理来说，中国有着自己的复杂文化因素和来自企业内部的挑战，而平衡计分卡正是最适合帮助中国企业制定、沟通和成功地执行战略的管理工具。

1993年我们首先把业务流程改造引入中国，1996年我们在中国成功实施了第一个平衡计分卡项目。通过在中国十多年的成功咨询经验，我们发现，不同行业、地区和类型的企业往往面临着同样的挑战。我们深入这些中国企业，聆听管理层讲述他们所面临的各种问题。我们一次又一次地认识到企业的管理层需要的是可以系统实施的实际的解决方案，而我们对平衡计分卡运用的结果证明它正是能够满足管理层这一需求的最强有力的工具。

因此我们在几年前决定将平衡计分卡作为我们咨询业务的战略重点。这一定位是根据我们对中国公司的情况所作的分析而做出的，因为事实上从 1996 年我们就开始用平衡计分卡这种方法帮助客户了。随着这一实用方法在中国得到不断的成功实施，我们的这一决定也不断地得到验证。

我们把对卡普兰先生和诺顿先生这一方法的学习体会编辑成书，成为中国最畅销的管理类书籍之一[2]。中国企业的管理层所面临的最大挑战是变革的步调和程度。来自国内外的竞争越来越激烈，客户的需求在快速升级，技术也在加速革新，而每一个这样不断变化的变革推动因素都使中国的经理们面临不断增加的压力。

我们认识到平衡计分卡方法为中国带来了独特的价值，而这种价值不可能通过其他方法轻易获得。试问你的所有经理们都能回答这样一个问题吗："你获得成功的战略是什么?"卡普兰先生和诺顿先生的这本最权威的著作将教你怎样行动，从而使每一位经理（甚至每一位员工）都能针对这一问题作出回答。

中国在过去的 25 年中取得了巨大的发展。我们认为有一个重要的特质是引导中国走过这一过程的三代领导人所共有的：他们都尊重那些能够客观地验证其有效性的实践方法。他们进行了大范围的社会经济改革试验，其结果推动了国家的进步。通常，在更大的范围内推广新的举措之前，他们都会对试点的结果进行认真的评估。

基于这样的原因，我们相信平衡计分卡将成为中国最权威和最常用的管理方法，因为平衡计分卡恰恰是为组织提供一个客观的方法来验证组织成功实施战略的设想。

制定一张平衡计分卡并向组织的下级部门贯彻，对一个企业的战略管理来说是一个重要贡献，因为平衡计分卡确定了企业的目标、衡量指标、目标值和将战略转化为行动的战略举措。当然，这是从高层管理的角度来看，在具体实施时还必须注意很多细节。

有些书籍和咨询顾问往往轻易地从两位创始人那里依葫芦画瓢地借用平衡计分卡一词，读者们不应受到误导。卡普兰和诺顿两位博士是这一强大工具的创始人，他们十多年来不断地对这一创新的模式进行提升。平衡计分卡的运用不仅仅是词语和图表的运用，只有掌握了用正确的方法有效地使用这一工具的奥妙，才能带来企业业绩的显著提高。

我们希望用自己微薄的力量，也感谢有这样一个机会对平衡计分卡这一最佳实践方法在中国的确立做出贡献。当您在书中沿着两位创始人指引的道路探索时，我们祝愿您从中学有所获。

毕意文（Irv Beiman）博士

（博意门咨询有限公司董事长）

孙永玲博士

（博意门咨询有限公司总裁）

2004 年 4 月 于上海

---

〔1〕罗伯特·卡普兰和大卫·诺顿，《平衡计分卡》，［波士顿：哈佛商学院出版社，1996］；《战略中心型组织》，［波士顿：哈佛商学院出版社，2001］

〔2〕Irv Beiman 和孙永玲，《平衡计分卡中国战略实践》，［北京：中国机械工业出版社，2003］（详细信息请登陆 www. egate - china. com）

译校序

企业业绩评价研究回顾及卡普兰和诺顿的理论贡献

——《平衡计分卡：化战略为行动》

王化成

一种重要管理理念的出现，将带来管理上的一场革命，平衡计分卡就是这样的一种理念。

一

从19世纪初开始，企业生产规模不断扩大、经营地域不断拓展，至19世纪末，纺织业、铁路业、钢铁业和商业的管理者根据各自行业的经营特点先后建立了相应的业绩衡量指标用于激励和评价企业内部的生产效率。20世纪初，多元化经营和分权化管理为业绩评价的进一步创新提供了机会。早在1903年，杜邦火药公司就开始使用“投资报酬率”法来评价公司业绩，将业绩评价的对象从内部生产效率扩展到企业整体业绩。后来，杜邦公司的财务主管唐纳森·布朗（Donaldson Brown）将投资报酬率法发展成为一个评价各个部门业绩的手段。布朗建立了杜邦公式，即投资报酬率＝资产周转率×销售利润率，并发明了至今仍广泛应用的“杜邦系统图”。根据杜邦公式和杜邦系统图，投资报酬率指标发挥了重要的作用，相应的预测和控制方法被建立起来用以规划和协调各个分部的经营活动。1923年，通用公司的董事长小阿尔弗雷德·斯隆（Alfred Sloan）提出的分权管理就是利用了布朗的理论。杜邦分析系统在企业管理中发挥的巨大作用也奠定了财务指标作为评价指标的统治地位。应用最为广泛的评价指标有投资报酬率、权益报酬率和利润等财务指标。会计数据易于获取、可比性强等特点也使得财务指标更具可操作性。1929—1933 年的经济危机之后，来自企业外部的会计准则和各种规范越来越多，这些要求使企业将越来越多的注意力集中在编制对外财务报告上。因此，业绩评价指标以财务指标为主是外部环境和内部条件共同作用的必然结果，并且这种局面一直持续到 20 世纪 80 年代。

二

传统的企业业绩评价产生于产业时代，主要为投资者、债权人、政府等企业外部利益相关者服务，而且是随着会计信息的披露而不断发展起来的。因此，它立足于事后评价，关注企业自身状况，重视表面可见的短期业绩，并且以财务指标为主。传统的企业业绩评价曾为企业“外部人”的相关决策提供了有力的工具，对企业“内部人”的经营管理也有一定的借鉴作用。但是，面对现代企业管理新兴的管理模式和管理观念，传统的企业业绩评价显得力不从心。它在设计思路、具体内容和运作方式上都过于陈旧，在评价的广度、深度和远度上都过于局限，远远不能满足现代企业管理的需要。财务评价指标的缺点表现为：(1) 环节单一。企业的运营是一个持续不断的动态过程。与之相适应的企业管理也应是一个持续不断的动态循环。传统的企业业绩评价仅仅作为企业会计期末的分析和总结，停留在单一的事后管理环节，远远未能发挥其应有的功效，不利于对企业运营的实时监控和及时调整。为现代企业管理服务的业绩评价应当充分利用现代信息技术，缩短相关指标的呈报周期（每日、每星期、每月、每季度或每半年呈报），提高评价信息在企业管理中的及时性和相关性。并且，企业业绩评价还应当突破人为会计期间的限制，站在战略的高度，与战略管理的动态循环相融合。只有这样，才能真正突破传统业绩评价在评价环节上的局限性，充分发挥其在现代企业管理中的作用。(2) 广度不够。企业是一个多维的开放的系统，其运营不仅涉及内部各种因素，而且受到外部各种环境的影响。在产业时代，企业外部环境相对稳定、简单，企业经营的重点在企业内部，与此相适应的传统企业业绩评价是一个封闭的系统，关注企业自身运作，而忽略外部环境因素。但是，随着经济的发展，企业面临着越来越复杂多变的经营环境。面对新的经济环境，传统企业业绩评价的视野显得过于狭窄。为现代企业管理服务的业绩评价必须拓宽视野，不仅要着眼于企业自身，而且应关注企业外部的方方面面，关注企业内外的相互协调。(3) 深度不足。现代企业运营不仅面临多变的外部环境，而且涉及多种内部因素以及复杂的内部环节和层次。传统的企业业绩评价主要以会计信息为基础、以财务指标为依据。会计信息和财务指标是对企业运营的一种综合的、抽象的反映。正是由于这种综合和抽象，使得很多深层的原因和具体的情况被掩藏起来了。换句话说，传统的企业业绩评价能在一定程度上反映综合的业绩结果，但不能揭示深层的业绩动因。没有动因的结果很难表明结果是如何得到的，也就难以为改进业绩指明方向。(4) 远度有限。企业的运营是一个持续的变化的过程，在确定经营方针、管理策略时常常会涉及眼前利益和长远发展的权衡问题。传统的企业业绩评价关注短期的眼前利益，而忽视长远的发展潜力。在科技日新月异、市场瞬息万变的今天，企业现有的水平并不能预示今后的前景。企业要求生存、求发展，必须具备较强的创新能力和应变能力。在当今竞争日趋智力化、无形化的经营环境中，企业在先进技术、市场声誉、人员素质等方面的长期积累对企业的经营成功和战略实现至关重要。因此，传统的企业业绩评价对现代企业管理来说，已显得有些“鼠目寸光”，不利于企业的创新与积累，进而影响到企业长期的发展后劲，这无疑会在一定程度上误导企业的经营与管理。为现代企业管理服务的企业业绩评价应当在回顾过去、立足现在的同时放眼未来，不只关注短期利益，还应注重长期的可持续发展，促使企业的目标和决策由短期型向长期型转化。

三

卡普兰和诺顿两人通过对 12 家在业绩评价方面处于领先地位的企业进行了为期一年的研究，提出了平衡计分卡理论，并在《哈佛商业评论》1992 年 1~2号发表了《平衡计分卡：驱动业绩的指标体系》一文。平衡计分卡是对企业业绩评价实践的提炼和升华。两人后来又在 1993 年 9~10 月号的《哈佛商业评论》上发表《平衡计分卡的实际应用》一文，专门介绍了多家企业实施平衡计分卡的成功经验，因而平衡计分卡从提出时就解决了操作性问题。1996 年 1~2 月号的《哈佛商业评论》上，他们又发表了《平衡计分卡在战略管理系统中的应用》，文中引入了四个新的管理程序，帮助公司把长期目标和短期行动联系起来。《哈佛商业评论》的三篇文章奠定了平衡计分卡的理论基础。1996 年，《平衡计分卡：化战略为行动》的出版，标志着这一理论的成熟，将平衡计分卡由一个业绩衡量工具转变为战略实施工具。目前，该书已被翻译成 21 种语言。Gartner Group 调查表明：在《财富》杂志公布的世界前 1000 位公司中，有70%的公司采用了平衡计分卡系统。《哈佛商业评论》更是将平衡计分卡评为75年来最具影响力的战略管理工具。平衡计分卡的理论贡献主要表现在两个方面：

1. 全面的业绩评价系统

平衡计分卡是一套能使高层管理者快速而全面地考察企业的业绩评价系统。平衡计分卡从财务、客户、内部业务流程、学习和创新四个角度来评价企业的业绩。财务指标是企业追求的结果，其他三个方面的指标（非财务指标）是取得这种结果的动因。非财务指标不是对财务指标的取代，而是对财务指标的补充。

平衡计分卡中的非财务指标是在考虑股东以外的其他利益相关者目标的基础上形成的，它全面地考虑了所有的利益相关者。并且对财务指标与非财务指标之间的因果关系进行了详尽的阐述。这种因果关系的建立解决了经营管理中业绩评价指标之间关系混乱的问题。平衡计分卡的评价指标根源于组织的战略目标和竞争需要。而且，平衡计分卡要求管理者从四种角度选择数量有限的关键指标，因而有助于把注意力集中到战略远景上来。平衡计分卡迫使管理者把所有的重要业绩评价指标放在一起考虑，使公司增强竞争力的不同举措同时出现在同一份管理报告中，从而有助于企业整体目标的实现以及不同部门目标的协调。

2. 战略管理系统的基石

如何将企业的战略目标转化为员工的日常行动，是近30年来战略管理研究的重点。基于对有形资产的开发和利用而建立起来的以财务指标为核心的业绩评价系统已无法满足战略管理的需要，因为短期财务指标对企业中长期战略目标的解释能力在不断削弱。这种局面使战略规划与战略实施之间的差距不断扩大。平衡计分卡能够满足企业战略管理的要求。本书第二部分举例说明了一些企业如何将平衡计分卡作为新的战略管理系统的基石。这些企业的管理层发现，平衡计分卡帮助他们弥合了过去存在于企业中的一个鸿沟：战略制定和战略实施之间的脱节。通过四个管理程序，平衡计分卡使企业的战略目标转化为员工的日常行动。这四个管理程序是：阐明并诠释愿景和战略；沟通和联系；计划并制定挑战性目标值；战略反馈和学习。

本书的最大特点就是在理论和实践之间架起了一座桥梁。除了阐述平衡计分卡的基本原理之外，本书自始至终贯穿了不同企业的实施案例，它们涉及多个行业，如制造业的模拟设备公司、海底建筑业的石水公司、石油行业的先锋石油公司、零售业的凯尼恩公司、金融业的大都会银行和国家保险公司，甚至该书在第八章还介绍了平衡计分卡在政府机构和非营利组织的应用。当前，平衡计分卡在国内受到了理论界和实务界的广泛关注，本书不仅可以帮助读者学习理论知识，更将帮助他们学以致用。

自1992年哈佛大学教授罗伯特·卡普兰和复兴方案公司咨询顾问大卫·诺顿创建平衡计分卡理论以来，这一划时代的管理理念便在世界各国广泛传播。大约2500年前，希腊诗人欧里庇得斯（Euripides）就已经意识到平衡对生活的重要性，他说："最重要和最安全的事就是保持生活的平衡，并认识到在我们周围和我们身上的伟大力量。如果你能够做到这点并以这种方式生活，那你确实是一名智者。"我认为，平衡计分卡理论实现了四个方面的有机协调和平衡：战略管理与经营管理的平衡、财务指标与非财务指标的平衡、内部人员与外部人员的平衡以及结果指标和动因指标的平衡。中国企业在以上四个方面的平衡上存在明显欠缺。我认为，平衡计分卡的引入，定能对中国企业的业绩评价乃至整个企业管理带来革命性变化，我们期待中国平衡计分卡时代的到来。

（作者是中国人民大学商学院副院长、教授，博士研究生导师）

译　序

平衡计分卡自1992年诞生以来，迅速风靡全球，得到了理论界和实务界的广泛关注。近年来，国内对平衡计分卡的研究和应用日益增多。我们从2000年参加国家自然科学基金项目“企业业绩评价与激励研究”以来，便把平衡计分卡作为研究的重点。典型的平衡计分卡从财务、客户、内部业务流程、学习与成长四个方面来衡量企业的业绩，并通过一套具有因果关系的指标体系将企业的战略转化为日常行动。平衡计分卡理论涉及了多个学科的知识，比如战略管理、财务管理、会计、营销管理、研发管理、生产管理、人力资源管理，等等。因此，平衡计分卡也吸引了上述诸多领域学者的目光。在实践中，有许多不同行业的企业不同程度地应用了平衡计分卡。同时，平衡计分卡也成为国内许多咨询公司的主要业务领域之一。我们认为，平衡计分卡最大的成功之处在于它为理论和实践搭起了一座桥梁。这一理论的提出并非空穴来风、闭门造车，而是有着深厚的实践基础。卡普兰和诺顿两位大师通过对12家业绩衡量领先的企业进行为期一年的研究，以模拟设备公司的“企业计分卡”为原型，提出了平衡计分卡，并将初步研究成果在数家企业进行了检验。因而，平衡计分卡理论是理论界、实务界和咨询业智慧的共同结晶，由此我们也不难理解平衡计分卡理论的强大生命力。平衡计分卡的成功使我们认识到管理理论的创新必须走产学研相结合的道路。

从两位大师在《哈佛商业评论》上发表的三篇关于平衡计分卡的文章可以看出，平衡计分卡理论经历了一个从业绩衡量工具到战略管理基石的成功转型。这一转型的推动者是应用平衡计分卡的诸多企业，他们在实践中认识到，平衡计分卡不仅是一个良好的业绩衡量系统，而且在战略管理中发挥了重要的作用，它有效解决了长期以来困扰管理者的战略难题——战略规划与战略实施的脱节。企业引入平衡计分卡的初衷是解决业绩衡量问题，但是丰富的实践使理论再次得到了升华，平衡计分卡已成为战略管理的基石。随着理论的逐步完善，加之成功实施经验的日益积累，1996 年《平衡计分卡：化战略为行动》一书的出版可以说是水到渠成。

在关注国内学习和应用平衡计分卡的同时，我们也注意到了一个不能回避的问题：我们是否正确地认识了平衡计分卡？可以说贯穿于本书的关键词并不是太多，但对它们的译法却影响了对理论的理解和应用。化战略为行动是一个从宏观到微观、从抽象到具体的过程，平衡计分卡使用的概念依次为层面（perspective）、目标（objective）、指标（measure）、目标值（target）和行动方案（initiative）。这几个词汇是平衡计分卡的最基本概念，是财务、客户、内部业务流程以及学习与创新四个方面的具体构成要素，也是本书第一部分重点阐述的内容。但是仅用这些静态要素，是无法满足战略管理过程的动态要求的。因此，本书的第二部分从动态的角度阐述了化战略为行动的四个重要管理流程：阐明并诠释愿景和战略（Clarifying and translating the vision and strategy）、沟通与联系（Communicating and linking）、计划与制定目标值（Planning and target setting）以及战略反馈与学习（Strategic feedback and learning）。

本书在翻译过程中，得到了有关单位和个人的大力帮助，我们曾就一些关键词汇的翻译与他们进行商讨。他们是中国航天工业会计学会秘书长胡桂珍、美国 Pannaway 公司中国区总裁彭灏先生、上海博意门咨询公司总裁孙永玲博士，中国人民大学商学院博士研究生温承革。此外，广东经济出版社的编辑黄少刚先生多次为我们提供有关平衡计分卡的资料和信息，使得本书的翻译工作得以顺利开展。在此，我们对他们表示衷心的感谢。

本书适合于企业管理者、高等院校相关领域的教师、研究生、高年级的本科生和所有对平衡计分卡有兴趣的人士阅读。

囿于时间与语言之限制，本书的翻译难免还有许多不足之处，敬请各位读者不吝赐教。

电子信箱：

刘俊勇　孙薇

2004 年 4 月 5 日于中国人民大学

作者序

这本书的起源可以追溯到1990年，那年KPMG（毕马威会计师事务所）的研究机构诺兰诺顿（Nolan Norton Institute）资助了一项为期一年、数家公司参加的研究项目，叫做“未来的组织业绩衡量”。这个研究项目受到这样一个信念的启示——现有的以财务会计指标为主的业绩衡量方法已经跟不上时代了。该研究项目的参与者认为，对概括性财务业绩指标的依赖，会妨碍企业创造未来经济价值的能力。诺兰诺顿的CEO戴维·诺顿（David Norton）担任该项目的负责人，罗伯特·卡普兰（Robert Kaplan）则担任学术顾问。来自制造、服务、重工业和高科技行业的12家企业也参加了这项研究[1]，这些企业的代表在那一年中每两个月聚会一次，来开发一个新的业绩衡量模型。

项目伊始，我们查阅了大量最新的创新业绩衡量系统的案例研究。模拟设备公司的案例[2]，描述了一种在持续改进活动中衡量改进速率的方法。案例中也显示了该公司如何运用他发明的“企业计分卡”，该方法除了传统的财务指标外，还包括与交货时间、制造流程的质量和周转期、新产品开发效率相关的业绩指标。模拟设备公司负责质量改进与生产力的副总裁阿特·施奈德曼（Art Schneiderman），也参加了一次研讨来介绍他们的计分卡经验。在这项研究的前半段，我们曾考虑了不少概念，包括股东价值、生产率和质量衡量、新的薪酬计划等，但没过多久，大家的注意力就集中在这个多角度的计分卡上，认为它是一个最可能满足我们要求的方法。

经过小组反复讨论，计分卡的内容逐渐扩大，围绕着财务、客户、内部、创新与学习四个独特的层面，形成了一个新的衡量系统，我们称之为“平衡计分卡”。顾名思义，它反映了如下多种平衡关系：短期和长期目标、财务和非财务指标、滞后和领先指标、外部和内部业绩视角。几位小组成员在他们的企业进行试验，尝试建立平衡计分卡模型。随后他们向研究小组报告平衡计分卡在企业内的接受程度，遭遇过哪些障碍，有哪些机遇。1990年12月，我们将这个平衡衡量系统的可行性和实施效益做成报告，研究项目圆满结束。

我们总结了小组的研究结果，写成了一篇论文《平衡计分卡——驱动业绩的指标体系》，发表于1992年1~2月号的《哈佛商业评论》。当时，几位高层管理者找上门来，希望我们帮助他们在企业内实施平衡计分卡。这些工作又带动了下一轮的发展。石水公司（Rockwater）当年的CEO诺曼·钱伯斯（Norman Chambers）和FMC公司当年的执行副总裁拉里·布雷迪（Larry Brady）（后来升任总裁），对计分卡的广泛运用有着绝对的影响力。在钱伯斯和布雷迪看来，计分卡不只是一个衡量系统，他们希望以这个新的衡量系统沟通新的战略，并使新战略在企业内协调一致。他们的新战略是摆脱传统的以降低成本和低价竞争为重点的短视做法，转变为向客户提供客户化的增值产品和服务，从而创造增长机会。我们在与钱伯斯、布雷迪及他们公司的管理者一起工作中，感悟到将平衡计分卡指标与企业战略挂钩的重要性。这个道理似乎浅显易明，但事实上许多企业，即使是那些实施了新的业绩衡量系统的公司，也没有将他们的衡量系统与战略协调一致。大多数企业都是采用降低成本、改善质量和缩短反应时间的手段来改善现有流程的业绩，但是却没有找出真正具有战略意义的流程——那些必须表现卓越才能实现战略成功的流程。我们在第二篇文章中描述了基于战略成功选择指标的重要性，这篇文章是《平衡计分卡的实际应用》，发表于1993年9~10月号《哈佛商业评论》。

1993年中，诺顿出任一家新公司——复兴方案公司（Renaissance Solutions, Inc., RSI）的CEO。RSI的主要业务之一是战略咨询服务，他用平衡计分卡作为帮助客户诠释和实施战略的工具。RSI和双子星座咨询公司（Gemini Consulting）的联盟，为平衡计分卡在重大企业转型项目中的应用带来了新的契机。这些经验进一步完善了计分卡与战略的联系，证明了即使四个层面多达20到25个指标，仍然可以沟通和协助实施单一的战略。因此，我们无须对计分卡上诸多指标做出复杂的权衡取舍，战略联系便可把计分卡指标连接到一系列的因果关系之中。这些因果关系汇集起来，描绘出战略的运行轨迹：对员工再培训、信息技术以及创新产品和服务的投资将大幅地改善未来财务业绩。

这些经验显示，具有创新精神的CEO，不但以平衡计分卡来阐明和沟通战略，而且用它来管理战略。实际上，平衡计分卡已经从一个改良的衡量系统，演变成一个核心的管理系统了。除了最早实施平衡计分卡的公司，包括Brown & Root Energy Services公司（石水的母公司）和FMC，我们在其他几家公司也观察到了平衡计分卡的演变，本书经常提到的有：大都会银行（Metro Bank）、国家保险公司（National Insurance）、凯尼恩商店（Kenyon Stores）和先锋石油公司（Pioneer Petroleum）（出于保密原因，这几家公司的名字是虚构的）。这些公司的高层管理者，不约而同地把平衡计分卡当作重要管理流程的核心组织架构，包括：制定个人和团队目标、薪酬制度、资源分配、预算编制和计划以及战略反馈和学习。我们总结这些发展，写成第三篇文章：《平衡计分卡在战略管理系统中的应用》，发表于《哈佛商业评论》1996 年 1 ~2 月号。

平衡计分卡迅速演变成一个战略管理系统，使我们认识到区区几篇文章无法交代清楚我们学到的经验。同时，我们也接到了许多要求，都是希望进一步了解如何建立并实施平衡计分卡。源源不断丰富而详尽的实施经验，加上众人在这方面的信息渴求，终于促成我们写作此书。

虽然我们已竭尽所能把本书写得详尽和完整，但是这本书只能算是一个进度报告。过去三年，我们看到越来越多的企业接受了计分卡概念，开创了新的发展和应用。我们希望本书的观察报告，能够帮助更多的管理者在他们的企业中推出并实施平衡计分卡方案。过去五年来，我们幸运地接触到许多富有创新精神的公司，我们相信他们将会把计分卡的框架和应用发扬光大。或许再过几年，读者会看到我们的第二本书《平衡计分卡（续）》[①]。在我们的创作过程中得到了许多单位及其管理者和项目负责人的帮助，包括 FMC 的拉里·布雷迪（Larry Brady）和罗恩·马布（Ron Mambu），石水的诺曼·钱伯斯（Norm Chambers）和劳埃德·里斯（Sian Lloyd Rees），模拟设备公司的雷·斯特达（Ray Stata）、杰里·菲什曼（Jerry Fishman）和阿特·施奈德曼（Art Schneiderman）。我们也向大都会银行、国家保险公司、凯尼恩商店、先锋石油公司以及其他几家公司的管理者表示谢意，但出于保密原因，我们无法在此提到他们的名字。这些公司管理层通过他们的领导能力和行动，为平衡计分卡作为企业管理系统的基石做了最有力的证明。

我们也因 RSI 许多专业人员的努力而获益匪浅，他们与客户的工作经验扩大了平衡计分卡的应用范围。特别是迈克尔斯·康卓达（Michael Contrada）和丽贝卡·斯坦福（Rebecca Steinfort），将许多客户的经验综合起来，形成了 RSI 的活知识库。劳拉·唐宁（Laura Downing）和玛丽萨·亨里克森（Marissa Hendrickson）让我们学到了如何把平衡计分卡应用到非营利组织，他们为麻省残奥会（Massachusetts Special Olympics）奉献了许多私人时间。RSI 的创办人哈里·莱斯克（Harry Lasker）和戴维·鲁宾（David Lubin）帮助我们把计分卡实施方法扩大为技术基础的解决方案，包括第十一章描述的战略反馈与学习

---

① 译者注：第二本书为《战略中心型组织》。

系统。这些拓展工作使我们将计分卡的概念能够融入企业的会议、信息系统和日常生活之中。我们与双子星座咨询公司的关系，尤其是得到佛朗西斯·高拉特（Francis Gouillart）的鼎力支持，使我们有机会把计分卡的应用进一步扩展到复杂的企业转型过程中。这些专业的合作关系，让我们明白了学习型组织的真正意义。

在出版过程中，许多人发挥了重要作用。哈佛商学院出版社领导卡罗尔·弗兰克（Carol Franco）自始至终给予我们热情的支持以及在编辑上的帮助。编辑霍利斯·韩伯克（Hollis Heimbouch）对初稿和随后几次草稿提供了宝贵和精辟的见解，使得本书的结构和内容更为充实。特得·弗兰克维拉（Ted Francavilla）、汤姆·瓦莱里亚（Tom Valerio）、威廉·布伦斯教授（William Bruns）、罗伯特·西蒙教授（Robert Simons）和罗宾·库珀教授（Robin Cooper）的指教，使我们能够在本书付梓之前做出重要的修正。

纳塔莉·格林伯格（Natalie Greenberg）的辛勤工作和校稿技术，使我们减少了重复出错的毛病。巴巴里·罗丝（Barbara Roth）有效管理制作流程，使我们能够如期出书，她在美工和编辑方面也提供了极好的建议。RSI 的罗斯·菲茨帕特里克（Rose Fitzpatrick）把我们潦草的手稿和乱七八糟的数字和图表，变成漂亮的终稿，而在不计其数的改稿过程中，她的耐心是我们最大的精神支柱。对上述所有的人，让我们在这里说一声谢谢。

卡普兰、诺顿

1996 年 2 月于麻省波士顿市、林肯市

注释：

〔1〕这 12 家公司包括 AMD（Advanced Micro Devices）、美国标准石油（American Standard）、苹果电脑（Apple Computer）、南方贝尔（Bell South）、CIGNA 保险、Conner Peripherals 公司、Cray Research、杜邦（DuPont）、EDS（Electronic Data Systems）、GE（General Electric）、惠普（Hewlett – Packard，HP）和加拿大壳牌石油（Shell Canada）。

〔2〕R. S. Kaplan，“Analog Devices：The Half – Life Metric.” Harvard Business School Case #9 – 190 – 061，1990.

目录

第一章　信息时代的衡量与管理　(1)
信息时代的竞争　(2)
传统财务会计模式　(5)
平衡计分卡　(5)
本章小结　(13)

第二章　企业为什么需要平衡计分卡　(17)
财务指标　(17)
平衡计分卡　(19)
把数个计分卡指标同单独一项战略相联系　(23)
财务指标应当被废弃吗　(25)
四个层面足够了吗　(27)
组织架构与平衡计分卡　(28)
是战略定位还是核心竞争力与能力导向　(29)
本章附录：财务指标衡量企业业绩的局限性　(30)

第一部分　衡量企业战略

第三章　财务层面　(39)
将财务目标连结到业务单元战略　(39)
风险管理　(41)
财务层面的战略主题　(42)
风险管理目标和指标　(48)
本章小结　(49)

第四章　客户层面 (51)
细分市场 (51)
凯尼恩：直接销售给大众市场 (61)
石水公司：直接销售给个别客户 (63)
先锋石油公司：间接销售给大众市场 (65)
时间、质量和价格 (67)
本章小结 (67)
本章附录：客户满意度的驱动因素 (68)

第五章　内部业务流程层面 (73)
内部业务流程价值链 (75)
内部业务流程层面的实例 (84)
本章小结 (90)
本章附录：运营流程——时间、质量和成本的衡量 (90)

第六章　学习与成长层面 (99)
员工能力 (99)
衡量员工的核心指标群 (101)
学习与成长的特定驱动因素 (103)
员工的技术再造 (104)
信息系统能力 (105)
激励、授权和协作 (107)
缺乏衡量指标 (113)
作为替代者的衡量指标 (114)
本章小结 (115)

第七章　把平衡计分卡指标与战略连结 (117)
把平衡计分卡指标与战略相连结 (118)
战略指标与诊断指标：平衡计分卡有多少指标 (128)
好指标引起坏事情：用诊断指标平衡战略指标 (130)
本章小结 (131)

第八章　结构与战略 (133)
业务单元战略和公司战略 (133)
集团公司的主题和作用 (135)
合资企业与战略联盟 (138)
职能部门：共享集团公司资源 (140)
政府机构与非营利组织 (143)
本章小结 (150)

第二部分　管理企业战略

第九章　上下一致　战略协同 (161)
沟通与教育计划 (163)
与董事会和外部股东进行沟通 (168)
将平衡计分卡与团队和个人目标挂钩 (170)
与奖金制度挂钩 (175)
本章小结 (179)

第十章　目标值、资源分配、行动方案与预算 (181)
制定挑战性目标值 (182)
确定战略行动方案 (185)
本章小结 (201)

第十一章　反馈与战略学习流程 (203)
从命令与控制到战略学习 (203)
走向战略学习流程 (204)
共享的战略架构 (205)
战略反馈 (205)
团队解决问题 (211)
本章小结 (217)

第十二章　实施平衡计分卡管理方案 (219)
推出平衡计分卡方案 (220)
动力：动员企业 (221)
建立一体化的管理系统 (225)
注意：知易行难 (228)
平衡计分卡战略管理系统 (230)
本章小结：化战略为行动 (233)

附录　建立平衡计分卡 (237)
确定平衡计分卡目标 (237)
平衡计分卡的主角 (241)
建立平衡计分卡：流程 (242)
实施时间表 (248)
本章小结 (250)

词汇表 (251)
译者小传 (259)

第一章

信息时代的衡量与管理

假设你走进一架新式喷气飞机的驾驶舱，在那里只看到一台仪器。那么在跟飞行员进行如下交谈后，你对搭乘这架飞机有何感想？

问：我很惊讶你只用一台仪器来驾驶这架飞机，这台仪器是测量什么的？

答：空速。事实上，我这次飞行只管空速。

问：很好。空速看起来确实很重要。但是高度呢？一台测高仪难道没有帮助吗？

答：我在最近几次飞行都是负责高度的，这方面我已做得相当好。现在我必须集中精力学会掌握空速。

问：可是我注意到你甚至没有油料表。难道它没有用吗？

答：你说得不错，油料表很重要，但是我不能同时做好几样事。因此，这次飞行我只负责空速，等我把空速管理得和高度一样好时，然后在下几次飞行中集中精力研究油耗问题。

经过这次交谈，恐怕你是不会搭乘这架飞机的。即使这位飞行员掌握空速的技术一流，你还是会担心飞机会撞上高山或油料用尽。这样的谈话显然纯属虚构，因为没有任何一位飞行员会妄想只靠一台仪器来操纵像飞机这样复杂的交通工具来通过拥挤的航线。技术娴熟的飞行员可以在飞机驾驶过程中处理一大堆仪表提供的信息。然而在复杂的竞争环境中管理现代企业，其难度不亚于驾驶一架飞机。那么，我们会相信管理者在管理自己的公司时不需要一整套仪器吗？像飞行员一样，管理者必须掌握关于环境和业绩因素的“仪器”，这些“仪器”引导他们飞向光辉的未来。

平衡计分卡（the Balanced Scorecard，BSC）为管理者提供了引导他们在未来竞争中获得成功所需要的仪器。今天，企业的竞争环境极其复杂，因此，准确了解企业的目标及实现目标的方法是十分重要的。平衡计分卡将企业的使命和战略化为一套全面的指标，这些指标为战略衡量和管理系统提供了架构。平衡计分卡仍然重视实现财务目标，但是也兼顾了财务目标的业绩驱动因素。平衡计分卡从四个平衡的层面衡量企业的业绩，这四个层面包括财务、客户、内部业务流程和学习与成长。平衡计分卡使各公司在追求财务结果的同时，监控公司为了未来的成长而培养能力和获得无形资产的过程。

信息时代的竞争

目前，企业正处于革命性的转型之中，工业时代的竞争正变为信息时代的竞争。从1850—1975年的工业时代里，企业成功的关键在于利用规模经济和范围经济的能力。[1]技术固然重要，但是归根结底，成功的企业靠的是把新技术融入实物资产中，借此提高效率并大批量生产标准产品。

在工业化时代，财务控制系统在像通用汽车、杜邦、松下和通用电气这样的公司里得以发展，以促进和监督资金和实物资本的高效配置。[2]像资本报酬率（return-on-capital-employed，ROCE）这样一项综合性的财务指标，既能引导公司内部资本物尽其用，又能监督各业务单元运用资金和实物资本为股东创造价值的效率。

但是20世纪末兴起的信息时代，使工业时代竞争中的许多基本假设变得过时。单靠迅速地把新技术融入实物资产及出色地管理财务资产和负债，各公司不再能获得持久的竞争优势。

信息时代对服务业的冲击，甚至比对制造业的冲击更具颠覆性。许多服务性公司，特别是运输、公用事业、通信、金融和公共卫生行业中的公司，几十年来一直处于舒适的非竞争环境中。这些公司不能任意扩张和自由定价。作为回报，政府监管部门保护它们，使它们免于遭受更高效率或更富于创新精神的竞争者的威胁，同时也保障它们的价格水平足以弥补成本并获得充足的投资报酬。显然，在最近20年里，全世界服务业公司经历了解除管制和私有化浪潮，而信息技术也为这些工业时代被保护的公司埋下了“毁灭的种子”。

为了能在竞争中获胜，信息时代的制造业和服务业公司必须具备新的能力。对于一家公司来说，动员并利用无形资产的能力，远比它投资和管理有形资产更具决定性。[3]无形资产能够：

- 发展客户关系，从而保持现有客户的忠诚度，并为新客户和新市场提供高效的服务
- 推出创新产品和服务，满足目标客户的需求

- 以低成本、短时间提供高质量的客户化（Customized）产品和服务
- 发挥员工技能、激发员工积极性，持续改善工艺流程、质量和反应时间
- 运用信息技术、数据库和信息系统

新的运营环境

信息时代的企业建立在一系列新的运营假设之上。

跨职能

工业时代的企业通过制造、采购、分配、营销和技术等各种职能的专业化而获得竞争优势，职能的专业化曾为它们带来了巨大的利益。但是久而久之，最大限度的职能专业化导致极度无效率、部门间推诿扯皮和反应过程减慢等问题。信息时代的企业运营，则是通过一体化的业务流程来贯穿传统的业务职能。[4]它把功能专业化的优点同一体化业务流程的速度、效率和质量相结合。

连结客户和供应商

工业时代的企业在其交易中与客户和供应商存在着一定的距离。信息技术使企业能够将供应、生产和交货等过程一体化，于是整个流程的运转靠客户订单而不再靠把产品和服务融入价值链的生产计划来带动。从客户订单追溯到上游原料供应商的一体化系统，使企业价值链上的所有单元，都能在成本、质量和反应时间等方面获得巨大改善。

客户细分

工业时代企业的繁荣靠的是提供低成本标准化的产品和服务，正如福特（Henry Ford）所说的："客户可以随心所欲地选择汽车颜色，但我只提供黑色T型车。"客户一旦满足了衣食住行的基本需求，必定会有更进一步的个性化需求。信息时代的企业，必须学会如何为不同的客户提供不同的产品和服务，同时避免多种类、小批量的运营方式而带来的昂贵成本。[5]

全球规模

国界已不能阻止高效率、反应灵敏的外国公司的竞争。信息时代的企业必须与全世界最好的企业一较高下。开发新产品和服务的巨额投资，要求遍布全球的客户提供充足的回报。信息时代的企业必须具备全球运营的效率和竞争弹性，并保持对本地市场的营销敏感度。

创新

产品的生命周期不断缩短。一种产品在一个周期的竞争优势不能保证该产品在下一个技术平台也拥有领先地位。[6]在技术创新迅速发展的产业中，参与竞争的企业必须洞察客户的未来需求，开发全新的产品和服务，并迅速将其运用到高效率运营和服务过程中。即使是产品生命周期相对较长的企业，持续改进其工艺流程及产品的性能对确保企业长盛不衰来说也至关重要。

知识型员工

工业时代的企业把员工分为泾渭分明的两个类型。第一类人是知识精英，即经理和工程师，他们运用分析技能设计产品和工艺，选择并管理客户及监督日常运营；第二类是生产产品和提供服务的人。一线员工是工业时代企业的主要生产元素，但他们只是利用体力而非脑力，他们在白领工程师和经理的直接监督下从事生产。20 世纪末，自动化和生产率的提高使企业中从事传统劳动的人员比例下降，而竞争的要求又使从事工程、营销、管理和职能等工作的人员激增。即使那些仍然进行直接生产和提供服务的员工，也因为提出如何提高质量、降低成本费用和缩短生产周期的建议，而提高了他们的价值。正如一家福特发动机修理厂厂长所言："机器是为自动运转而设计的，员工的工作是思考，是解决问题，是保证质量，而不是只看着零部件从生产线上通过。在我们厂里，员工被看作是解决问题的专家，而不是变动成本。"[7]

如今，所有员工都必须凭借自己的知识和他们所能提供的信息来贡献其价值。对增加员工知识进行投资、管理和利用，已成为信息时代企业的当务之急。

许多企业力图转型以应对未来的竞争，它们正尝试进行各种各样的改进：

- 全面质量管理（Total quality management）
- 适时（Just-in-time）生产和配送系统
- 时间竞争（Time-based competition）
- 精益生产/精益企业（Lean production/Lean enterprise）
- 建立客户中心型组织（customer-focused organizations）
- 作业成本管理（Activity-based cost management）
- 员工授权（Employee empowerment）
- 企业再造（Reengineering）

这些改进方案中的每一项都有过成功的范例、积极的倡导者、理论专家和顾问。每一个改进方案都在为高层管理者的时间、精力和资源而竞争，而且每个方案都在追求突破性的业绩，保证为公司的利益相关者——股东、客户、供应商、员工——中的多数（即使不是全部）创造更大的价值。这些方案的目的不是渐进式的改良或求得生存，而是追求快速进步的业绩，使企业在新的信息时代竞争中能获得成功。

但是许多改进方案最后都以失败而告终，这些方案往往是支离破碎的，它们既没有和企业的战略紧密相连，也与特定的财务和经济成果毫无关联。业绩的突破需要重大改革，包括企业所采用的衡量方法和管理系统的改革。单靠监督和控制反映过去业绩的财务指标，不能引导企业进入一个竞争更加剧烈、科技水平更高和能力驱动的未来。

传统财务会计模式

信息时代的企业管理实施了新方案、行动方案和管理流程的变革，但实施的环境仍然受到季度和年度财务报表的主宰。今天的财务报告流程，仍然沿袭了几个世纪前的会计模式，这一模式是在独立经济实体之间“保持距离”交易环境下开发的。这个财务会计模式仍为信息时代的企业所采用，这些企业正试图建立内部资产和能力，并对外缔结关系和战略联盟。[8]

理想的做法是扩展会计模式，以包括对企业无形资产和智力资产的评价，这些资产包括：优质产品和服务、干劲十足而技术娴熟的员工、反应灵敏和稳定的内部运营、满意而忠诚的客户群等。对无形资产和企业能力的评价之所以有益，是因为在信息时代，这些资产对成功的影响远比传统的有形资产大。如果财务会计模式能够评价无形资产和企业能力的价值，则企业就能向员工、股东、债权人和社区传达这种加强资产和能力改进的信息。相反，如果企业的这种无形资产和能力受损，损益表上立刻会反映出负面的影响。然而事实上，我们很难为无形资产估算出一个可靠的财务价值，这些资产包括新产品的制造工序、工艺能力、员工技能、积极性和灵活性、客户忠诚度、数据库和系统等，这种困难使这些资产很可能永远无法在企业的资产负债表中得到承认。但是，这些资产和能力偏偏又是企业在今天乃至未来的激烈竞争环境中制胜的关键。

平衡计分卡

大势所趋之下，一方面企业要求培养长期竞争力，而另一方面，传统成本会计模式又雷打不动，这两股力量的碰撞催生一种新的综合体：平衡计分卡。平衡计分卡保留了传统的财务指标。但是财务指标针对的是已经发生的事情，这对工业时代的企业来说是足够的，因为以投资提高企业的长期能力及维持长期的客户关系对这些企业能否获得成功来说并不重要。然而，当企业必须大量投资于客户、供应商、员工、工艺、技术和创新，才能创造价值之际，财务指标无法发挥导航和评价的作用。

平衡计分卡采用了衡量未来业绩的驱动因素指标，弥补了仅仅衡量过去业绩的财务指标的不足。计分卡的目标和指标来源于企业的愿景和战略。这些目标和指标从四个层面来考察企业的业绩，即：财务、客户、内部业务流程、学习与成长。这四个层面组成了平衡计分卡的框架（见图 1－1）。

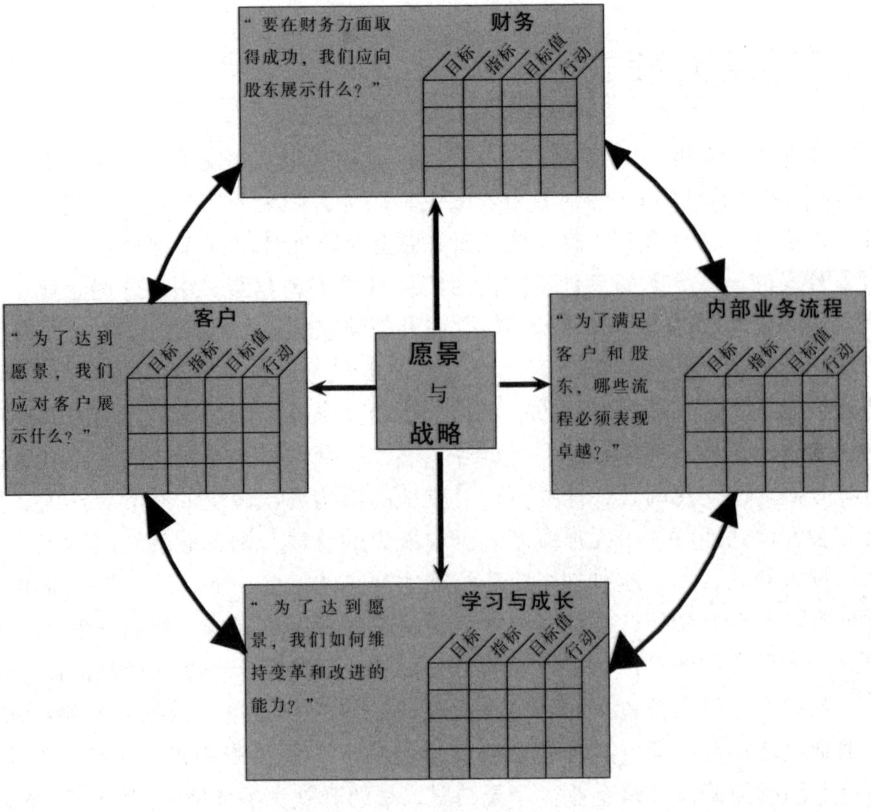

图 1–1　化战略为行动的平衡计分卡框架

资料来源：摘自本书作者发表于《哈佛商业评论》1996 年 1～2 月号《平衡计分卡在战略管理系统中的应用》一文，已获授权转载。

平衡计分卡把业务单元的一系列目标拓展到概括性的财务指标之外。如今，公司管理者能够衡量自己的业务单元如何为目前和将来的客户创造价值，如何提高内部能力并投资于必要的员工、系统和程序，以改进未来的业绩。平衡计分卡捕捉了技能高超的、有活力的企业员工创造价值的活动，一方面通过财务视角保持对短期业绩的关注，另一方面可明确揭示获得卓越的长期财务和竞争业绩的驱动因素。

平衡计分卡管理系统

许多公司的业绩衡量系统已包括了财务和非财务指标。那么，采用一套“平衡的”指标又有什么新意呢？的确，几乎所有的企业都采用财务和非财务指标，但它们仅把非财务指标用于局部的改进，如改进与客户接触的第一线营运之中。高层管理者采用总计的财务指标，好像这些指标能够充分概括基层员工及中层管理者的运营成果。这些企业运用财务和非财务业绩指标，只是为了战术性的反馈和对短期运营的控制。

平衡计分卡强调财务与非财务指标必须是信息系统的一部分，应该遍及公司各级员工。一线员工必须了解他们的决策和行动所造成的财务结果；高层管理者必须了解长期财务成功的驱动因素。平衡计分卡的目标和指标并不是把财务和非财务指标进行特定组合，它们是在业务单元的使命和战略驱动下，通过一个自上而下的流程发展而来的。平衡计分卡将业务单元的使命和战略转变为特定的目标和指标。平衡计分卡平衡了关于股东和客户的外部指标和关于关键业务流程、创新、学习与成长的内部指标；平衡了反映以往工作结果的指标和驱动未来业绩的指标；平衡了对客观的、容易量化的成果指标和对这些成果的主观的、带有一定判断性的业绩驱动因素指标。

平衡计分卡不仅仅是一个战术性的或运营性的衡量系统。富于创新的企业把计分卡视为一个战略管理系统，从长期规划企业战略（见图1－2），它们利用计分卡的衡量重点来完成重要的管理流程：

1. 阐明并诠释愿景和战略。
2. 沟通并连结战略目标和指标。
3. 计划、制定目标值并协调战略行动方案。
4. 加强战略反馈与学习。

阐明并诠释愿景和战略

平衡计分卡流程始于高级管理层把业务单元的战略转换为特定的战略目标。在确定财务目标时，这个管理层必须考虑是注重收入和市场成长、盈利能力，还是创造现金流量。但是在客户层面，管理层必须明确指出他们应该在哪些客户群体和市场中竞争。举例来说，某金融机构的战略是提供卓越的服务给目标客户，它的25位高级管理者早已就此达成共识。可是在构建计分卡的客户目标时，却发现经理们心中对什么是卓越的服务和谁是目标客户所下的定义都不一样。为计分卡设计运营指标的过程，使25位经理在哪些客户群体最可取、应该为这些目标客户提供哪些产品和服务方面达成了共识。

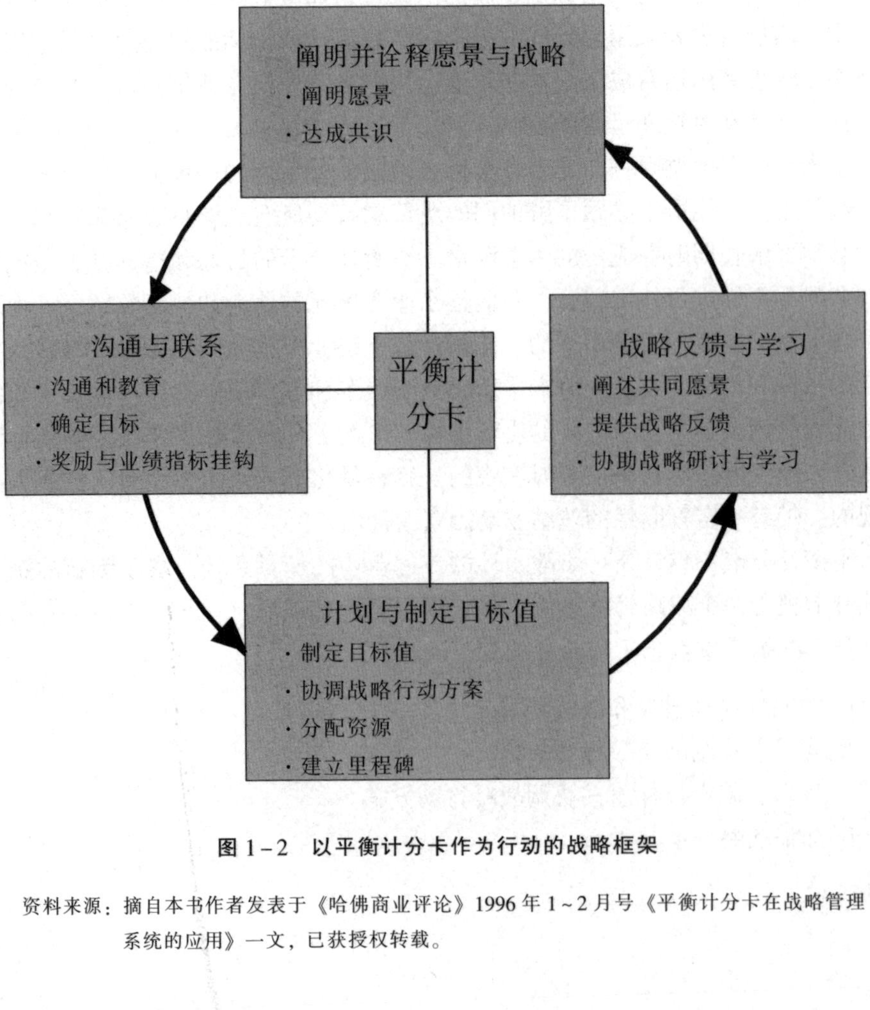

图 1-2 以平衡计分卡作为行动的战略框架

资料来源：摘自本书作者发表于《哈佛商业评论》1996 年 1～2 月号《平衡计分卡在战略管理系统的应用》一文，已获授权转载。

财务和客户的目标既已确定，企业接着就应确认其内部业务流程的目标和指标，这是平衡计分卡方法的一大突破和优点。传统的业绩衡量系统，即使是采用了非财务指标，也都只是改进既有流程的成本、质量和周期。平衡计分卡则强调为客户和股东获得突破性业绩的流程是最关键的。这项确认过程的结果往往揭示了企业要使其战略获得成功所必须做好的、全新的内部流程。

最后一环——学习与成长目标，揭示了企业为什么必须大量投资于员工的知识更新、信息技术和系统以及强化企业管理程序等。这些对员工、系统和程序的投资可以在内部流程、客户和股东等层面产生重大的革新和改善。

建立平衡计分卡的过程使战略目标得到阐明，并为实现战略目标确认了几个关键的驱动因素。我们参与过不少企业的平衡计分卡设计工作，我们所遇见的高级管理层对其战略目标的相对重要性从未达成充分的共识。总的来说，这些企业管理良好，管理层也和谐共事，之所以缺乏共识，往往要归咎于职能历史和企业文化。经理们的事业往往围绕着单一职能建立，某些职能往往起主导地位。例如，石油公司经常受到炼油厂的技术和成本支配而牺牲营销利益；消费品公司往往被营销和销售重点所主宰而牺牲技术和革新；高技术公司往往注重工程设计和技术而忽略了制造。当职能不同的经理们组成一个团队试图合作时（特别在是那些传统上职能各自独立的企业里），盲区便出现了，原因在于总的经营目标与不同业务单元的贡献和一体化问题上存在分歧，围绕知之甚少的领域就很难建立团队和达成共识。

虽然设计平衡计分卡会暴露缺乏共识和团队精神的问题，但它也为解决问题做出贡献。由于平衡计分卡是由高级管理层开发的，作为一个高级管理层项目，平衡计分卡创造了一个整个企业人人为之作出贡献的合作模式。平衡计分卡目标作为高级管理层的共同责任，它可以成为许多重要团队管理流程的组织框架，促使各高层管理者摒弃个人经历和专业成见，建立共识和团队精神。

沟通与连结战略目标和指标

通过企业简报、板报、录像，甚至电子群组软件和个人电脑上网，平衡计分卡的战略目标和指标在整个企业中得到推广。这种推广的目的是让全体员工明白他们必须完成哪些重大目标，企业的战略才能获得成功。有些企业试图把业务单元计分卡的高层战略指标分解为营运层次的特定指标。例如，业务单元计分卡上一个目标是按时交货（on-time delivery，OTD），到了运营层次上，这个目标可以转变为缩短机器的安装时间，或订单从一道工序迅速转到下道工序的时间。这种做法，就理顺了局部改进工作和企业总的成功因素之间的关系。当所有员工都了解了高层目标和指标，他们就能确定局部目标来支持业务单元的整体战略。

平衡计分卡也为集团公司管理者和董事会对业务单元的战略进行沟通和做出承诺提供了基础。平衡计分卡鼓励业务单元同集团公司管理者和董事会成员进行对话，不仅讨论短期的财务目标，而且涉及制定和实施一个为获得未来突破性业绩的战略。

沟通和连结过程结束时，企业中的每个人都应当了解业务单元的长期目标和达到这些目标的战略，每个人所制定的局部行动方案将为实现业务单元的目标做出贡献。企业的一切努力和行动方案都将同必要的改革过程相一致。

计划、制定目标值并协调战略行动方案

平衡计分卡最大的冲击力在于驱动组织的变革。高层管理者应当为计分卡指标设计3~5年的目标值（targets），目标值一旦达到，公司将转型。这些目标值标志着业务单元业绩的飞跃。如果该业务单元是一家上市公司，则目标值的实现应使股票价格上升一倍或者更多。公司的财务目标值包括投资报酬率增加1倍，或在今后5年内销售额提高150%。一家电子公司确定的财务目标值是使自身的成长率接近现存客户预期增长率的2倍。

为了实现这种雄心勃勃的财务目标值，经理们必须在客户、内部业务流程和学习与成长等层面确定挑战性（stretch）目标值。设定挑战性目标值的方法很多，在理想情况下，有关客户的目标值应当来源于满足或超过客户期望，对现有的和潜在的客户偏好都应当加以研究，以确认人们对出色业绩的期望。标杆法（benchmarking）是一个值得参考的方法，它可用来效法他人的最佳模式，同时还可以验证内部建议的目标值，不至于使得战略指标落后于人。

一旦有关客户、内部业务流程、学习与成长的指标确立以后，管理者就能对其战略质量、反应时间、行动方案再造进行安排，以达到突破性的具体目标。也就是说，平衡计分卡为持续改进、再造和转型提供了自始至终的合理性、重点和整合的基础。管理者不是急功近利地对局部过程实行基本改造，而是努力完善和改造对企业的战略成功至关重要的流程。与传统再造计划的目标——大量削减成本（the slash and burn rationale）不同，平衡计分卡再造计划的目标不以节省开支为唯一衡量标准。战略行动的目标值源自于平衡计分卡指标，如大幅缩短订单完成周期、提前产品上市时间和员工能力的提高等。当然，压缩时间和提高能力并不是最终目标，最终目标是通过平衡计分卡所体现的一系列因果关系，把这些能力转变为出色的财务业绩。

平衡计分卡还使企业能够把整合战略计划和年度预算结合起来。当管理者为企业的战略指标确定3～5年的挑战性目标值时，他们同时预测了每个指标在下个会计年度的目标——战略计划在第一年的12个月的进度。这些短期的里程碑为业务单元长期战略进程中的近期评估提供了具体的目标值。

计划并制定目标值的管理流程，可以帮助企业：

- 量化预计的长期结果
- 确定达到这些结果的机制并提供必要的资源
- 为计分卡的财务和非财务指标建立短期的里程碑

加强战略反馈与学习

最后一个管理流程是把平衡计分卡融入战略学习的框架之中。我们认为，在整个计分卡管理流程中，这一过程是最具创新性也最为重要的方面，它使组织学习得以在高级管理层进行。当今企业中，没有固定模式帮助管理层获得战略反馈和检验战略所依据的假设。平衡计分卡使他们能监督和调整自身战略的实施，并在必要时对战略本身进行根本性的改变。

通过为财务及其他计分卡指标制定的近期里程碑，每月和每季的管理研讨仍能检验财务结果。然而更重要的是，管理层还能仔细研究业务单元在客户、内部业务流营与革新、员工、系统和程序等层面是否达到了其所规定的目标值，于是管理研讨和更新从回顾过去转向了解未来。管理层不仅可以讨论过去的业绩是如何获得的，而且研究他们对未来的预期是否保持在轨道上。

图1－2的第一个流程——阐明企业的共同愿景，拉开了战略学习过程的序幕。利用衡量作为语言，有助于把复杂的、模糊不清的概念转变成一种能使高级管理层达成共识的比较精确形式。图1－2的第二个流程——沟通和协调，则动员每个人采取行动以实现企业的目标。计分卡的设计注重因果关系，这就为企业引进了动态的系统思维，促使不同部门的员工都能了解企业全貌，以及他们的角色如何相互影响并最终影响全局。图1－2的第三个流程——计划、制定目标值和战略行动方案，则是利用一套平衡的成果与动因指标，为企业界定了特定的、量化的业绩目标。把预期的业绩目标和当前的业绩水平进行比较，可以看出业绩差距。因此，平衡计分卡不仅衡量变化，而且也助长变化。

图1－2的前三个流程对于战略实施至关重要，但只有这三个层面是不够的。在从前比较简单的环境中，它们或许足够了。那个环境下遵行的自上而下、命令与控制式的管理模式，符合一个理论，即船长（CEO）决定轮船业务

单元的方向和速度，水手（管理者和一线员工）执行命令并实施计划。运营管理系统确保管理者和员工的行动遵守高级管理层制定的战略计划，从建立愿景与战略，将其传达给企业所有成员，以及把企业的行动和计划同实现长期战略目标相联系，这一线性过程代表典型的单循环反馈流程。在单循环流程中，目标永恒不变，即使结果偏离了计划，人们也不会怀疑计划是否合理或质疑追求目标的方法是否恰当。任何偏离计划的事情都被当作缺点，员工必须立即实施使企业重新走上预期轨道的行动。

而信息时代的企业战略不可如此线性或一成不变。信息时代的今天，企业的运营环境变化莫测，管理者必须获得关于复杂战略的反馈。计划好的战略，虽然当初的用意很好并充分利用了信息和知识，但在当代环境中却可能不合时宜。用一个比较恰当的比喻，今天的情形好比在变幻多端的气候和浪涛汹涌的海上参加一场竞争激烈的航行比赛，而非在风平浪静中独自驾船前往目的地。在航行比赛中，指挥系统依然存在，但是船长必须不断地监视环境，对竞争者的行为、团队和行船能力、风向和流速等的任何变化保持高度警觉，并随时做出战术和战略性反应。船长必须拥有大量情报来源，包括个人的观察、仪器和衡量指标，尤其不可缺少那些也在观察环境并制定计划去利用环境变化和应对竞争对手行为的同船战术专家的建议。

在瞬息万变的环境中，新的战略在利用机遇和应对威胁中产生，而这种机遇和威胁是最初制定战略计划时没有料到的。抓住新机会的构想常常出自组织中的基层管理者。[9]但是在不断变化的环境中，传统的管理系统对制定、实施和检验战略既不鼓励也不提供方便。

企业需要双循环的学习能力。[10]当管理者质疑战略的假设前提，并讨论理论是否与眼前的运营、观察和经验相一致时，双循环学习也就出现了。诚然，管理者需要单循环流程来帮助他们了解战略实施是否按计划进行，但更重要的是，他们需要双循环学习流程来帮助他们了解计划的战略是不是可行的、成功的战略。管理者需要获得信息，否则无法质疑战略制定之初的基本假设是否站得住脚。

一个结构适当的平衡计分卡阐明了经营理论。计分卡应该基于一系列从战略衍生出来的因果关系，包括计分卡指标相互影响的反应时间和强度估计。例如，产品质量和按时交货等方面改进经过多久才会导致在客户业务中所占的份额和在现有销售额中所占的比例增加？增长幅度有多大？因为计分卡量化了指标之间的链接关系，所以定期研讨和业绩监督就能够采取假设检验的形式。

如果员工和管理者确实完成了业绩驱动因素，比如员工的再培训、信息系统的提供、新产品和服务的开发等，但却没有获得预期的结果（如营业收入提高和客户重复购买），这就表明这项战略所依据的理论可能是无效的。对于这种否定性的证据，应当采取认真的态度，管理者必须认真讨论市场状况、提供给目标客户的价值主张、竞争者的行为和内部能力等。其结果可能是再次确定目前的战略正确无误，但需要调整计分卡中战略指标之间的量化关系；也可能揭示基于对市场状况和内部能力新的了解，有必要采取一项全新的战略，此即双向循环学习的结果。不论哪种情况，计分卡都会刺激高层管理者去了解其战略的可行性和有效性。根据我们的经验，这个搜集资料、检验假设、思考、战略学习和适应过程是战略成功的基础。

战略反馈和学习流程，完成了图 1 - 2 包含的循环。这一战略流程融入到下一个愿景和战略流程之中，在后一流程中，各个方面的目标得到研究、刷新和取代，以符合最新的战略结果和今后时期必要的业绩驱动因素。

本章小结

信息时代的企业将靠投资和管理知识资产而获得成功，它们必须把职能专门化整合为以客户为导向的企业流程，经营方式从大量生产、大量提供标准化的产品与服务，改为灵活、反应快和高质量的革新产品与服务方式，以满足目标客户群体的需要。员工的技术再造、杰出的信息技术和协调的组织程序，将会带来产品、服务、流程的创新和进步。

在企业为获得这些新能力进行投资之际，传统的财务会计模式既不能发挥激励的作用，也无法在短期内衡量企业的成败。传统的财务模式是为贸易公司和工业时代的企业而设计的，它所衡量的是过去的事情，而不是对提供未来价值的能力的投资。

平衡计分卡是一个整合的源于战略指标的新框架。它在保留以往财务指标的同时，引进了未来财务业绩的驱动因素，这些因素包括客户、内部业务流程、学习与成长等层面，它们以明确和严谨的手法解释战略组织，而形成特定的目标和指标。

然而，平衡计分卡并不仅仅是一个新的衡量系统，富于创新的企业纷纷把它作为其管理流程的核心框架。企业在制定第一份平衡计分卡时，其目的相当狭隘，可能只是用来阐明战略，就其达成共识并形成重点，然后在整个企业中推广。但只有平衡计分卡从一个衡量系统变为一个管理系统时，它才发挥真正的威力。随着越来越多的企业采用计分卡，他们认识到了它的作用：

- 阐明战略并达成共识
- 在整个企业中沟通战略
- 把部门和个人的目标与战略相联系
- 把战略目标与长期的目标值和年度预算相联系
- 确定并协调战略行动方案
- 进行定期和系统化的战略研讨
- 获得反馈以便学习和改进

大部分管理系统缺乏一个系统化的战略行动和反馈流程，平衡计分卡填补了这个空白。围绕计分卡而制定的管理流程使企业上下能够同心协力地实施长期战略。只要使用得当，平衡计分卡将成为信息时代企业的管理基础。

注释：

〔1〕A. D. Chandler, Jr., *Scale and Scope: The Dynamics of Industrial Capitalism* (Cambridge, Mass.: Harvard University Press, 1990).

〔2〕请参考：A. D. Chandler, Jr., *The Visible Hand: The Managerial Revolution in American Business* (Cambridge, Mass.: Harvard University Press, 1977) and T. H. Johnson and R. S. Kaplan, *Relevance Lost: The Rise and Fall of Management Accounting* (Boston: Harvard Business School Press, 1987).

〔3〕H. Itami, *Mobilizing Invisible Assets* (Cambridge, Mass.: Harvard University Press, 1987).

〔4〕J. Champy and M. Hammer, *Reengineering the Corporation: A Manifesto for Business Revolution* (New York: Harper Business, 1993).

〔5〕工业时代的企业利用传统的生产和服务流程，为不同的客户提供不同的产品。直到20世纪80年代中期作业成本法开发出来之后，这种高成本的经营方式才被企业所认识。请参考：R. Cooper and R. S. Kaplan, "Measure Costs Right: Make the Right Decisions," *Harvard Business Review* (September-October 1988): 96-103. 目前企业认识到他们必须选准目标客户群，或利用高技术的产品和服务流程，才能以较低成本供应品种繁多的产品。

〔6〕J. L. Bower and C. M. Christensen, "Disruptive Technologies: Catching the Wave," *Harvard Business Review* (January-February 1995): 43-53.

〔7〕R. S. Kaplan and A. Sweeney, "Romeo Engine Plant," 9-194-032 (Boston: Harvard Business School Press, 1994).

〔8〕R. K. Elliott, "The Third Wave Breaks on the Shores of Accounting," *Accounting Horizons* (June 1992): 61 – 85.
〔9〕R. Simons, *Levers of Control: How Managers Use Innovative Control Systems to Drive Strategic Renewal* (Boston: Harvard Business School Press, 1995), 20.
〔10〕对于单向循环式和双向循环式的进一步讨论，请参考：Chris Argyris and Donald A. Schøn, *Organizational Learning* Ⅱ: *Theory, Method, and Practice* (Reading Mass.: Addison-Wesley, 1996); and "Teaching Smart People How to Learn," *Harvard Business Review* (May-June 1991): 99 – 109.

第二章

企业为什么需要平衡计分卡

衡量是重要的："不能衡量就不能管理。"企业的衡量系统对企业内外成员有较大影响。如果企业希望在信息时代的竞争中生存并兴旺发达，就必须利用从其战略和能力中衍生出的衡量和管理系统。不幸的是，许多企业口头上赞成与客户关系、核心竞争力和组织能力有关的战略，实际上却只用财务指标来激励并衡量业绩。平衡计分卡把财务指标当作对经营管理业绩的重要总结而予以保留，但它也强调以一套更为广泛和更具整合性的衡量方法，把客户、内部业务流程、员工和系统的业绩同长期的财务成功连成一体。

财务指标

企业的衡量系统历来都属于财务性质。事实上，会计又叫做"商业语言"，远在几千年前，埃及人、腓尼基人、苏美尔人就用簿记来记录商务交易活动。几个世纪后的探险时代里，全球贸易公司开始用会计师的借方贷方的复式簿记来衡量并监督公司的活动。19 世纪的工业革命造就了巨无霸式的纺织、铁路、钢铁、机床和零售公司。衡量财务业绩的创新，对这些公司的成长发挥了重要的作用。[1]财务创新，比如投资报酬率、经营预算和现金预算等，对 20 世纪初期像杜邦和通用汽车这样的企业的巨大成功至关重要。[2]二次大战结束之后，企业趋向多元化，公司内部对业务单元业绩报告和评价的需求应运而生，这种财务措施被像通用电气这样的业务多元化的公司广泛采用，而 IT&T 公司的哈罗德·吉尼恩（Harold Geneen）以严格的财务报告和控制系统使这一方法闻名遐迩，如果不是声名狼藉的话。

因此，20 世纪末的今天，业务单元业绩的财务方面已经十分发达。但是这种广泛地、甚至一味地采用财务衡量的做法遭到了许多评论家的批评。[3]问题在于，如果过分追求并维持短期财务结果，可能会造成过度投资于短期的行动，而对创造长期价值的活动投资不足，尤其对创造未来成长的无形资产和知识资产投资的不足。

FMC 公司的例子可以证明，20 世纪 70—80 年代，FMC 公司所创造的财务业绩始终是美国大公司中的佼佼者。到了 1992 年，新的管理团队进行了一次战略总结，目的是寻找一条最能扩大股东价值的未来线路，他们的结论是：出色的短期经营业绩虽然重要，但是公司必须启动一项成长战略。FMC 总裁拉里·布雷迪回忆道：

> 对一个高度多元化的公司来说……采用资本报酬率衡量方法特别重要。年终时，我们奖励那些实现预期经营业绩的部门经理。过去 20 年来，我们一直严格管理公司并成绩卓越。但是我们越来越不清楚公司未来成长从何而来，公司应该到哪里去寻找突破的机会。我们当时已经是一个投资报酬率很高但没有多少成长潜力的公司了。此外从我们的财务报告看，我们在实施长期计划方面取得了什么进展变得十分模糊。[4]

当经理们面临必须交出出色的短期财务报表时，他们无可避免地将权衡取舍，结果是限制对成长机会的投资。更糟糕的是，短期财务业绩的压力会造成企业削减在某些方面的支出，包括新产品的开发、流程的改造、人力资源的开发、信息技术、数据库和系统，甚至客户和市场的开发工作。尽管削减这些开支损害了企业资产和创造未来经济价值的能力，但在短期内，财务会计模式的报告上仍然把减少开支当作收入增加。抑或，企业可能通过提价和降低服务水平来剥削客户，从而使短期财务结果最大化。这些行动在短时间内会使财务报表上的获利能力增加，但是缺乏客户忠诚和满意会使企业容易受到竞争对手的侵袭。

另一个例子是施乐公司（Xerox），20 世纪 70 年代中期，施乐公司几乎垄断了复印机市场。施乐公司并不出售复印机，而是出租，从这些机器的每一次复印中获取利润，租赁机器并出售附带产品如纸张和色带的利润相当可观。但是，除了对付出昂贵的复印成本的别无选择外，这些昂贵机器的高故障率和功能不足更令人不满。[5]施乐公司的管理层并没有因此去设计机器从而降低故障率，反而认为这是进一步加强财务成果的大好时机。他们改为出售机器，同时成立一个庞大的服务系统，作为独立利润中心，专门提供损坏机器的上门维修服务。由于客户对这一服务的需求，该部门很快就成了该公司利润增长的一大功臣。此外，由于在等待维修工上门期间机器不能用，所以有些公司多买一台复印机备用，这又使施乐公司的销售额和利润增长更快。因此，所有的财务指标，包括销售额和利润增长率以及投资报酬率等，都显示公司的战略十分成功。

但是，客户仍然愤愤不平，怨气很大。他们所需要的并不是供应商提供一支出色的维修队伍，而是高效率的、不出故障的机器。于是当打入这一市场的日本和美国的公司推出复印质量差不多、甚至更好，既不出故障又比较便宜的机器时，那些对施乐公司不满意和不忠诚的客户立刻转向新的供应商。施乐公司这个在1955—1975年间跻身于美国最成功公司之列的大公司几乎失败。多亏了一位对追求质量和客户服务抱有极大热情的新总裁——他把这种追求传达到公司的各个角落——该公司才在20世纪80年代中实现了引人注目的转变。

在激烈竞争环境中，财务指标不足以引导和评价企业的运行轨道。他们是滞后指标，无法捕捉最近一个会计期间经理们的行动创造和破坏了多少价值。即使对于过去的行动，财务指标也只介绍了部分而不是全部，对于今天和明天为创造未来财务价值所采取的行动，财务指标不能提供充分的指导。

平衡计分卡

平衡计分卡是一个全面的框架，它帮助高级管理层把公司的愿景和战略转变为一套连贯的业绩指标。许多公司采用使命宣言（mission statement）向所有员工传达公司的基本价值观和信念。使命宣言揭示了公司的核心信念，并确认公司的目标市场和核心产品。例如：

- 成为民航业中最成功的公司
- 成为我们选择的市场中最出色的、基础最为广泛的金融机构

使命宣言应该激励人心，并应当为组织注入活力和动力。[6]但是只有一个鼓舞人心的宣言和口号是不够的。正如彼得·圣吉（Peter Senge）所说："许多领导人都拥有个人愿景，却从不把个人的愿景转变为振奋组织的共同愿景，他们缺乏把个人愿景变为共同愿景的概念。"[7]

石水公司（Rockwater）的例子可以说明此点。该公司是一家海底建筑公司，它的CEO诺曼·钱伯斯（Norman Chambers）率领公司的高级管理层和项目经理，花了两个月的时间拟定了一份详细的使命宣言。宣言公布不久，钱伯斯接到一位项目经理从北海的一个钻井平台打来的电话："诺曼，我想让你知道，我相信咱们的使命宣言，我希望我的一切行动能符合这个宣言。我现在和客户在一起，我应当怎么办？在执行这个项目期间，我每天应该做些什么，才

能实现我们的公司使命?”钱伯斯意识到，这份宣言与员工的日常行动之间有很大的距离。

平衡计分卡把使命和战略转变为目标和指标，而组成四个不同的层面：财务、客户、内部业务流程、学习和成长。计分卡提供一个框架、一种语言，以传播使命和战略，它利用衡量指标来告诉员工当前和未来成功的驱动因素。高级管理层通过计分卡阐述企业渴望获得的结果和这些结果的驱动因素，借此凝聚企业员工的精力、能力和知识来实现长期目标。

许多人把衡量指标看作控制行为和评价以往业绩的工具。而正如我们在第一章所述，一份计分卡的衡量指标应该有不同的用途——阐明企业战略、沟通企业战略和促使个人、组织、跨部门的行动方案一致，以实现一个共同目标。用这种方法使用计分卡，会发现计分卡与传统控制系统目标的不同，它不会试图控制个人和部门严守一个事先制定的计划。计分卡应该是一个沟通、告知和学习系统，而不是控制系统。

计分卡的四个层面，使企业能够在短期目标和长期目标、结果和动因、硬性客观指标和软性主观指标之间达到平衡。虽然计分卡的衡量指标的多样性可能令人困惑，但是正如我们将会看到的那样，一个适当的计分卡只有一个目的，因为所有的指标都旨在实现一个整合的战略。

财务层面

平衡计分卡保留财务层面，因为财务指标概括了过去的容易衡量的经济结果，自有它存在的价值。财务业绩指标可以显示企业的战略及其实施和执行是否对改善企业盈利做出贡献。财务目标通常与获利能力有关，其衡量指标有营业收入、资本报酬率，或近年流行的经济增加值（Economic Value-added, EVA）；财务目标也可能是销售额的迅速提高或创造现金流量。我们将在第三章讨论企业战略与财务层面的目标和指标之间的关系。

客户层面

在平衡计分卡的客户层面，管理者确立了其业务单元将竞争的客户和市场，以及业务单元在这些目标客户和市场中的衡量指标。客户层面通常包括几个核心的或概括性的指标，这些指标代表一个经过深思熟虑和确实执行的战略应该获得的成果。核心结果指标包括客户满意度、客户保持率、客户获得率、客户盈利率，以及在目标市场中所占的份额。但是，客户层面还应包括特定的指标，以衡量公司提供给目标客户的价值主张。核心客户成果的具体驱动因素与特定市场有关，它反映客户是否转移或维持与供应商的忠诚关系。例如，客户可能重视交付周期和按时交货，或不断推出新的产品和服务，也可能认为最重要的是供应商能够掌握客户的新需求并开发新产品和制定新的方法来满足这些需求。客户层面使业务单元的管理者能够阐明客户和市场战略，从而创造出色的财务回报。第四章将详细讨论如何设计客户层面的目标和指标。

内部业务流程层面

在内部业务流程层面，管理层要确认组织必须擅长的关键的内部流程。这些流程帮助业务单元：

- 提供价值主张，以吸引和留住目标细分市场的客户
- 满足股东对卓越财务回报的期望

内部业务流程指标，重视的是对客户满意度和实现企业财务目标影响最大的那些内部流程。

内部业务流程层面揭示了传统业绩衡量和平衡计分卡业绩衡量方法的基本差异。传统方法试图监督和改进现有的业务流程，它们可能包括质量和时效指标，从而超出财务指标的范围，但是它们重视的仍然是改善现有流程；而计分卡方法通常确认全新的流程，企业要想实现客户和财务目标，就必须善于采用这些流程。例如，一个公司可能会认识到，它必须制定一个流程来预测客户的需求，或开发一个流程来提供目标客户所重视的新服务。平衡计分卡的内部业务流程目标以这些流程为重点，而这些流程中的一些目前可能并未采用，但却攸关公司战略的成功。

平衡计分卡与传统业绩衡量方法的第二个不同在于把创新流程引入到内部业务流程层面之中（见图2-1）。

传统的业绩衡量系统所关心的流程，是向当前的客户提供当前的产品和服务的流程，它们试图控制和改善目前的运营，这些运营所标志的是价值创造过程的“短波”。价值创造的“短波”从接到现有客户购买现有产品或服务的订单开始，到把产品交付客户为止。企业创造价值是通过以低于售价的成本生产产品、将其交付使用并提供服务。

但是，为了获得长期的财务成功，企业可能需要创造全新的产品和服务，以满足现有的和未来客户的新需求。创新过程代表价值创造的“长波”，对许多企业而言，创新过程在推动未来财务业绩方面比短期运营周期更为有效。对这些公司来说，成功管理一个历时多年的产品开发过程或开发另类客源的能

力，对于未来经营业绩来说，同高效地、稳定地和灵敏地管理好现有运营相比，可能更为重要。

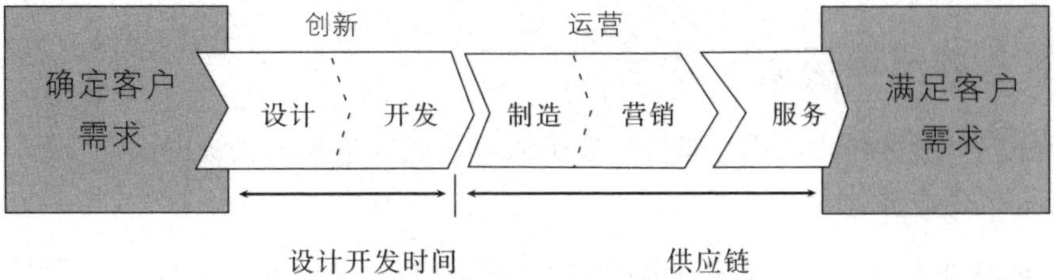

业务流程

创新流程	运营流程
· 产品设计	· 制造
· 产品开发	· 营销
	· 售后服务

图 2－1　内部业务流程价值链的层面

但是，管理者无需对这两种重要的内部业务流程进行取舍，平衡计分卡内部业务流程层面包含了长期的创新周期和短期的运营循环。第五章列举了很多实例，说明企业如何为内部业务流程层面制定目标和指标。

学习与成长层面

平衡计分卡的第四个层面是学习与成长，它确立了企业要创造长期的成长和改善就必须建立的基础框架。客户和内部业务流程层面，确立了目前和未来成功的关键因素。企业利用目前的技术和能力不大可能达到客户和内部业务流程层面的长期目标；此外，激烈的全球竞争也迫使企业必须不断改善其向客户和股东提供价值的能力。

企业的学习与成长有三个主要来源：人、系统和组织程序。平衡计分卡的财务、客户、内部业务流程一般会揭示人、系统、程序的实际能力和实现突破性业绩所必需的能力之间的巨大差距。为了弥补这个差距，企业必须投资于员工技术的再造、信息技术和系统的加强、组织程序和日常工作的理顺，这些都是平衡计分卡学习与成长层面追求的目标。与客户层面一样，涉及员工的指标也包括一些概括性的指标，如员工满意度、员工保持率、员工培训和技能等，以及这些指标的特定驱动因素，如为应对竞争环境而拟定的企业特定技能的具体指数。信息系统能力可以通过精确的、关键的客户和内部业务流程信息的适时可获得性来衡量，这些信息指导一线员工的决策和行动。组织程序可以检验员工激励是否与组织总的业绩保持一致，并可衡量关键客户和内部业务流程层面的改进情况。这些问题将在第六章进一步详细探讨。

总而言之，平衡计分卡以一套平衡的框架，把愿景和战略转变为目标和指标，该卡包括预期成果指标和驱动这些预期成果的流程。

把数个计分卡指标同单独一项战略相联系

许多公司可能已经混合使用财务和非财务性两种指标了，甚至在高级管理层总结和董事会沟通方面也多有所用。特别是近年来，对客户和工艺质量的重新重视使得许多公司开始追踪客户的满意和抱怨、产品和工艺的缺陷、交货日期的延误等指标。法国企业设计和使用“仪表板”（Tableau de Bord），已有20多年的历史。“仪表板”是企业成功的关键指标，设计“仪表板”可以帮助员工确定关键成功因素，尤其是那些作为实际变量可以衡量的因素，从而为企业“导航”。[8]一个包含财务和非财务指标的仪表板，算不算一个“平衡计分卡”？

依我们的经验，最好的平衡计分卡不仅仅是重要指标或重要成功因素的集合。一份结构严谨的平衡计分卡应当包含一系列相互联系的目标和指标，这些目标和指标不仅前后一致，而且相互强化。若要具体比喻，用飞行模拟器比用仪表板贴切得多。像飞行模拟器一样，计分卡应该包含各种重要变量之间的一系列复杂的因果关系。

因果关系

战略是一套关于因果的假设。管理系统必须把各个层面目标（和指标）之间的关系（假设）阐述得一清二楚，如此才能被管理和证实。因果关系链应该涵盖平衡计分卡的四个层面（如图2－2）。例如，资本报酬率可能是平衡计分卡的财务指标。这一指标的驱动因素可能是客户的重复采购和销售量的增加，而这二者是客户高度忠诚带来的结果。因此，客户忠诚度被纳入计分卡的客户层面，因为预计它将对资本报酬率产生很大的影响。但是，企业如何获得客户忠诚呢？对客户偏好的分析显示，客户比较重视按时交货率这个指标。因此，按时交货率的提高会带来更高的客户忠诚度，进而引起财务业绩的提高。于是，客户忠诚度和按时交货率都被纳入计分卡的客户层面。

循着这个逻辑，下一个问题是企业必须在哪些内部流程上表现杰出，才能有较佳的按时交货率呢？为了提高这一比率，企业可能需要缩短运营周期并提高内部流程的质量，这两个因素可能成为平衡计分卡内部流程的指标。然而，企业要如何改善内部流程的质量并缩短周期呢？为达到这个目标，企业需要培训员工并提高他们的技术，因此员工技术成为学习与成长层面的目标。现在我们能够看到，如何建立一个完整的因果关系链，使之成为贯穿平衡计分卡四个层面的一个垂直向量。

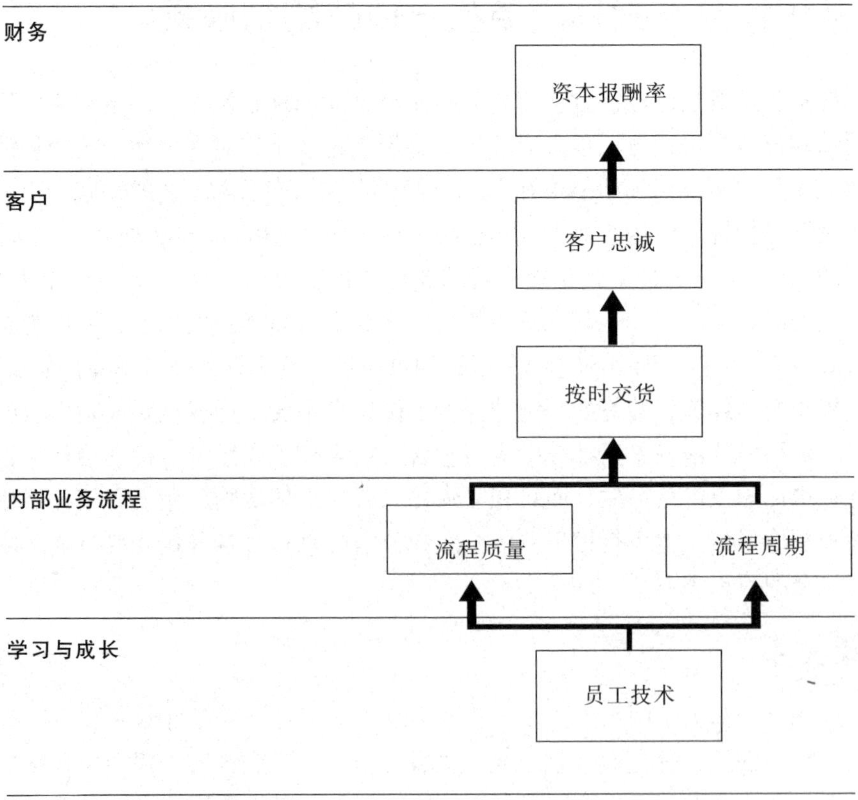

图 2-2　价值链形成的垂直向量

最近的一项关于服务利润价值链的研究报告中，员工满意度、客户满意度、客户忠诚度、市场份额和财务业绩之间的因果关系，与平衡计分卡的基础框架非常接近。[9]

因此，一份设计良好的平衡计分卡应当全面反映业务单元的战略。它应该确认和阐明结果和这些结果的动因之间因果关系的一系列假设。被选入平衡计分卡的每个指标都应该是因果关系链的一个环节，并能向企业传达业务单元战略的意义。

业绩动因

一份优良的平衡计分卡还应当综合结果指标和动因指标。只有结果指标而没有动因指标，则无法说明怎样才能达到这些结果，而这些结果不能显示战略是否正在成功地实施。反之，只有动因指标，如生产周期和每百万件产品的次品率（part-per-million，PPM），而没有结果指标，业务单元或许可以获得短期的改进，但却无法显示这些改进是否已被转化为对现有的和新客户业务的扩大，并最终转化为财务业绩的提高。一份出色的平衡计分卡应当把业务单元战略的结果指标（滞后指标）和动因指标（领先指标）适当地结合起来。

第七章将进一步阐述这一主题，即平衡计分卡并不仅仅是财务指标和非财务指标的简单集合，而应该把业务单元的战略转化为一系列彼此联系的指标，并确立长期战略目标以及达到这些目标的机制。

财务指标应当被废弃吗

平衡计分卡的财务目标真的可以驱动企业的长期业绩吗？一些批评者认为企业管理者的短视作风应归咎于他们一味追逐诸如资本报酬率、每股收益、每日股价等一些财务指标。有几位批评者主张在衡量业务单元业绩时，应完全废弃财务指标。他们辩称，在现今技术和客户导向的全球化竞争环境中，财务指标不能为成功提供好的指导。他们极力主张管理者应该注重客户满意度、质量、生产周期时间、员工技能和积极性。按照这一理论，企业只要解决了基本的运营问题，财务问题就迎刃而解了。

事实上，并非所有的公司都能把质量和客户满意度的提高转化为财务上的最终结果。例如，一家电子公司在1987—1990年间，在产品质量和按期交货上有不同凡响的业绩。出厂次品率降至从前的1/10，产量增加了一倍，延迟交货率从30%降为4%。但是在质量、生产率、客户服务方面的突破性改进并未为它带来财务利益。在这三年间，这家曾经蒸蒸日上的公司不仅财务停滞不前，更令股东失望的是股价暴跌了70%。

什么原因造成了这种反常的结果呢？许多质量和生产率的改进方案会使企业的效率和能力大幅提升。像上述电子公司一样，许多企业改进质量和反应时间，减少了对制造、检查、产品返工的需求，同时也减少了对重排延期订单生产计划和加速生产所需的人力和物力。总的来说，一旦企业消灭了废品和缺陷，不再返工、不再重排生产计划、不再改变工程设计、不再需要加速生产，并且实现了供应商、内部业务和客户之间的一体化，他们能够用较少的资源生产同样数量的产品。但是在短期甚至中期内，企业已投入了相当多的资源，这种情况被称为高“固定”成本。因此，降低对资源的需求所得到的是生产能力的剩余，而不是开支的大量减少。

但是，零缺点的产品和完美的按时交货不是可以增进客户满意度吗？问题在于，如果客户本身销售状况不佳，可能无法以增加采购来回报他们的供应商。如上述的公司已是许多客户的最大供应商了。但是客户可能想要保持一两个后备供应商，以免完全依赖一家供应商。如果不能或不愿意给某一家供应商更多的生意，而这家供应商又不愿意裁员（这是合情合理的，因为员工是企业改进质量、生产率和客户服务的原动力），那么运营的改善就不易取得更高的获利能力。所以，这种旨在改进质量和缩短周期的运营改进方案，并不一定会产生财务改善的结果。

因此，定期的财务报表和财务指标必须继续扮演重要的角色，不断提醒管理者，质量、反应时间、生产率和新产品等方面的改善是实现目的的手段，而不是目的本身。只有这些改进能够转化为销售额的增加、成本降低和资产利用率的提高时，它们才能给公司带来真正的利益。并非每个长期战略都是获利的战略，像IBM、数字设备公司（Digital Equipment Corporation，DEC）和通用汽车公司在20世纪80年代并不缺乏长期战略，这些公司在先进的制造技术、质量和研究与开发上曾投入巨资。但是，它们的愿景和追求成功的经营模式并不符合当时的市场要求。它们未能及时察觉财务指标和投资战略的脱节是一个强烈的信号，即他们应当重新考虑战略的基本假设。当运营业绩的提高不能使财务业绩有所提高时，高层管理者就必须重新考虑公司的战略或实施计划。

然而，就算运营业绩已有大幅度改进的公司，也仍须思考如何提高对现有客户的销售额，如何促销有吸引力的产品，如何向新客户和目标市场推销新的产品和服务。因为公司已经改进了它在降低成本、提高业绩和质量、交货和客户服务方面的能力，那些过去可望而不可及的新目标市场，如今就可能成为企业的囊中物了。

一套全面的衡量与管理系统，必须能够明确如何通过提高销售、扩大营业利润、加速资金周转和减少运营开支等手段，使运营、客户服务、新产品与服务和财务业绩的改进连结在一起。所以，平衡计分卡必须继续注重财务结果，平衡计分卡每个指标的因果途径，终点都应当是财务目标。平衡计分卡一方面保留财务指标作为终极目标而获益，另一方面也避免了一味强调改进短期财务结果而造成的短视和扭曲。

四个层面足够了吗

平衡计分卡的四个层面已被实际应用于各行各业，但是企业应该把这四个层面看作样板而不是枷锁。没有任何数学定理可以证明这四个层面既是必要的又是充分的。我们尚未见到任何公司采用的平衡计分卡少于四个层面，但根据行业状况和业务单元的战略，一个或更多的额外层面是必要的。例如，一些人质疑平衡计分卡虽然明确了股东和客户的利益，却没有把其他的利益相关者（如员工、供应商和社区）的利益考虑在内。事实上，几乎所有的平衡计分卡都把员工包含在学习与成长层面。同样，如果强大的供应商关系是导致客户或财务业绩有突破性进展的战略的一部分，则供应商关系的结果指标和业绩动因指标，都应当纳入内部业务流程层面。但是我们认为，并非所有利益相关者都一定得在业务单元的平衡计分卡上占有一席之地。平衡计分卡的结果指标和动因指标应当衡量那些为企业创造竞争优势和突破的因素。

以一家化学公司为例，这家公司希望创造一个全新的观点来反映环保问题，我们提出了质疑：

> 环保很重要，公司必须遵守相关的法律和规章，但是这种遵守看来并不是竞争优势的基础。

公司的 CEO 和其他的高级管理者立即反驳：

> 我们不同意这个看法，我们的特许经营权在我们运营的许多社区都遭到沉重压力。我们的战略远远超出了现行法律和规章的要求，因为这样，我们才能在每个社区中不但被视为一个守法的企业公民，而且无论从环保角度，或是从创造高薪、安全、高生产率的就业机会来衡量，都是一个杰出的公民。如果法规制度更加严格，我们的一些竞争对手可能会失去其特许经营权，而我们希望自己赢得了继续运营下去的权利。

他们坚持出色的环保和社区业绩是公司战略的核心部分，这些必须成为平衡计分卡上不可分割的一部分。

因此，只要利益相关者的利益与业务单元的成功息息相关，它们就应被涵盖在平衡计分卡中。然而，利益相关者的目标不应当附在平衡计分卡之后，形成一组孤立的、由管理者好好“控制”的指标。用其他的衡量与控制系统来诊断并满足利益相关者的要求，要比平衡计分卡有效得多。[10]出现在平衡计分卡上的每个指标，必须完全整合在一个界定和阐明业务单元战略的因果关系链中。

组织架构与平衡计分卡

有些公司只在一个行业中经营。实际上，平衡计分卡的早期用户是这样一些用户——它们所从事的是半导体业的一些特殊领域，如 AMD 公司（Advanced Micro Devices）和模拟设备公司（Analog Devices，AD），或是占据计算机工业的一个细分市场，如苹果电脑公司。这些公司开发的平衡计分卡就是公司计分卡（模拟设备公司用语）。然而，由于大多数公司都具有充分的多样性，这使得集团公司编制一份平衡计分卡成为一件非常困难的事。平衡计分卡最好在一个战略业务单元（strategic business unit，SBU）进行编制。实施平衡计分卡最理想的战略业务单元，其活动范围应该遍及整个价值链：创新、运营、营销、分销、服务，这样一个战略业务单元，拥有自己的产品与客户、自己的营销渠道和自己的生产设施，更重要的是，它拥有一个定义完整的战略。

一旦战略业务单元的平衡计分卡建立以后，它就成为各职能部门的平衡计分卡。各职能部门的使命和战略声明可由战略业务单元的使命、战略和计分卡所确定的框架来界定，然后各职能部门的管理者便可以开发自己的平衡计分卡，使之和战略业务单位的使命和战略相一致，并帮助实现战略业务单元的使命和战略。这种做法使战略业务单位可以层层下达到各个下属责任中心，所有的下属责任中心都能为实现战略业务单元的目标而协调一致地工作。问题是一个各职能部门是不是一定要有自己的平衡计分卡？答案是要看它是否拥有（或应该拥有）使之完成公司使命和实现战略的使命、战略和客户（内部的或外部的）和内部业务流程。如果答案是肯定的，那么该职能部门就有资格拥有自己的平衡计分卡。

如果对组织架构所下的定义过于广泛，比如包含一个以上的战略业务单元，则可能难以界定一个紧凑的和一体化的战略，平衡计分卡的目标和指标反而会沦为几项不同战略妥协下的产物或混合。例如，我们原来打算帮助一家天然气公司设计一个计分卡。开始不久，我们就发现该公司拥有三个迥然不同的业务单元，它们都有自己的销售渠道，以及跟其他单元完全不同的战略和客户。事后证明，用它们各自的分销渠道定义战略业务单元，然后分别建立它们的平衡计分卡是比较简单的。

然而，有些企业甚至一些拥有数个近乎独立的战略业务单位的大企业，仍然选择从总公司层次开发平衡计分卡。公司级平衡计分卡建立了一个共同的框架，一个公司样板，它所涉及的是各个战略业务单元开发平衡计分卡时必须贯彻的主题和共同愿景。公司级的平衡计分卡还证明，公司除了各战略业务单元作为独立单元运营所创造的价值外，公司本身怎样增加价值。古尔德（Goold）和其同事称这种公司的价值创造角色为“母公司优势（parenting advantage）”。[11]第八章将进一步详细讨论如何把战略业务单元计分卡融入到公司总框架之中。

是战略定位还是核心竞争力与能力导向

本书中，我们探讨战略的方法是先选择业务单元希望经营的市场和客户，然后确认关键的企业内部流程。业务单元必须在这些流程上表现卓越，才能提供价值主张给目标市场和客户，最后在决定个人和企业在追求内部、客户、财务目标时必须拥有的能力。这一做法跟迈克尔·波特（Michael Porter）在他那几本广为流传的讨论企业战略的著作中所阐述的产业和竞争力分析方法一致。[12]这种做法曾在几十家公司中发挥很好的效果，我们在随后的篇章中会证明此点。

抑或，有些公司进行竞争所依靠的是其独特的能力、资源和核心竞争力。[13]例如，本田公司（Honda）发挥其在设计和制造出色发动机的能力，开拓了摩托车、汽车、割草机、工具机等细分市场。在这些市场上，公司能力使其获得竞争优势。佳能公司（Canon）利用自己具有世界先进水平的光学和缩影能力（最初是为照相开发的），来拓展到复印机、传真机和电脑打印机等其他产品上。如果企业基于自己的核心竞争力或独特能力而部署战略，那么战略的计划程序可能应该先从为企业内部业务流程确认关键竞争力和能力入手，然后为客户层面确认关键竞争力和能力，最后选择对这些竞争力和能力实现客户价值来说至关重要的客户群体和细分市场。

平衡计分卡主要是战略实施的机制，而不是战略制定的机制。[14]它能够适应制定业务单元战略的不同做法，无论是从客户层面出发，还是从卓越的企业内部业务流程出发。不论战略业务单元的高层管理者采用哪种方式，平衡计分卡都将提供一个把战略转化为特定目标、指标和目标值，并在日后监督实施的宝贵机制。

本章附录：财务指标衡量企业业绩的局限性

有几份报告对于过分强调公司业绩的财务指标表示忧虑。哈佛商学院竞争能力委员会（Harvard Business School Council on Competitiveness）曾经分析了美国公司同日本和德国公司在投资方面的系统性差异：

- 美式系统不大支持公司的长期投资，因为它强调提高短期利润来影响当前的股价
- 美式系统偏爱报酬最容易衡量的投资方式，这就导致了对无形资产——产品和工艺革新、员工技能、客户满意度——方面的投资不足，因为这些投资的短期报酬比较难以衡量
- 美式系统导致过度投资于容易估价的资产（如合并和并购），在投资报酬率难以估价的内部开发项目上投资不足
- 美式系统允许资产雄厚的公司（如天然资源公司、名牌消费品公司、电影和广播公司）毫无效率的运营，不充分利用它们被低估的资产，只要短期利润令人满意即可。要想实现这些公司的价值，必须进行代价巨大的财务行动，包括敌意收购（hostile tender offer）、杠杆收购（leveraged buyout）和发行垃圾股票[15]

此外，外部投资者也提供了一些证据，即他们对自己只能看到以往业绩的财务报告表示不满。他们希望获得有助于预测自己正在投资（或正考虑投资）的公司未来业绩的信息。例如，美国钢铁和卡耐基养老基金会副总裁彼得·林肯（Peter Lincoln）曾经说：“非财务指标，如客户满意度或新产品的开发速度，对投资者和分析师帮助很大。企业应当公布这类信息以全面介绍自己的运营状况。”[16]

这种对过分重视财务业绩指标的忧虑甚至渗透到了美国最大的会计师职业协会之中。美国注册会计师协会的一个关于财务报表的高级特别委员会，发表的研究报告加深我们对纯粹依赖财务报表来衡量企业业绩的忧虑：“用户关心的是未来，而今天的企业报表却只谈过去，虽然有关过去的信息是表明未来业绩有用的显示器，但是用户仍然需要前瞻性的信息。”该委员会肯定了汇报企业如何创造未来价值的重要性，它建议把经营业绩的汇报与管理层的战略愿景

相联系："许多用户想通过管理层的视角来观察企业，以帮助他们了解管理层的看法，并预知管理层将会把企业引向何方。"委员会进而指出，非财务指标必须发挥重要作用："管理层应该公布他们在管理企业时所使用的财务和非财务指标，而这些指标量化了关键的活动和事件的影响。"[17]

委员会的结论是建议企业采取一种更"平衡"的和前瞻性的做法：

为了满足用户不断变化的需要，企业报表必须：

- 提供更多与计划、机会、风险和不确定性情况相关的信息
- 更多地重视创造长期价值的因素，包括现实主要业务流程的非财务性指标
- 对外公布的信息应该与内部管理层用来管理企业的信息相一致[18]

我们将在第九章讨论平衡计分卡在对外报告中的应用。

注释：

〔1〕A. D. Chandler, *The Visible Hand: The Managerial Revolution in American Business* (Cambridge, Mass.: Harvard University Press, 1977), and H. T. Johnson and R. S. Kaplan, "Nineteenth-Century Cost Management Systems," Chap. 2 in *Relevance Lost: The Rise and Fall of Management Accounting* (Boston: Harvard Business School Press, 1987).

〔2〕Johnson and Kaplan, "Controlling the Vertically Integrated Firm: The Du Pont Powder Company to 1914," Chap. 4, and "Controlling the Multidivisional Organization: General Motors in the 1920s," Chap. 5 in *Relevance Lost*.

〔3〕其中一些批评附在本章附录中。

〔4〕"Implementing the Balanced Scorecard an FMC Corporation: An Interview with Larry D. Brady," *Harvard Business Review* (September-October 1993): 143-147.

〔5〕这部分摘自：Joseph M. Juran, "Made in U. S. A.: A Renaissance in Quality," *Harvard Business Review* (July-August 1993): 45.

〔6〕R. Simons, *Levers of Control: How Managers Use Innovative Control Systems to Drive Strategic Renewal* (Boston: Harvard Business School Press, 1995), 134.

〔7〕P. Senge, *The Fifth Discipline: The Art and Practice of the Learning Organization* (New York: Currency Doubleday, 1990).

〔8〕M. Lebas, "Managerial Accounting in France: Overview of Past Tradition and Current Practice," *European Accounting Review* 3, no. 3 (1994): 471 -487.

〔9〕J. Heskett, T. Jones, G. Loveman, E. Sasser, and L. Schlesinger, "Putting the Service Profit Chain to Work," *European Accounting Review* (March-April 1994).

〔10〕Simons, *Levers of Control*.

〔11〕M. Goold, A. Campbell, and M. Alexander, *Corporate-Level Strategy: Creating Value in the Multibusiness Company* (New York: John Wiley & Sons, 1994).

〔12〕M. E. Porter, *Competitive Strategy: Techniques for Analyzing Industries and Competitors* (New York: Free Press, 1980) and *Competitive Advantage: Creating and Sustaining Superior Performance* (New York: Free Press, 1985).

〔13〕C. K. Prahalad and Hamel, "The Core Competence of the Corporation," *Harvard Business Review* (May-June 1990): 79 -91; R. Hayes, "Strategic Planning-Forward in Reverse," *Harvard Business Review* (November-December 1985): 111 -119; and D. J. Collis and C. A. Montgomery, "Competing on Resources: Strategy in the 1990s," *Harvard Business Review* (July-August 1995): 118 -128.

〔14〕但是，许多企业实行平衡计分卡之后，不久就意识到自己对业务单元的战略缺乏共识。在这种情况下，开发平衡计分卡的目标和指标，会促使高级管理层采取一个更为精确的战略框架流程。

〔15〕Michael E. Porter, "Capital Disadvantage: America's Failing Capital Investment System," *Harvard Business Review* (September-October 1992): 73.

〔16〕The AICPA Special Committee on Financial Reporting, *Improving Business Reporting-A Customer Focus: Meeting the Information Needs of Investors and Creditor* (New York: American Institute of Public Accountants, 1994), 9.

〔17〕同第16，第33页。

〔18〕同第16，第56页。

第一部分

衡量企业战略

以平衡计分卡作为一个新的战略管理系统基石的公司有两项任务：第一，建立平衡计分卡；第二，使用平衡计分卡。我们根据这两项工作把本书内容分为两部分。第一部分，即第三章至第八章，论述平衡计分卡的建立；第二部分，即第九章至第十二章，解释各公司如何运用平衡计分卡作为一个一体化的战略管理系统。

当然，这两项任务并非彼此孤立的。随着管理者开始把平衡计分卡用于主要的管理流程中，他们将对计分卡本身有更进一步的认识——哪些指标无效？哪些指标需要修正？哪些衡量战略成功的新指标应纳入到平衡计分卡中。

第三章到第六章讨论建立平衡计分卡四个层面目标和指标的基本原理，每一章讨论一个计分卡层面，依次为财务、客户、内部业务流程、学习和成长。我们在每一章都会列出一些概括性的指标，它们是多数企业计分卡都会采用的指标，如下所示：

层面	概括性指标
财务	投资报酬率、经济增加值
客户	满意度、保持率、市场和客户占有率
内部业务流程	质量、反应时间、成本、推出新产品
学习与成长	员工满意度、可利用的信息系统

但是，我们强调平衡计分卡必须包括从企业战略产生出来的特定指标。在这几章中，我们会引述具体的例子，说明每一个层面的目标和指标是如何设计的，这些目标和指标是如何传达战略并协助战略执行的。

第七章通过阐明四个层面的目标和指标连成广泛的、互相连接的战略主题的重要性，从而整合战略主题。跨越平衡计分卡四个层面的所有指标的连结，充分显示了平衡计分卡并非随意凑合的任由管理者权衡轻重并自行取舍的几十个指标。相反的，在一个良好的平衡计分卡中，各指标应当被连结起来去传达少数几个广泛的战略主题，如增长业务、减少风险、提高生产率。第七章把第三章至第六章开发出来的战略指标进行整合，从而说明一个良好的平衡计分卡是如何建立的。

第三章至第七章描述如何为单一的组织单位——战略业务单元建立平衡计分卡。第八章则进一步扩大这个观念，讨论如何为一个公司或包含数个业务单元的部门建立平衡计分卡。我们从公司级的战略思想中确认广泛的主题，这些主题将促使整体（公司）的价值大于个体（经营分部）的总和。我们也会探讨公司级的战略对由彼此相关但分治的业务单元或由公司级职能部门设计的平衡计分卡的影响。此外，第八章也同时讨论如何为政府部门和非营利机构开发平衡计分卡。

实施平衡计分卡的公司

本书列举了许多公司的创新衡量措施，而其中五家的经验最能说明平衡计分卡的应用效果。过去三年我们亦步亦趋、严密注视这五家公司平衡计分卡的使用过程，它们是：石水公司（Rockwater）、大都会银行（Metro Bank）、先锋石油公司（Pioneer Petroleum）、国家保险公司（National Insurance）以及凯尼恩商店（Kenyon Stores）。

石水公司是一家拥有数亿美元资产的海底建筑公司，其客户包括大型石油、天然气公司和海洋建筑公司。石水公司总部设在苏格兰的阿拉丁，是布朗陆特能源服务公司（Brown & Root Energy Services）旗下的一个子公司，布朗陆特则又隶属哈立伯顿公司（Halliburton Corporation），哈立伯顿公司是一家全球性的拥有 40 亿美元资产的建筑公司，总部设在美国德州的达拉斯城。石水公司成立于 1989 年，是由两家独立建筑公司合并后组成的——其中一家是英国公司，另一家是荷兰公司。石水公司的第一任总裁诺曼 · 钱伯斯从 1992 年开始采用平衡计分卡来使两公司的企业文化和运营哲理合二为一，使新公司得以聚焦在质量、安全和与客户的增值关系基础上竞争，而不是在低价基础上竞争。

大都会银行是一家大银行的分公司，该大银行拥有 8000 名员工，占本地区主要存款账户市场的 30%，总营业收入在 10 亿美元左右。母公司原是两家同区经营且竞争激烈的大银行合并之后幸存的公司。大都会银行的 CEO 在 1993 年开始实施平衡计分卡，目的是沟通并强化公司合并后的新战略，把银行的主力业务从以交易为导向的服务，转向为目标细分客户提供全面的金融产品和服务。

先锋公司是一家国际性大型综合石油公司的分公司，负责在美国的营销和冶炼业务。先锋公司的 CEO 在 1993 年推出平衡计分卡流程，试图建立一个全新的战略业绩管理流程，以取代从前普遍采用的财务和控制方法。平衡计分卡从建立分公司级的计分卡开始，确定目标客户和战略主题后，然后才开发分公司旗下的业务单元和职能部门的计分卡。

国家保险公司是美国一家主要综合保险公司的分公司，经营产险和意外险业务。1993 年国家保险公司推出平衡计分卡方案时，该公司拥有 6500 名员工，年收入为40亿美元。但是它的运营结果极差，亏损达数亿美元，导致母公司一度考虑关闭这家公司，并完全退出意外险和产险市场。为了挽救这家公司，母公司决定背水一战，聘请了一个全新的管理团队接管该保险公司。新的管理团队决定改变公司笼统的战略，即从过去向所有客户和市场提供担保服务改为专业化战略。该团队通过实施平衡计分卡方案阐明了新的战略，制定并协调必要的实施计划。这个方案后来扩大为一个全新的战略管理系统，终于成功地把该公司转变为一家盈利的公司。

凯尼恩商店是美国一家杰出的服饰零售商，拥有10家独立的零售连锁店以及4000家店铺，年销售额为80亿美元。这10个连锁店向来独立运营，缺乏协调和一体化。1994年，该公司总裁用平衡计分卡作为她新战略的一部分，希望通过借用集团公司的资源和指导，来实现2000年200亿美元销售额的销售增长目标值。

除了上述五家公司，我们还会在稍后引述模拟设备公司和FMC公司的经验——这两家公司也是最早实施平衡计分卡的公司。

第三章

财 务 层 面

建立平衡计分卡可以促使各业务单元把自己的财务目标同全公司的战略相联系。财务目标成为平衡计分卡的所有其他层面的目标和指标的核心。被选中的每个指标都应当是因果关系链的一环，其最终结果是提高财务业绩。平衡计分卡应当反映战略的全貌，从长远的财务目标开始，然后将它们同一系列行动相联系，这些行动包括财务流程、客户、内部业务流程以及员工与系统，以实现其所向往的长期经济业绩。对大多数企业而言，增加收入、降低成本、提高生产率、加强资产运用和减少风险这些财务主题，能提供平衡计分卡所有四个层面的必要联系。

但是，许多企业习惯于对所有部门和业务单元采用相同的财务目标。例如，每个业务单元必须达到公司的整体目标——16%的资本报酬率；抑或，如果企业正采用经济增加值（EVA）作为衡量指标，[1]那么每个业务单元可能都被要求使自己每一期间的经济增加值最大化。虽然这种统一的做法肯定是可行的、整齐划一的，从某种意义上讲还是“公平的”，因为它用同样的指标来评价每个业务单元管理层的表现。但是它没有考虑不同的业务单元可能所遵循的战略不同，而用同一个财务指标，尤其以一个单一的目标值对应一个单一的财务指标，很难适用每个业务单元。因此，各个业务单元的管理者在开始确定其平衡计分卡的财务层面时，应当决定对其战略最为合适的财务指标。财务目标和指标必须起双重作用：它们确定战略的预期财务业绩；它们必须成为所有其他平衡计分卡层面的目标和指标的最终目标值。

将财务目标连结到业务单元战略

企业生命周期的每个阶段各有不同的财务目标。企业战略理论提出了业务单元所能遵循的几种不同的战略，从增加市场占有率到合并、退出和清算。[2]

为了简化，我们将生命周期划分为三个阶段：[3]

- 成长期（Growth）
- 保持期（Sustain）
- 成熟期（Harvest）

成长期是企业生命周期的初期，它们的产品或服务拥有巨大的成长潜力。为了发挥这一潜力，企业必须投入大量的资源来开发和改进新产品和服务；建设和扩大生产设施；增强运营能力；投资于系统、基础设施和销售网络，从而加强与全球的关系；培养和发展客户关系。成长期的企业实际上可能出现负的现金流量，其投资报酬率也可能很低（无论它把无形资产的投资列为开支项目还是内部资本）。这些为了未来发展耗费的现金，可能比目前有限的基本产品、服务和客户所能创造的现金大得多。所以成长期企业的整体财务目标是收入增长率，以及目标市场、客户群体和地区的销售增长率。

同一企业内的业务单元，可能多数处于保持阶段，在这一阶段，它们仍然吸引投资和再投资，但是必须使投资产生的报酬率提高。企业期望这些业务单位维持其现有的市场份额，也许每年还应该有适度的增长。投资项目旨在消除瓶颈、提高生产能力和增强持续改进，与成长期所作的投资回收期长、以成长为目的的投资性质不同。

处于保持期阶段的大多数业务单元都将采用与获利能力有关的财务目标。这一目标可以用与会计收入有关的指标来表达，如营业收入和毛利。这些指标把投入业务单元的资本当作前提（或外生的），要求管理者使投资所能产生的收入最大化。对于一些经营自主的业务单元，要求它们不仅管理好所得的流入，而且要管理本单元投资的水平。这些业务单元所采用的指标把会计收入同本单元的投资水平相联系；投资报酬率、资本报酬率、经济增加值等指标是用来衡量业务单元业绩方法中具有代表性的方法。

有些业务单元将到达其生命周期中的成熟阶段。在这一阶段，公司想要收获前两个阶段的投资。对这些企业，已经没有理由再进行大量投资——只要足以维持设备和生产能力即可，而无需扩大或增强新的能力。任何投资项目都必须具有十分明确的和快速的回收期，因为这个阶段的主要目标就是使现金回流最大化。对成熟期的企业而言，总的财务目标应该是拥有经营现金流量（折旧前）和减少对营运资金的需求。

因此，企业在不同的阶段有不同的财务目标。成长期的财务目标强调在新市场、新客户、新产品和服务中获得销售额的增加，并维持适当的开支水平，以支持产品和流程开发系统，强化员工能力和开拓新的营销、销售和分销渠道。保持期的财务目标强调传统的财务指标，如资本报酬率、营业收入和毛利等。此时期评估投资项目，采用标准的贴现现金流（discounted cash flow）和资本预算分析。有些企业则采用较新的财务标准，如EVA和股东价值。这些指标都代表典型的财务目标——从提供给企业的资本中赚取丰厚的利润。成熟期的财务目标强调现金流量，任何投资都必须有确切的现金回收期，此时的投资报酬率、经济增加值、营业收入等会计指标，对业务单元的意义不大，因为重大的投资早已完成。目标不是投资报酬最大化，因为这种最大化可能鼓励管理者根据未来回报要求额外的投资；相反，该阶段的目标是使公司以往所有投资创造的现金回报最大化。此时，研究、开发或扩充能力等方面的支出也几乎停止，因为成熟期业务单位的寿命周期已去日无多了。

因此，平衡计分卡的设计必须从业务单元的CEO和企业的首席财务官（CFO）就业务单元具体的财务类别和目标进行的积极对话开始。这些对话将确定业务单元在公司投资组合中的角色。当然，对话要求公司的CEO和CFO为每个业务单元都明确了财务战略。不过，分公司的财务类型定位并非一成不变，按正常的进展，业务单元从成长、保持、成熟阶段，到最终退出阶段，可能历时几十年。[4]但即使一个处于成熟的、丰收期的企业，偶尔也会出乎意料地发现自己获得了一个成长目标。技术、市场和法规的变化，也可能使一个早已成熟、商品化的产品和服务，突然出现高成长业绩。这种转变会彻底改变业务单位的财务和投资目标。这就是为什么企业必须定期——起码一年一次——审查所有业务单位的财务目标，如此才能重新确定或改变业务单元财务战略。

风险管理

有效的财务管理系统必须兼顾风险和报酬。像成长、获利能力和现金流量的财务目标，都是强调改善投资报酬。然而，企业必须兼顾预期报酬和风险的管理与控制。因此许多企业的财务层面都会包括一个跟战略的风险有关的目标，如分散营业收入来源，避免集中在一个狭窄的客户群、一两种业务或特定的地域。一般而言，风险管理是一个附加的目标，它应当对业务范围已选定的预期回报战略予以补充。

财务层面的战略主题

我们发现成长、保持和成熟三个战略当中的每一项，都有三个财务主题推动着企业战略：

- 收入增长和组合
- 降低成本/提高生产率
- 资产利用/投资战略

收入增长和组合，指的是扩大产品和服务的种类，开拓新客户和市场，改变产品和服务的构成以提高附加价值，以及重新确定产品和服务的价格。降低成本和提高生产率的目标，指的是努力降低产品和服务的直接成本，减少间接成本，以及与其他业务单元共享资源。资产利用主题，指的是管理者努力降低既定业务量或业务组合所需的营运资金水平，管理者还通过利用剩余生产能力发展新业务，提高稀有资源利用效率和处理闲置资产，借此扩大固定资产的利用。所有这些行动，都能帮助业务单元增加他们财务和实物资产的回报。

关于总的财务目标的动因呈现为三种企业战略和三个主题所构成的 3 × 3 矩阵，见表 3－1。

表 3－1　衡量战略的财务主题

		战略主题		
		收入增长和组合	降低成本/提高生产率	资产利用
业务单元的战略	成长	• 细分市场销售增长率 • 新产品、服务、客户占收入的百分比	• 人均收入	• 投资（占销售额的百分比） • 研发（占销售额的百分比）
	保持	• 目标客户的占有率 • 交叉销售 • 新应用占收入的百分比 • 客户与生产线利润率	• 相对于竞争者的成本 • 成本降低率 • 间接开支（占销售额的百分比）	• 营运资金比率（现金周转期） • 主要资产类别的资本报酬率 • 资产利用率
	成熟	• 客户和生产线利润率 • 非盈利客户的比率	• 单位成本（单位产出、每项交易）	• 回收期 • 生产能力

收入增长和组合

成长期和成熟期阶段的业务单元，最常用的营业收入增长指标是销售增长率和目标地区、市场和客户的市场份额。

新产品

处于成长阶段的企业通常注重扩大既有的生产线或者提供全新的产品和服务。这个目标常见的指标，是新产品和服务在上市后的一段时间内——也许是2~3年，所创造的营业收入占全部营业收入的百分比。这一指标已经被一些富于创新精神的公司如惠普（HP）和3M广泛采用。当然，像任何出色的指标一样，实现这一目标的方法有好也有坏，理想的做法是拓展新产品或延伸新产品显著改善现有产品，因而赢得新的客户和市场，而不仅仅是取代现有产品的销售。但是，如果单独对这个指标施加压力（如果实施平衡计分卡，这个危险会小一点），业务单元可以采取取代现有产品的一系列渐进性的改进从而达到目标，但这种改进并不能带给客户显著的产品优势。或者，业务单元可能采取另一种机能更加失调的手段（幸运的是出现这种情形的概率很低），干脆停止销售一种销售量极好的成熟产品，从而提高新产品销售额在总销售额中的比重。为了弄清一种新产品或服务是否标志着对现有产品或服务的明显改进，一些公司把焦点集中在新产品和服务的价格和毛利上，期望着功能大大改进和客户价值大大提高的产品或服务将创造比现有成熟产品更高的利润。

新应用

公司开发新产品可能需要昂贵的成本和漫长的时间，制药和农化品公司尤其如此，因为它们的产品开发周期长，而且产品必须通过政府管理部门的严格审查。保持阶段的企业可能发现开拓新产品的新用途是一条增加营业收入的捷径，例如，寻找旧药剂对治疗新疾病的效用，或旧化学品对新农产品的保护作用。要使现有产品获得新的用途，一家公司就必须证明该产品在这种新用途中的有效性，但是，其化学配方不必再发明，其安全性也不必演示，其制造工艺也不必开发和纠错。如果新产品运用是业务单元的一个目标，那么新应用销售额所占的百分比将是一项有用的平衡计分卡指标。

新客户和市场

开拓既有产品和服务的新客户和市场，可能是增加营业收入的另一条捷径，例如新客户、新市场细分、新地理区域占营业收入百分比等指标将重视研究营业收入增加来源的重要性。许多企业对整个市场的大小和参与者所占的份额了如指掌，因此他们经常以增加业务单元在目标细分市场的占有率作为衡量指标，它可以帮助业务单元评估自己的市场占有率是如何增长的——是产品的竞争力提高了，还是市场本身的规模变大了？如果销售额增加但市场占有率萎缩，则可能预示业务单元的战略或产品与服务的吸引力存在问题。

新关系

有些公司通过不同战略业务单元之间合作开发新产品或开展营销，以试图实现协同作用。无论企业的战略是增加子公司之间的技术转让，还是增加企业内部若干业务单元对单个客户的销售额，这一目标都可以转变为业务单元之间合作关系所创造的收入。

例如，石水公司是布朗陆特能源服务公司的六个工程分公司之一。每一家分公司客户通常都是大型石油和天然气公司，这些分公司都从事某种性质的工程服务，从基础和应用工程设计，到油气管线的制造、安装（石水的本业）、维修和服务。这些分公司历来都是作为独立的公司运营的。当诺曼·钱伯斯从石水的总裁位置调升为布朗陆特的总裁后，便要求所有子公司遵循一个共同的财务目标，即提高合作成果在总业务中所占的份额。他的长期目标是向客户提供交钥匙服务：从最初的工程设计到油气管线设施的长期运营和维修。

其他企业也有类似的经验，它们试图摆脱价格主导、毫无特色的销售方式，改为提供客户化的产品和服务来满足特殊客户的需求。然而企业虽然宣称自己已实行差异化战略，但是如果他们的衡量指标还是销售额、利润和资本报酬率，或许他们能实现短期财务目标值，但不可能获得战略的成功。他们需要区别自己的销售额中有多少是靠富于竞争力的价格而不是优惠销售获得的，有多少是靠提供增值特色和服务所维持的长期客户关系而获得的。

新产品和服务组合

顺着这个思路，企业可能会考虑改变产品和服务的组合以增加收入。例如，企业可能认为，他在一些已选定的市场拥有相当大的成本优势，能够以非常低的报价抢走竞争者的生意。如果企业采取这种低成本战略，则他应该衡量目标细分市场销售额的增长。另外，他还可以选择一种更加差异化的战略，把重点转移到让价销售，如果采取这种战略，企业就应该衡量让价产品和服务所带来销售额的增加以及在总销售额中所占的百分比。例如，大都会银行采取的战略是收费性金融产品的销售量，那么衡量此战略成功与否的指标应当是这些产品和服务的收入增加额。

新定价战略

最后，利润增长，特别是那些成熟的或处于收获期的企业的利润增长，可能是通过提高那些收入低于成本的产品和服务的价格来实现的。当采用作业成本法后，企业不难发现这种蚀本现象。作业成本法可对成本、利润甚至对运用到单个产品、服务和客户的资产进行评估。一些公司已经发现，它们可以采用提高某些特殊产品的价格或客户化产品和服务的价格，或取消价格优惠，以便弥补在现存的非盈利产品和服务的成本，而不至于丧失市场占有率。产品、服务和客户的获利率、非盈利产品和客户的百分比，可以显示（但并非唯一）重新定价或过去战略成败的信号。对于高度同质的产品和服务而言，一个简单的定价指数，如每吨净收入、每打一次电话的价格或单位价格，将揭示公司和产业在价格战略上的趋势。

降低成本/提高生产率

除了制定收入增长和组合的目标外，企业也可能希望改善成本和生产率的业绩。

提高收入生产率

成长阶段的业务单元可能不太重视降低成本。降低成本需要自动化和标准化的流程，这与为新市场定制新产品和提供服务所需的灵活性相矛盾。因此，成长期企业的生产率目标应当重视增加收入（如员工人均收入），以鼓励企业转向高附加值的产品和服务，提高本企业的物力和人力资源能力。

降低单位成本

保持期的企业，无论是把成本降到具有竞争力的水平，提高营业利润，或监控间接和辅助性开支水平，都可以提高获利率和投资报酬率。最简单和最直接地降低成本的方法，可能就是减少劳务和产品的单位成本。如果企业产品的同质性较高，那么降低单位成本这一简单目标值就已经足够了。例如，化学公司可以把目标值定为生产一加仑或一磅的成本；银行的目标值可以是降低每笔交易的平均成本（处理一次存款或提款）和降低并维持每个客户账户的平均成本；保险公司的目标值可以是衡量收一次保费或付一次理赔的成本。因为从事活动和生产的成本，往往涉及企业中许多不同部门的资源和活动，因此可能需要一个以流程为导向的作业成本系统，这样才可能正确衡量交易和生产单位成本。

改善渠道组合

有些企业拥有不同的交易渠道可供客户选择。例如，银行的客户可以通过临柜人员，也可以通过柜员机或电话和电脑的电子方式进行交易，对银行来说，每一种渠道进行交易的成本相差较大。在制造业方面，有些企业采取传统的采购模式，先由采购人员通知外界供应商前来投标，然后评估各家价格，从中挑选最好的一家，最后再坐下来谈判交货的条件。另外，有些制造公司则是跟一些合格的供应商建立长期合作关系，直接把制造流程和供应商以电子资料交换系统（electronic data interchange，EDI）连结起来，由供应商负责按时直接送货供应制造流程。像这样利用电子资料交换系统进行交易的成本，比用传统人工式采购活动的成本低得多。因此，把客户和供应商从昂贵的人工处理渠道转到低成本的电子渠道，是一个大有作为的降低成本的方法。如果业务单位实施这种降低成本的战略，就能衡量各种渠道交易的业务百分比，把业务组合从高成本的渠道转到低成本的渠道。因此，即使基本工艺流程的效率毫无改进（这当然是一个过于保守的假设），而仅仅把交易转移到效率更高的渠道，也足以大幅增加生产率并降低成本。

降低经营费用

许多公司目前正试图降低销售开支、一般性开支和管理费用。[6]衡量这些努力是否成功，可以记录这些费用的绝对金额，或计算它们占全部成本或收入的比重。例如，如果管理者发现公司的辅助性支出相对于竞争者或相对于客户利益而言都显得太高，那么就应该制定一个目标，把管理费用降至销售额的某一个百分比，或降至分销、营销和销售费用的某一百分比。但是，降低开支和费用的目标应当与平衡计分卡的其他指标予以平衡，如客户的反应、产品质量和工作表现等，这样才不会因为削减成本而妨碍企业重要客户目标和内部业务流程目标的成功实现。

不过，我们承认，这一类指标执行起来并不能完全让我们心满意足，因为它暗示这些开支是企业在一定时期内必须控制和摆脱的“负担”。理想的做法是企业应对间接开支和辅助性开支的产出进行衡量。企业不应该一味地减少开支和辅助性资源，反而应该增加它们的效益，也就是发展更多的客户、增加销售额、增加交易额、提供更多的产品、改进工艺流程等，同时提高辅助部门的工作效率——亦即投入一定水平的资源能够获得多少产出和利益。这些类似于生产率的指标要求企业对辅助部门的工作进行分析，量化它们的产出，然后对其工作的质量和数量以及投入和产出的比例进行评估。作业成本分析法把间接开支、辅助支出和管理开支同这些开支产生的经营活动和成果联系起来。从这个角度来看，目前许多企业内部存在的间接和直接成本之间的人为界限可以被取消了。

资产利用/投资战略

衡量收入增加、降低成本、提高资产利用的财务战略是否成功，可以用整体的成果指标，如资本报酬率、投资报酬率和经济增加值。企业可能也希望确定具体的提高资产强度的动因。

现金周转期

营运资金，特别是应收账款、存货和应付账款等，对许多制造、零售、批发和分销公司来说，是资本的重要因素。衡量营运资金管理效率的指标是现金周转期，即库存天数加上应收账款天数，再减去应付账款天数（见图3－1）。这一指标背后的理论十分简单。企业购买原材料和商品（如果是制造公司，还有为生产成品而支付的劳务和加工费用），从采购到成品出售这一期间标志着资本耗用在库存中的时间长度。这段时间还可以减去从购买原料、劳务、加工资源的那一天，到必须付款的那一天的时间（应付账款的天数）。应收账款的天数，则衡量从产品售出的那一天，到收到客户付款的那一天之间的时间。因此，现金周转期代表公司从向供应商支付现金到从客户收回的现金所需的时间。有些企业的现金周转期为负，它们一直等到收到客户付款之后才支付现金给供应商。实际上，通过使库存极为接近最终销售，迅速向客户收款，并且跟供应商商定有利的条款，企业就能从其日常运营周期中积蓄资金而不是消耗资金。虽然许多企业发现，零或负的现金周转期即使不是绝无可能，也是非常困难的事情，但是使现金周转期短于目前水平，对于改善营运资金效率来说，仍不失为一个极好的目标值。

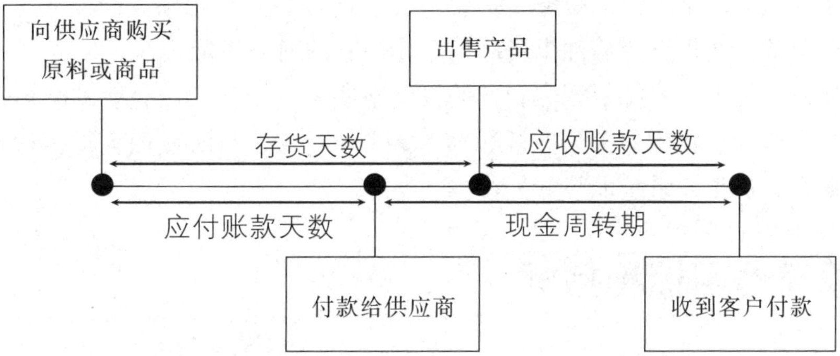

图3－1 现金周转期

一些运营周期长的企业（如建筑公司），还会发现管理营运资金同样重要。这些公司需要追踪按照目前工程进度所支出的阶段性款项。例如，石水这家水下建筑公司在应收账款方面遇到很大问题，它通常需要等待 100 天，才能收到客户为工程所支付的最终款项。石水公司的主要财务目标之一，就是大大缩短这一周期，如果能达到这一目标，那么就能实现公司的另外一个财务目标——显著提高公司的资本报酬率[6]。

提高资产利用

衡量资产利用的其他方法，其重点可能是改进投资程序，目的之一是改善资本投资的生产率；其次是加速资本投资过程，以较早获得投资的现金回报，换句话说，就是缩短对物力和人力资本投资的现金周转期。

公司的许多资源为完成工作提供基本条件：设计、生产、销售和加工，这些资源可能需要相当多的投资。投资包括实物投资，如对信息系统、特殊设施、销售设施，以及建筑和厂房设施的投资。但是，这些投资也包括智力和人力资本投资，如对技术专家、数据库，以及了解市场和客户的人员的投资。如果公司的各个业务单元能共享这些基本设施，就能增加投资于这些资产的利用率。如此一来，除了分享知识和客户可以带来的潜在收入外，也因为不需要对不同的单元重复投资，而达到降低成本的作用。因此，如果企业希望从实物和智力资本的投资中获得一定的规模经济和范围经济，就应制定目标，提高资源共享的比重。

企业也应该注意稀有资源的利用率。再以石水公司为例，它最大的资产投资之一是为进行海底建筑活动的特殊船只投资。为了强调消除这种昂贵资源闲置的重要性，石水公司的财务目标就是提高这种船只利用率。同样道理，某大型综合石油公司也选择炼油设备利用率作为它的财务目标之一。

研发、员工、系统等智力资产的投资报酬率，也会增加企业的整体投资报酬率。不过我们希望留待第五章和第六章再加讨论，届时我们会具体说明如何制定研发、员工和系统的目标和指标。

风险管理目标和指标

我们注意到，大多数企业除了希望通过收入增长、成本降低、生产率、资产利用等手段来增加利润外，也非常关心其利润的风险和可变性。只要风险管理具有战略上的重要性，企业就应该把具体的风险管理目标纳入到财务层面。例如，大都会银行选择了一个财务目标来增加收费性服务的比重，不仅因为收费性服务拥有收入增长的潜力（前面已讨论），而且是为了降低目前收入对核心存款和交易性产品的高度依赖，这是因为来自存款和交易性产品的收入，会受到利率波动的影响而起伏。银行相信，随着收费性服务在收入所占比重的增加，其年收入的波动也会相对减轻。因此，扩大收入来源的目标可以发挥一石二鸟的作用，既实现了收入增长，又加强对风险的管理。

风险是保险公司业务的一个重要部分。因此，作为一家大型产险和意外险的经营者，国家保险公司为了应付最大可能的亏损，采纳了损失曝光（loss exposure）和准备金等指标。又有一家资本密集型企业对风险担忧的解决办法是确定这样一个目标，那就是即使在经济周期处于低谷时，经营中的现金流量也要足以支付实物资本的维修和工艺流程改进等支出。

有些企业承认它们对实际运营结果的预测经常出错。预测不准，特别当实际结果比预计低很多的时候，会导致预期外的借债，因此增加企业经营的风险，所以企业应该选择一个目标来缩小实际结果和预期结果的误差率。很显然，如果这是财务层面的唯一指标，管理者多半会做出过于保守的预测，好让自己轻松过关。但是其他的财务目标，可以诱导管理层为营业收入和资产报酬率而实现挑战性指标值，因此预测可靠性目标应该用成长和获利能力目标予以平衡。某公司以增加销售和订单的储备量作为降低风险的目标，因为他相信，一个庞大和不断增加的销售储备量，可以提高收入和预测的可靠性。

本章小结

财务目标代表企业的长期目标：从投资于业务单元的资本上赚取丰厚的报酬。平衡计分卡与这个极为重要的目标并不矛盾，实际上，平衡计分卡不但肯定财务指标，而且为业务单元在成长和生命周期的不同阶段定出适当的财务目标。我们见过的每个平衡计分卡，都采用跟获利能力、资产报酬和收入有关的传统财务目标。这一点更加证明平衡计分卡与行之已久的业务单元目标有密切的关系。

即使只有平衡计分卡的财务层面，高层管理者不仅能够指定用什么指标来评价企业的长期成功，而且可以辨别哪些变量对于创造、驱动长期目标最为重要。财务层面的驱动因素，是根据产业、竞争环境和业务单元的战略而制定的。我们建议用一种分类方法，把财务目标分成收入增长、生产率提高、成本下降、资产利用、风险管理等主题，企业可以从这些分类主题中选择适当的财务目标。

平衡计分卡其余层面的所有目标和指标都应该同财务层面的一个或更多目标相联系，我们在第七章将阐述这一主题。这种一切归诸于财务的做法，明确显示企业的长远目的是为股东创造财富，而所有的战略、方案和行动方案都应该能帮助业务单元达到它的财务目标。平衡计分卡选择的每一个指标，也都应该是因果关系链中的一环，所有因果关系以财务目标为终点，而财务目标又代表了业务单元的战略主题。如果照这种方法使用平衡计分卡，计分卡就不是一群孤立、互不相干，甚至矛盾的目标。平衡计分卡应该阐明战略全貌，先叙述长期的财务目标，然后引出一系列的行动，这些行动在财务流程、客户、内部业务流程、员工和系统的配合下，共同追求理想的长期经济业绩。对大多数企业而言，增加收入、改善成本和生产率、加强资产利用率、减少风险这几个财务主题，便足以连结平衡计分卡的四个层面了。

注释：

〔1〕请参考：G. Bennett Stewart, *The Quest for Value* (New York: Harper Business, 1991) and G. B. Stewart, "EVATM: Fact and Fantasy," *Journal of Applied Corporate Finance* (Summer 1994): 71 – 84.

〔2〕C. W. Hofer and D. E. *Schendel*, *Strategy Formulation: Analytical Concepts* (St. Paul: West Publishing, 1978); I. C. MacMillan, "Seizing Competitive Initiative," *Journal of Business Strategy* (Spring 1982): 43 – 57; and P. Haspeslagh, "Portfolio Planning: Uses and Limits," Harvard Business Review (January-February 1982): 58 – 73.

〔3〕这种方法受到下面这篇文章的影响：Ernest H. Drew, "Scaling the Productivity of Investment," *Chief Executive* (July/August 1993).

〔4〕有些业务单元不再能适应公司的战略目标，或不再能创造足够的现金和财务报酬。这些业务单元必须能让公司实施“退出”战略，或出售或关门。退出阶段的财务衡量重心应放在维持现有的价值。公司的CEO和CFO必须对这一阶段的衡量指标达成共识：就是明白业务单元有序退出需要准备什么，或增加出让价格需要准备什么。一些影响业务单元出售的因素（如负债、废料、废品增加、污染或客户不满意）应严加监控。

〔5〕S. L. Mintz, "Spotlight on SG&A," *CFO Magazine* (December 1994): 63 – 65.

〔6〕我们将在第五章——企业内部业务流程层面，讨论石水公司如何解决付款周期过长的问题，因为这个问题的解决要求项目经理和客户之间的关系要加以改善。这个例子说明了跨越平衡计分卡层面连结目标的重要性。

第四章

客户层面

在平衡计分卡的客户层面，企业确定它们希望竞争的客户群体和细分市场。这些细分市场代表了公司财务目标的收入来源。客户层面使企业能够根据目标客户和细分市场，调整自己核心客户的结果指标：满意度、忠诚度、保持率、获得率和获利率。它也协助企业明确辨别并衡量自己希望带给目标客户和细分市场的价值主张，而价值主张是核心客户成果指标的动因指标和领先指标。

在过去，企业可以集中精力提高内部能力，强调产品性能和技术创新。但是，对客户需求茫然无知的公司最终发现，竞争对手能够提供比较符合客户偏好的产品或服务，从而侵占了他们的地盘。因此，现在的企业无不把眼光从内部转向外部，对准客户。使命和愿景说明书经常宣称，公司的目标是成为“向客户提供价值的头号公司”，以及成为“客户的头号供应商”。事实上，客户不可能把每家企业都当作头号供应商，但是制定使所有员工为满足客户需要而努力的激励性声明是无可厚非的。显然，如果业务单元想要取得长期的卓越的财务业绩，就必须创造并提供客户青睐的产品和服务。

除了满足并取悦客户之外，业务单元的管理者还必须在平衡计分卡的客户层面，将其使命和战略声明转变为以客户和市场为基础的具体目标。试图在所有人面前贪大求全的公司往往一事无成，因此，企业必须在既有的和潜在的客户中辨别目标市场，然后选择自己参与竞争的舞台。辨别向目标细分市场提供哪些价值主张，成为制定关于客户层面的目标和指标的关键。因此，平衡计分卡的客户层面可以把企业的使命和战略转变为目标客户和细分市场的特定目标，并将这些目标传达给整个企业。

细分市场

一般而言，现有的和潜在的客户并非同一的，他们各有各的偏好，所重视的产品或服务特色也是不同的。在构筑战略的过程中，利用深入的市场调查成果，应当揭示不同的市场和客户群体，以及他们对价格、质量、功能、形象、商誉、关系和服务的偏好，然后企业便能针对自己选择的客户和细分市场而制定自己的战略。平衡计分卡既然阐述企业战略，就应该确定每个目标市场的目标客户。

有些管理者反对选择目标客户群体，他们对客户来者不拒，希望能满足每一个客户的每个需求。但是这种做法对任何人来说都要冒一事无成的风险。战略的精髓在于不仅选择有所为，而且选择有所不为。[1]

在建立平衡计分卡过程中，石水公司的管理者访问了许多既有的和潜在的客户。他们发现有些客户希望一切沿袭旧制。这些客户已经建立了一套选择供应商的办法：首先，自己拟定标书，然后邀请供应商根据详细的招标书投标，最后从合格的供应商中挑选价格最低的一家。其中一位客户在访问中如是说：

> 我们没有资源及时间和供应商玩不切实际的花样。我们的行业已经到了不择手段竞争的地步，几年内价格和利润持续下滑，我们不得不到处削减成本。我们别无选择，只能用价格最便宜的供应商。

石水公司的传统竞争手法，是尽量选择低价投标者以争取客户。

但是几家重量级客户，如雪佛莱（Chevron）、英国石油公司（BP）、海斯石油（Amerada Hess）等，在访问中表示他们对海底建筑服务的要求不仅仅是低廉的价格。他们说：

> 我们必须尽量削减成本，但我们希望供应商协助我们达到这一目标。如果接管我们的部分工程设计工作对他们来说比较便宜和有效益，那么我们就交给他们来做，从而相应裁减我们的内部工程设计员工。此外，我们的相对优势是勘探石油和天然气储量，对其加以提炼并推向市场。我们在海底建筑方面没有任何特别的能力。我们期望供应商能够提供做业务的新方法和为这项任务而开发更好的技术。我们最好的工程服务者应该能够预期我们的需要，能够提出创新性的方法，通过新技术、新方案管理方法和新融资方法来满足我们的需求。

这些企业承认，瞬息万变的技术和竞争激烈的环境，迫使他们为寻求降低成本的创新方法而向供应商求援。在选择供应商的时候，价格虽然仍是一个考虑因素，但供应商是否能够提供创新和更好的成本效益，对企业来说将起到更大作用。虽然石水公司仍然保留一部分价格敏感型客户的业务，但它选择的战略是提高追求价值型客户的市场占有率。所以，它把核心客户指标，包括市场占有率、客户保持率、客户获得率和客户满意度，集中在已经与之建立增值关系的客户身上。为了传达战略和评估战略是否成功，石水公司选择衡量产生于增值客户关系的收入的百分比。

与此相似，大都会银行利用的竞争方式是向所有散户提供费用低、效率高的优质服务。营业利润和毛利的减少，以及技术和竞争条件的变化，迫使该银行对其战略进行反省。反省的结果是放弃从提供大同小异的最低价服务角度吸引客户的做法。它把自己定位为一个知识丰富的理财顾问，能够提供种类繁多的金融商品和服务，交易处理能够完美无瑕，价格虽非最低但合情合理，然后锁定目标客户。

先锋石油提供了另一个市场细分的例子，先锋公司是美国一家主要的炼油厂和汽油与汽油润滑油的零售业者。在开发客户战略之前，做了一项市场调查，调查结果确认了五个客户群体。

1. 马路型：占买主的16%

收入较高的中年男性，他们每年驾驶2.5万到5万英里（1英里=1.609344公里）……用信用卡购买高级汽油……在便利店购买三明治和饮料……有时在洗车店洗车。

2. 忠心型：占买主的16%

中高收入男女，他们喜欢一个品牌，有时认定一个特定的加油站……经常购买高级汽油，用现金支付。

3. F3型：占买主的27%

拥有3F特质：即燃料（Fuel）、食品（Food）、快速（Fast），是力争上游型男女，其中一半人年龄不到25岁，他们总是行色匆匆……经常开车并在便利店购买大量零食。

4. 居家型：占买主的21%

一般为家庭主妇，白天开车接送孩子，在所居住城市或行车线路上的任何加油站加油。

5. 价格型：占买主的20%

他们一般不偏好某一个品牌或一个特定的加油站，很少购买高级汽油……常常手头拮据。

先锋石油公司的结论是，各家石油公司多年来一直在争夺价格型的消费者，而先锋公司的管理者现在认识到这类消费者只占到汽油消费市场的20%，而且是利润最低的20%。因此，先锋公司将其重点转移到利润最高的59%的买主身上（马路型、忠心型、F3型），并且设计了一套价值主张吸引和维持这三个客户群体的业务。

企业一旦确定和选中了市场之后，便能对这些目标市场设定目标和指标。我们发现企业通常会选用两套客户层面的指标。第一套是几乎所有企业都希望使用的概括性指标，因为许多平衡计分卡上都有这些指标，如客户满意度、市场份额和客户保持率，我们称之为“核心衡量指标”；第二套是代表客户成果的业绩驱动因素——区分与其他企业不同的因素。第二套指标回答了这样一个问题，即企业必须提供什么给客户，才能获得高度的客户满意度、保持率、获得率，最后达到高度的市场份额？业绩动因指标抓住了企业要向他的目标客户和细分市场提出的价值主张。

客户核心衡量指标群

客户成果的核心衡量指标群，适用于所有类型企业，它们包括以下指标：

- 市场份额
- 客户保持率
- 客户获得率
- 客户满意度
- 客户获利率

这些核心衡量指标可以组成一个因果关系链（见图 4－1）。

这五个指标看起来适用于任何企业。但是为了发挥它们的最大影响力，业务单元必须针对预期成长和获利能力最大的目标客户群适度修正这些指标。

市场和客户份额

一旦确定了目标客户群和细分市场，就可直截了当地衡量市场份额了。行业团体、贸易协会和政府的统计资料，以及其他公开信息，通常能对市场的总体规模进行评估。石水公司的市场份额，用第一类客户占业务量的百分比来衡量。第一类客户是石水公司已建立长期合作关系的客户，这个指标说明了业务单元应该如何运用平衡计分卡来激励并监督它的战略。如果石水公司只用财务目标，短期内或许能够依靠低价竞争达到收入成长，实现销售额、利润的增长和资本报酬率的目标。但是，在这种情况下，第一类客户的市场份额便会显示公司战略实施出现了偏差，业务成长并非来自增值的客户关系。目标客户的市场份额，可以“平衡”纯粹的财务指标，提醒业务单元需要即刻检讨它的战略实施情况。

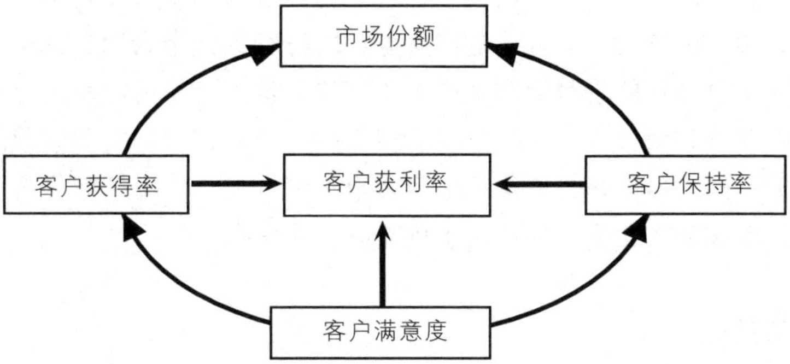

市场份额	反映一个业务单元在既有市场中所占的业务比率（以客户数、消费金额或销售量来计算）
客户获得率	衡量一个业务单元吸引或赢得新客户或新业务的比率，可以是绝对或相对数目
客户保持率	记录一个业务单元与既有客户保持或维系关系的比率，可以是绝对或相对数目
客户满意度	根据价值主张中的特定业绩准则，评估客户的满意程度
客户获利率	衡量一个客户或一个细分市场扣除支持客户所需的特殊费用后的净利润

图4－1 客户层面——核心指标

客户保持率

显然，在目标客户群维持或增加市场份额的一种可取的方法是保持现有的客户。而一项关于服务利润链的研究报告，也证明了客户保持率的重要性。[2]凡是容易确认所有客户的公司，如工业公司、分销商和批发商、报纸和杂志出版社、网上服务公司、银行、信用卡公司、长途电话公司，都能够很容易地计算一个时期到另一时期的客户保持率。除了留住客户之外，很多公司通过衡量既有客户的业务增长率来了解客户的忠诚度。

客户获得率

一般来说，追求业务成长的企业，都会制定一个目标去增加在目标市场的顾客总数。客户保持率指标，无论是绝对数目或相对数目，都是衡量业务单元吸引或争取新客户、新业务的比率。客户获得率可以通过目标市场中新增客户的数量或新客户的总销售额来衡量。许多公司，如信用卡和支付卡经营、杂志订购业务、移动电话业务、有线电视业务、银行和其他金融服务的公司，经常通过大量而十分昂贵的营销活动来招徕新客户，这些公司可以查出对促销活动做出反应的客户数量，以及这些客户的转变率——新客户的实际人数除以潜在客户的人数；同时可以衡量招徕一个新客户的平均成本，以及新客户的收入相对于推销活动次数的比率，或相对于招徕成本的比率。

客户满意度

客户满意度是驱动客户保持率和客户获得率的指标，客户满意度可以对公司的优劣做出反馈。无论怎样重视客户满意度都不为过。最近的一项调查显示，如果企业仅仅在客户满意度上得分并不足以获得高度的忠诚率、保持率和获利率。只有客户在购买产品时完全满意或极为满意，企业才能确信这些客户会重复采购。[3]

有些企业幸运地拥有主动为所有供应商评分的客户。例如，惠普公司为他的各类供应商划定等级和排名；福特公司承认并颁奖给最有价值的供应商。有些跨国公司的财务主管给所有往来银行提供报告，上面对各家银行在融资、金融服务和提供金融建议方面的表现有详细的反馈。再如石水公司，其与第一类客户的关系中，就包括了客户每个月的反馈报告，这些报告根据客户事先制定的优先业绩指标，评估其表现。

但是，公司不能指望所有的目标客户都能对业绩主动提出反馈。许多公司，包括英国航空、惠普、施乐、宝洁、摩托罗拉、百事可乐、波音和3M公司，都对客户满意度做了系统的调查。写一份客户调查问卷轻而易举，但要得到很大比例的客户做出有效的回答通常需要专门的技能。常用的调查方法有三种：信函调查、电话访问和当面访问，这三种调查方式的费用由低到高，反应率和信息价值也是由低到高。目前，客户满意调查已成为市场调查公司的最重要的活动之一，总花费已达2亿美元，并且每年以25%的速度增长。这种专业化的服务需要心理学、市场研究、统计学和采访学的专才，同时需要大量人力和能够全面计算各种指标的电脑软件才能达成。

客户获利率

但是，在市场份额、保持客户、获得客户和满意度这四个核心客户指标上成功，并不保证企业能从客户身上获取利润。显然，一种使客户感到极为满意（和使竞争者感到愤怒）的方式莫过于贱卖产品和服务。由于客户满意度和市场份额只是获得较高财务报酬的手段，所以企业不仅要衡量同客户做成的业务量，也要衡量这笔业务的获利率，特别是目标客户的获利率。作业成本系统使企业可以衡量个别客户和总体客户的获利率。[4]企业不仅希望得到对企业感到满意的客户，他们还希望这些客户成为获利的客户，所以，像客户获利率这样的财务指标，就可以使一个以客户为中心的企业避免过于迷恋客户。并不是所有的客户要求都能够得到满足并使企业获利，当碰到特别困难的服务要求时，有时业务单元必须拒绝这笔业务，或通过提高价格来对为满足客户要求而动用的人力和物力进行补偿。如果客户提出的要求对企业非常重要，而企业又不能提高价格，业务单元仍然可以在作业成本系统中获知无利可图的信息，这一信息可以帮助企业了解向客户提供产品和服务的关键流程，这些流程能被重新确定或重新安排，以便在满足客户要求的同时使企业获利。

客户获利率指标可能揭示出某些目标客户根本无利可图，这种情形尤其容易出现在新客户身上，因为招揽新客户的费用相当可观，出售给这些客户的产品或服务无法以边际利润抵消。这种情况下，在保留和拒绝这些客户时，必须以客户的终身获利率为基础。新获得的客户具有增长潜力，即使目前无利可图，仍然有保留的价值。如果同企业保持多年关系的客户仍无利可图，可能需要采取断然的行动（寻找别的理由，如商业信用和学习机会）把他们转成资产。

表 4－1 提供了一个兼顾目标细分市场和客户获利率的简单方法。

表 4－1　目标细分市场与客户获利率

客　户	获　利	非　获　利
目标细分市场	保留	转变
非目标细分市场	监控	消除

在表 4－1 中，左上右下对角线上两类客户不能处理。企业当然希望保留目标市场中获利的客户，对非目标细分市场的非获利的客户，应该没有什么兴趣。对于右上左下的两类客户，则产生了饶有兴趣的管理问题。目标细分市场中的非获利客户（右上角）表示有可能转变为获利的客户的机会。如上所述，企业对于新客户大可不必劳神，只要观察将来扩大同他们的业务之后能否变得有利可图就行了。至于长期非获利客户，可能需要调整他们经常使用的产品或服务的价格，或者改进生产这些产品或提供服务的方式。非目标细分市场的获利客户（左下角）应予以保留，但必须密切监控，以防他们对服务或产品特色

有了新的要求，或改变他们购买产品或服务的数量和组合时，又会变成非获利客户。通过目标细分市场和获利率这两种指标，管理者可以得到有关市场战略是否有效的有价值的反馈。

核心之外：衡量客户价值主张

客户价值主张（value proposition）代表企业通过产品或服务而提供的特征，其目的是创造目标细分市场的客户忠诚度和满意度。价值主张是企业了解客户满意度、获利率、保持率和市场与账户份额等核心指标驱动因素的关键概念。

虽然不同的产业有不同的价值主张，甚至同一产业中不同细分市场价值主张也有所不同，但是我们从许多不同产业构建的计分卡中，发现几乎所有产业的价值主张都有一套共同的特征，这些特征可以归纳为三种（见图4－2）：

- 产品/服务特征
- 客户关系
- 形象和声誉

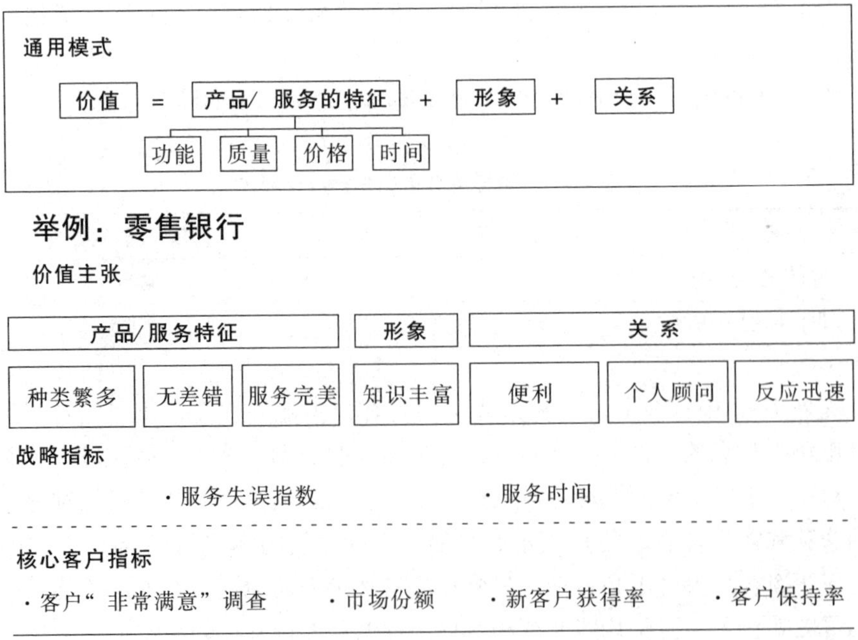

图4－2　客户价值主张

产品和服务特征

产品和服务特征包括功能、价格和质量。例如，我们可以把石水公司确认的两类客户群体看成一个典型的客户取舍问题：一类客户希望找到可靠和价廉的供应商；另一类客户则需要差异化的供应商，他们能够提供独特的产品、特色和服务。石水公司的第二级客户不需要浮华或客户化的东西，他们需要基本的产品、可靠和及时的交货、产品零缺点，而且价格尽可能最低；反之，一级客户却愿意付出高价来换取独特的产品或服务，他们认为这些产品特色或服务对实现他们的竞争战略愿景极有帮助。同样的，大都会银行的客户也分成几个细分市场，其中一个细分市场寻求价格最低的供应商，只需提供标准银行产品，如支票账户即可；另一个细分市场的客户却希望银行提供一揽子金融产品和服务，而且愿意付出一个合理的但不一定是最低的价格来进行交易。不过，这两个群体对银行交易的要求一致，他们都希望高质量（零缺点）服务。

客户关系

客户关系层面包括产品/服务的交货，涉及反应时间、交付周期和客户购买产品的感觉。例如，大都会银行的客户关系目标，是建立并维护殷勤待客的形象。大都会银行认定，同自己的客户保持非常良好的关系有三个要素：

1. 知识丰富的员工：员工有能力认识到客户的需求并拥有满足这些要求的技能，这样的客户可使我们的银行卓尔不群。
2. 便利：提供客户每天 24 小时的银行服务或咨询。
3. 反应能力：迅速服务客户，及时做出反应并解决客户的燃眉之急。

零售连锁店诺德斯特罗姆公司（Nordstrom），强调它的销售人员随时准备为目标客户和有价值客户提供超水准的服务。小型电脑软件公司因特伊特公司（Intuit），在个人理财软件市场上享有主导地位，原因在于用户对其产品界面的极大热情和产品便于运用。保持客户的关系还包括做出长期承诺，如供应商同客户实现信息联网，通过电子数据交换系统进行交易，以期建立范围更广泛的买卖关系，包括分享产品设计、制定生产计划、电子化下单、开发票和付款。客户关系还包括赋予某一供应商优先选用的资格，使供应商可以直接把货物运抵厂区，并免除接货、验货、搬运和储存的环节。一些公司甚至把自己的采购业务交给高质量的供应商，为供应商派驻的代表提供办公地点和仓储设施，允许供应商全权管理一定数量和组合的原材料运往车间的全过程。在这种关系下，客户选择供应商通常不以该公司的报价是否最低为依据。

形象和声誉

形象和声誉层面是企业吸引客户的无形因素，有些公司能够利用广告及高质量的产品和服务创造客户忠诚，使得客户对其产品或服务的支持程度，远超过产品或服务本身的有形价值。像消费者对一些名牌运动鞋、名师设计的服装、主题游乐园（广告称："我要去迪斯尼乐园"）、烟草（广告称："万宝路人"）、饮料（广告称："百事新生代"）情有独钟，甚至连小鸡肉（普渡 Perdue）也反映了形象和声誉在目标客户身上发挥的威力。大都会银行希望建立的声誉是：知识丰富、态度友善，能够提供全方位金融产品和服务的理财顾问。先锋石油公司希望自己的产品脱颖而出，并通过广告宣传自己的产品中一些并不突出的特点，如强调产品纯度高，有利于保持引擎清洁，以及没有沉淀物。一些投资银行希望以人格化、高水平的金融顾问和服务者的形象出现在公众面前，美国"六大"（Big Six）会计事务所则试图建立高质服务声誉，以与其他规模较小、地区性的竞争者有所区别。

形象和声誉层面还有助于企业在客户心目中建立先入为主的印象。例如，石水公司希望摆脱该公司在 20 世纪 70 年代公司业务刚开始兴旺时的形象，那时一提起海底工程建筑，人们就会想到一群穿着潜水衣、身背氧气筒、手拿气焊枪，从驳船上跳入北海的玩命家伙。石水公司构筑了平衡计分卡，并建立了客户目标及对客户的清晰的价值主张反馈，目的在于传达一个崭新的专业形象，它希望借此告诉一级客户，现在的石水公司是一个技术先进、值得信赖且有价值的合作伙伴，具备与客户建立长期关系的能力。

大型服装零售商凯尼恩公司设计了一个目标客户的形象：

- 范围：20～40 岁女性（目标：29 岁）
- 受过大学教育
- 在专业经理职位全职工作
- 衣着新颖而时髦
- 自信，极具幽默感

然后，公司通过各种广告和店内宣传，对外传播它的目标客户形象。

凯尼恩公司通过向潜在客户传达一个清楚的形象，使现有的和潜在的客户幻想只要他们购买凯尼恩的衣物就会拥有同样的形象。公司除了向他的客户出售高质量、价格合理和时髦的衣服外，还为她们塑造了形象。因此，凡是试图使用形象和声誉特征的公司，应该明确他们理想的客户形象，并通过形象联想力来影响客户的购买行为。

下面我们可以通过对凯尼恩公司、石水公司、先锋石油公司的个案研究，来说明公司如何利用产品和服务的特征、关系和形象与声誉来建立客户价值主张的。

凯尼恩：直接销售给大众市场

凯尼恩商店开发客户目标的第一步，是界定一个客户战略：

1. 凯尼恩商店必须增加他的客户衣柜份额。
2. 利用客户忠诚来增加衣柜份额：希望客户一年四季光顾凯尼恩商店，并且满足客户生活中一切衣服的需要。
3. 要建立客户忠诚，必须做到：
- 商品必须能够界定目标客户、满足他（她）们的需要和希望的形象
- 品牌必须满足客户的向往和追求的生活方式
- 购物体验必须提高客户忠诚度
4. 我们必须正确无误地了解谁是我们的客户及他（她）们的购买行为。

凯尼恩商店以客户忠诚度和客户反馈意见作为核心客户结果指标，这些指标的业绩驱动因素来自于战略宣言。业绩驱动因素代表了三个价值主张因素的目标和指标。

产品特征

凯尼恩商店界定了三个目标：价格、时尚和质量，作为消费者价值主张的关键产品特征。

价格目标可以表述为：

提供客户认为物超所值、价钱公道的时尚和质量。

这个目标的指标是商店希望维持的平均单位零售价（无折扣价）和各商店的平均交易数。

时尚和设计目标是：

凯尼恩品牌可以提供满足客户热望和衣着需要。

显然，这个目标不是那么容易转成特定的运营指标。凯尼恩商店选用的指标是“战略商品”的平均年收入增长率，而所谓战略商品则是指最能代表公司

形象的主要商品；第二个指标是MMU，零售业维持固定毛利的术语，代表售价扣除折扣后的实际边际利润。因为商品的设计和时尚深受客户喜爱，改善的MMU将是商店维持货物边际利润能力的成果（滞后）指标。

质量目标如下：

保证同一款式和所有产品类型的高质量和连贯性。

衡量质量的指标是退货率，退货率可以具体显示消费者对质量和价格是否公道的满意度。

关系：购物体验

购物体验层面相当重要，关键特征是商品的齐全和店内购物感觉。商品齐全意味着商店能提供客户首选的产品。通过向客户发放题为“您的看法如何”的意见卡来衡量同客户的关系，询问客户对尺码、颜色是否齐全的满意程度。凯尼恩以“完美购物体验”的六点愿景宣言，阐述他所追求的购物体验：

1. 店堂亮丽，款式新颖；
2. 店员漂亮、衣着时髦、面带微笑欢迎客户；
3. 进行特殊买卖时，交流清晰；
4. 店员对产品了如指掌；
5. 通过交往，店员叫得出客户名字；
6. 衷心感谢并欢迎客户再次光临。

凯尼恩的目标是客户每一次光临都能感受到这六点。通过“神秘客”查访方式，衡量各店是否在日常运营中达到这个目标。

品牌和形象

如上所述，凯尼恩已经建立了一个非常具体的“理想客户”的定义。理想客户的形象让所有员工都明白客户对时装的期望，凯尼恩的品牌形象目标如下：

通过对目标客户和满足客户需求与众不同的清楚了解，我们将把凯尼恩建成在全国占主导地位的品牌。

能否成功地建立在全国占主导地位的服装品牌，可通过主要商品的市场份额和品牌服装赚取的溢价来衡量。能否树立有吸引力的品牌形象，凯尼恩通过比较自己的高价位服装同市场上无品牌的同类、同质量的服装所被接受的程度来衡量。

至于凯尼恩以什么机制达到客户价值主张的目标和指标（见图 4－3），则是在企业内部业务流程界定的，我们将在下一章阐述。

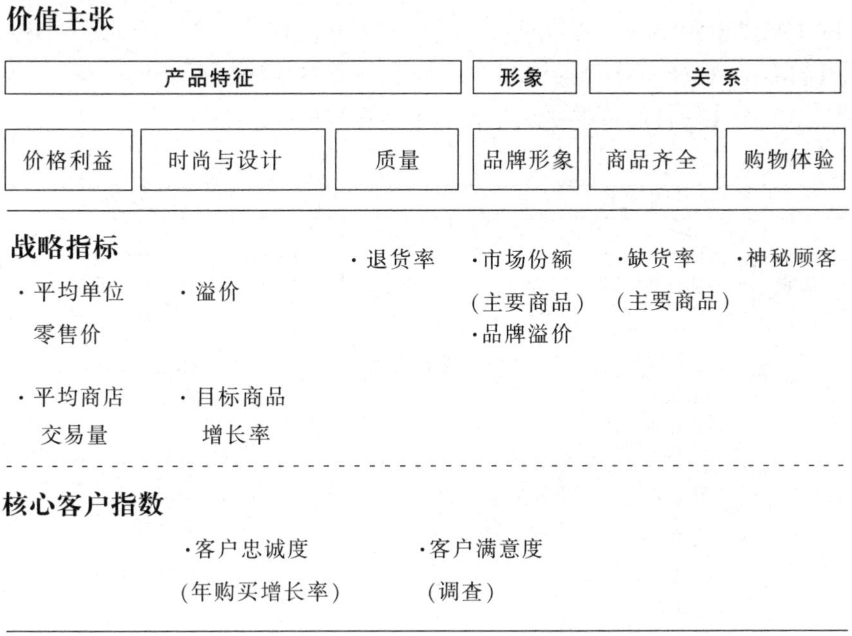

图 4－3　客户价值主张——凯尼恩商店

石水公司：直接销售给个别客户

石水公司在客户层面使用了两个核心结果指标：一个是年度客户意见调查，由客户对石水公司及其竞争者进行对比；另一个是关键客户的市场和账户份额。对于价格敏感型的二级客户，石水公司设计了一个价格指标，为竞争投标所用。石水公司希望仍然保留第二级客户的业务，这些业务可以帮助管理产能利用和提供大量订单，而后者将提高财务预测的准确性。

为了衡量第一级客户价值主张，石水公司设计了一个“客户化”的客户满意指数，它可以反映产品和服务的特征以及石水项目小组与客户的关系。石水公司确认了 16 个与项目管理有关的特征（见图 4－4）。每个项目开始前，客户先从 16 个特征中选出他们认为最为重要的一组特征，每个特征还可以加总计分，以反映特定种类的相对优先性和重要性。然后，如表 4－2 所示，石水项目小组每个月可以收到客户的满意反馈表，上面记载客户对选择特征的评分，评分标准为1～10，通过这些可以计算出一个加权的客户满意指数。因此，石水公司能够在每个项目上与每个客户强调的项目目标保持同步。

除了每月得到第一级客户对每个项目的满意度评分之外，石水公司还把所有项目的16个特征的评分累计起来，每个特征的平均数可以显示项目小组在哪些方面普遍表现良好，哪些地方表现令客户失望。

产品特征				形象	关系
功能	质量	价格	及时	专业管理	关系
·安全	·已提交程序极少变动	·工时	·符合进度		·承包商的诚信与公开
·工程服务		·物有所值	·及时提交程序		·弹性
	·质量观及表现	·降低成本的创新性			·合约的反应能力
	·提供设备的标准				·团队协作精神
	·人员素质				
	·生产质量				

图4-4　客户价值主张（第一级客户）——石水公司

表4-2　客户满意度指标——石水公司

衡量准则	客户						平均满意度
	A	B	C	D	E	F	
（1）安全	9	8	8	10		8	8.6
（2）符合进度	9	6	7				7.3
（3）工作时间与停工时间的比率	9	5	4				6.0
（4）及时提交程序	9	4	5				6.0
（5）已提交程序极少变动	9	5	6				6.7
（6）承包商的诚信与公开	4	7	7	10	9		8.3
（7）弹性	9	4	7		9		7.3
（8）合约的反应能力	8	5	7				6.7

（续表）

衡量准则	客户						平均满意度
	A	B	C	D	E	F	
（9）工程服务	8	7	7				7.3
（10）质量观及表现	10	6	8		8	7	7.8
（11）物有所值	7	6	6	10	9	7	7.2
（12）提供设备的标准	9	7	7			8	7.8
（13）人员素质	10	7	7	10		8	8.5
（14）降低成本的创新性和努力					7		7.0
（15）生产质量				10			10.0
（16）团队协作精神			7				7.0
满意度指数	**8.8**	**5.9**	**6.6**	**10.0**	**8.4**	**7.6**	**7.9**

先锋石油公司：间接销售给大众市场

先锋石油公司的客户层面是一个很有意思的例子。先锋石油公司是向零售商、分销商和批发商销售产品的众多公司的典型。这类公司一般有两类他们必须满足其需要的独特客户群体。第一类客户直接购买其产品或服务，然后把这些产品或服务转卖给他们的客户；第二类是客户的客户，通常指最终消费者。对于这些公司，我们发现把客户层面细分为直接客户和最终消费者两类是有道理的。例如，封装消费品的生产者，如宝洁、可口可乐、皮尔斯贝利公司（Pillsbury），必须了解他们的零售商、批发商和分销商，并与之密切合作。同时也必须了解购买他们产品的最终消费者的口味和偏好。

先锋公司的经销商（中间客户）是独立商人，不是公司的员工。他们有自己的财务目标——主要是获利能力，他们希望自己的供货商（先锋公司）给他们提供培训和管理技术。除石油产品外，经销商还希望先锋公司给他们提供范围广泛的服务，如洗车、润滑设施和供应、便利商店等，而且希望先锋石油公司有一个强有力的品牌形象，使之能够与竞争者的加油站有所不同。

先锋公司为客户层面确定了关于经销商满意度、保持率和新经销商获得率等核心结果指标。然后，先锋公司为目标经销商的价值主张确定了一些指标，即这些核心成果的业绩驱动因素。产品和服务特征包括新产品和服务（功能）的目标、经销商的获利能力（价格、质量、功能）。关系层面强调先锋公司如何帮助经销商和员工培养管理技术，而公司的形象和声誉可通过品牌的宣传来衡量（见图4－5）。

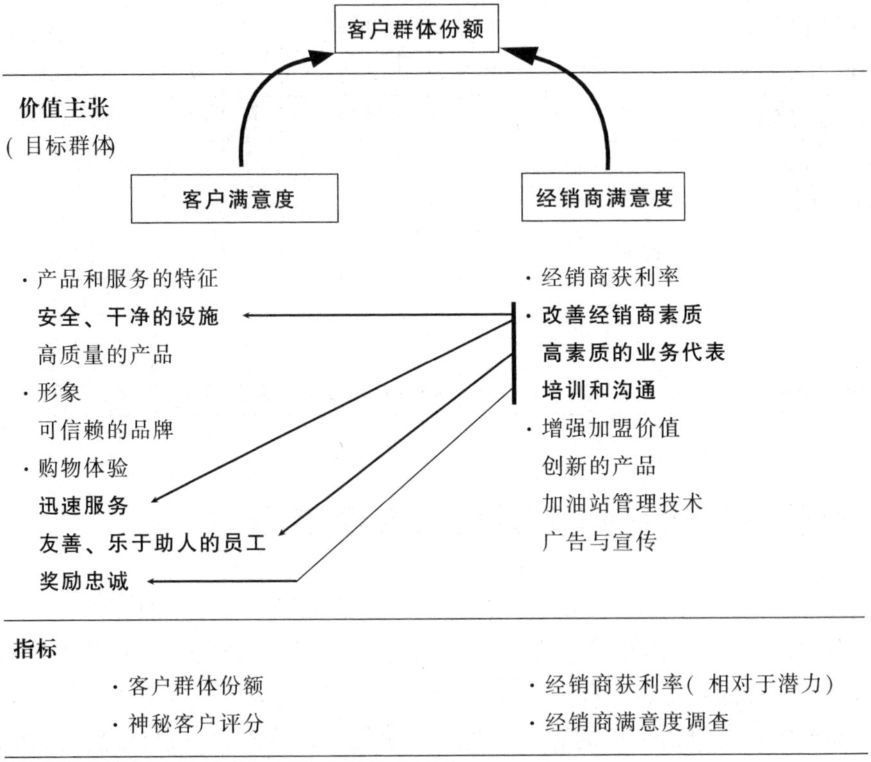

图4－5　客户价值主张——先锋石油

至于消费者方面，先锋公司通过市场研究（本章前已讨论）获知，先锋公司目标细分市场的消费者希望选择名牌汽油的经销商，这是因为这些加油站安全、清洁，工作人员态度亲切且乐于助人。第二类客户则特别重视服务速度。先锋石油公司利用一套“神秘客”查访机制衡量消费者满意度（核心结果指标），即请专人扮演顾客，到先锋公司的各零售店购买产品，然后按照“干净、友善、迅速”的战略目标来评估购物体验。而客户满意度结果指标的业绩动因包括干净、安全、员工态度和快速服务等指标。

由于先锋产品（石油）的商品本质，客户在竞争者之间进行挑选时，不会特别关心产品的特征。目标客户的偏好（对价格十分敏感的客户除外）强调在购买产品时与商家的关系。但是，先锋公司还是调查了客户对产品质量和品牌形象观感，因此他能够为产品特征、声誉和形象各自设定了一个指标。从图4-5上，我们可以看到先锋公司提供给目标客户的价值主张。

先锋石油公司的平衡计分卡并未设计经销商和客户的目标，这两个目标已通过正常的市场调研决定了，尽管计分卡也要求高级管理层重视这两个目标。但是，平衡计分卡提供了一种机制为整个公司澄清并传达公司的目标经销商和客户以及相关的价值主张。平衡计分卡以客户层面的目标和指标为基础，建立了一个庞大的沟通渠道，向5000多名员工传达公司的战略。此外，计分卡显示了客户与消费者和较好业绩的关系，因此每个员工能够充分了解战略的含义，人人都明白如何为完成业务单元的目标做出贡献，最后使公司的财务业绩大幅提高。

时间、质量和价格

从凯尼恩公司、石水公司和先锋石油公司的个案研究中，我们看到如何为客户价值主张制定目标。虽然每个企业都应在自己的平衡计分卡财务层面，开发自己独特的价值主张，但我们发现，几乎所有的价值主张中都包含一些与客户流程的反应时间、质量和价格有关的指标。本章后面的附录中，会见到介绍一些有关客户关系的时间、质量和价格方面的代表性指标。

本章小结

构造了平衡计分卡的客户层面后，管理者应该对目标客户和业务细分有了清晰概念，而且为这些目标群体选择一套核心结果指标，如份额、保持率、获得率、满意度和获利率。这些结果指标代表企业的营销、运营、后勤以及产品和服务的开发流程指标。但是，这些结果指标也有一些传统财务指标的缺点，它们是滞后指标，不能即时反映客户满意度和保持率的表现，等员工发现缺点时，往往已经来不及应变了。此外，这些指标同员工的交流不够，不足以使他们懂得日常业务生活中怎样做才能实现既定目标。

管理者也必须确定目标市场的客户的价值，以及选择他们要提供给这些客户的价值主张。然后他们能从三种特征中选择适当的目标和指标，只要能达到这些目标和指标，企业便能维持和扩大来自目标客户的业务。这三种特征是：

- 产品和服务特征：功能、质量和价格
- 客户关系：购物体验和个人关系的质量

- 形象和声誉

选定这三个特征的特定目标和指标之后，管理者便能集中企业的资源，为目标客户提供卓越的价值主张。

本章附录：客户满意度的驱动因素

在这里，我们介绍一些具有代表性的指标，企业可以利用这些指标，为平衡计分卡的客户层面制定一套关于时间、质量和价格的衡量指标。

时 间

在当今竞争环境中，时间已成为一项主要竞争武器。对客户要求做出快速和可靠的反应，通常是争取和保留有价值客户业务的关键。例如，赫兹租车公司推出#1 卡服务，他们把行色匆匆的旅客直接送到他们从公司租赁的汽车，此时须签订的各种文件已预先放在车里了，行李箱已经打开等着放行李，如果是夏天，冷气早已打开，如果是冬天，暖气已开放。客户只需在离开停车场前出示驾驶执照以证明身份即可。银行则是加快办理抵押和贷款的时间，把客户等待的时间从数周降到几分钟。日本的汽车厂商，把客户订购的新型汽车交到客户手中，所需的时间（一周）比客户向政府机构申请一张有效停车证的时间还要短。以时间为基础的客户指标反映了为满足目标客户的需要而达到和持续缩短交付周期的重要性。

有些客户不仅关心公司能否在最短的时间交货，他们更关心交付周期的可靠性。例如，许多运输公司宁愿用卡车而不是用火车来运送货物，不是因为在长途运输中卡车比火车便宜又快捷，而是因为许多铁路公司不能保证准时交货，因此托运人（和他们的客户）情愿采用价格较高、甚至稍费时间的运输工具，以保证在预定的时间内送达。此外，送货时间的可靠性，对于实行适时（JIT）生产原则、零库存的制造工厂尤为重要。本田公司和丰田公司希望在一小时左右把货物送到他们的装配厂。有人观察到，一些货车甚至在装配厂门外徘徊，直到生产流程做好接纳这些货物准备为止。如果不做任何原料和零部件的储存，那么只要这些原料和零部件稍微延迟，就可能造成整个生产线陷于停顿。对于服务公司来说，如果客户为了收货而请假在家等候，结果送货的人没有按时出现或没有按预期时间完成，可想而知，客户会多么沮丧。如果交货可靠性对重要的客户群体极为紧要，那么客户满意度和保持率的一个有用的业绩驱动因素就应该是及时交货，及时交货指标应该基于客户的期望。如果你把

"及时"定义为一天左右，而本田公司和丰田公司的生产流程只能忍受一小时左右的差距，你就不可能从这两家公司赢得业务。

订购和租赁价格昂贵的医疗诊断设备的医院和诊所必然要求设备的高度可靠性和按时交货。有一生产厂家为这样的客户制定了两个以客户为基础的标准，即设备使用时间比率和对要求服务的电话的平均反应时间。基于对这些目标的重视，公司在设备上安装了故障监测系统，一旦察觉设备可能发生故障，系统会自动发出要求提供服务的信号。

交货及时不仅对于既有的产品和服务十分重要，一些客户要求供应商源源不断地推出新产品和服务，对于这类细分市场，按时提供新产品和服务可能是客户满意度的一个有价值的业绩动因。采用客户提出新产品和服务的需求到客户得到这些新产品和服务的时间来衡量这个指标。我们将在第五章讨论企业内部业务流程的创新流程时，继续讨论上市时间（time-to-market）这个指标。

质　量

质量早在20世纪80年代就是至关重要的竞争手段，其重要性一直延续至今。不过到了20世纪90年代中期，质量已从战略优势转变为竞争的必要条件了。很多无法提供零缺陷产品和服务的企业，已不再是严肃的竞争者。过去15年来企业对质量改进的高度重视，使目前质量只剩下有限的竞争优势。如今质量已成为一个"保健"因子，客户认为他们的供应商理应履行有关产品和服务的规定。然而，对于某些行业、地区和细分市场来说，出色的质量仍为部分厂家提供机会，使这些厂家超过自己的竞争者。如果这样，平衡计分卡的客户层面就应包括客户认定的质量指标。

制造品的质量指标，可以用客户察觉产品出错的次数，即每百万件产品的次品率来衡量。摩托罗拉公司著名的"六西格玛"（6σ）计划，就是希望把次品率降至低于10个PPM。通常，第三方的评价也可提供质量方面的反馈。J. D. Power公司对汽车业和航空业的缺点和认识到的质量提供了信息并做了排名。

另外一些现成的质量指标有退货率、保证索赔和现场服务要求等。服务业公司面临着一个制造业公司不存在的特殊问题。当制造业公司的产品或设备出现故障不能使客户满意时，客户通常会要求退货或致电厂家要求修理。相反，当服务业公司出现质量问题时，客户不能"退货"，也不能向什么人提出抱怨，客户的反应通常是日后不再光顾这家公司了，服务公司最后将发现自己的业务额和市场份额下降，但是这个信号来得太迟，而且几乎毫无挽救余地。公司甚至经常搞不清到底哪些客户因服务恶劣而不再接受公司提供的服务。基于此，有些服务公司向客户提出服务保证。[5]不但保证照价赔偿，甚至赔偿价格高出原价许多，这种保证给公司带来了许多好处。首先，它可以留住一个可能永远失去的客户；其次，可以使公司发现服务不周到的地方，并及时纠正改进；最后，服务保证本身是一个强大的激励和诱因，客户促使提供服务的员工避免犯错，以免引起客户的索赔要求。因此，凡是实施服务保证的公司，最好把服务保证的赔偿次数和成本作为客户层面的指标。

质量也可能指的是时间方面的业绩。像我们前面已讨论的那样，按时交货也是衡量企业在承诺交货日期方面的服务质量业绩。

价　格

我们强调了时间、反应能力和质量，人们可能会对客户是否仍然关心价格这一问题产生疑问。这一点大可放心，不管业务单元是否采用低价战略抑或差异化战略，客户们总会关心他们购买产品或服务的价格。在价格主导购买决策的细分市场中，业务单元应根据对手的售价来确定自己的纯售价（扣除打折和优惠之后）。如果业务单元通过投标程序来出售产品或服务，那么中标率（the percentage of bids won）——尤其是目标群体的中标率，会是业务单元价格竞争力的一个很好的指标。

不过，即使是价格敏感的客户，他们看中的供应商也不是价格最低，而是采购和使用产品或服务成本最低。乍一看，人们会认为我们在玩文字游戏，把低价格和低成本当作两个不相干的项目，而这两者的确有重大差异。以一家正打算从供应商那里采购一批关键零部件的制造商为例：第一，低价格的供应商可能是成本极高的供应商，因为，该低价供应商可能只愿意提供大宗货物，因此该制造商需要提供大量的仓储空间以及收货、搬运的资源，加上预先付款购买那些暂时不用的零部件而多付出的资金成本。第二，低价格的供应商也可能不是一个经过认证的供应商，难以保证其产品符合制造商的规格，因此，该制造商要对货物进行验收，退回不合格的产品，并安排更换货物的进货事宜（更换后的产品也需要验收）；第三，低价格的供应商可能没有按时交货的能力，考虑到供应商不能按时交货的后果，该制造商必须提前订货并储存一定数量的零部件。延迟交货会增加成本，因为它会造成工厂必须赶工和重新安排生产计划来避开暂缺的零件。此外，低价格的供应商同客户之间没有电子联系网络，从而使客户在下订单或付款时的费用增加。

相反，低成本的供应商可能售价稍高，但他们提供零缺点的产品，并且在需要时即时送到车间。低成本供应商使客户可以通过电子网络订货和付款，制造商购买零部件几乎不用在订购、收货、验货、储存、搬运、赶工、重新安排工期、重做和付款方面花费任何成本。我们在本章已经提到，有些公司让某些供应商取代自己的采购功能，他们自己不预存任何零件，而由供应商直接把生产流程需要的零部件及时送到厂区。因此，供应商应该努力调整自己的制造和业务流程，使自己能够成为客户的最低成本供应商。供应商应选择在成本方面（对客户而言）与竞争者一较高下，而不是一味以低价和折扣进行竞争，这就要求供应商设定一个目标来使客户的采购成本最小化。

某些行业的企业有机会变成客户的最低价供应商，甚至比最低价供应商做得更好。如果客户是一家把买进的产品转卖给自己客户和消费者（经销商、批发商、零售商）的公司，那么供应商就应力争成为这类客户提供最大利润的供应商。供应商利用作业成本法协助客户建立一个作业成本模式来计算每个供应商的获利率。例如，马普尔赫斯特（Maplehurst）是一家冷冻糕饼食品公司，他的客户是超市的糕饼部。马普尔赫斯特帮助客户计算不同种类产品获利率，包括转售的面包、蛋糕、松饼、店内自制的糕饼、在店内加热的冷冻糕饼（马普尔赫斯特的产品）。马普尔赫斯特向客户证明，冷冻食品（和随后在店内加热）是所有产品中最为有利可图的产品，这一发现无疑扩大了公司的业务。

大到全国知名饮料品牌可口可乐和百事可乐、小到零售商的自有品牌总统牌（President's Choice）和安全道牌（Safeway Select）之间正在进行的竞争都是帮助零售商计算出哪一种饮料的获利率最高，这种计算方法要比大多数分销商、批发商和零售商通常以毛利（售价减去采购价）来计算每一种产品或供应商的获利率方法复杂得多。例如，全国知名饮料品牌把产品直接送到商店，送货人员还负责把货物摆上货架，而零售自有品牌的饮料公司则把货物送到仓库，食品店需要利用自己的资源来收货、搬运、储存、运输和发售。但是，全国性品牌往往在店里占据明显的位置，而小的零售商自有品牌的产品只占据普通的货架。所以，在评定不同的供应商提供的获利率时，必须小心而全面地考虑所有的成本。

优秀的供应商可以从计算客户获利率中得到庞大的利益。哪一个信息比证明自己是最能够帮助客户获利的供应商更具说服力呢？因此，凡是以中间商为客户的公司，都应该衡量客户的获利率，努力把自己变成客户的高获利供应商，以此来驱动客户的满意度、忠诚度和保持率。当然，供应商也必须用自己供应客户的获利率来平衡这个指标，毕竟，以减少自己的获利来换取客户的获利虽会带来满意和忠诚的客户，但却不能使你的股东和投资者高兴。

注释：

〔1〕关于边界系统请参考：R. Simons, *Levers of Control: How Managers Use Innovative Control Systems to Drive Strategic Renewal* (Boston: Harvard Business School Press, 1995), 47 – 55, 156.

〔2〕J. Heskett, T. Jones, G. Loveman, E, Sasser, and L. Schlesinger, "Putting the Service Profit Chain to Work," *Harvard Business Review* (March-April 1994): 164 – 174.

〔3〕T. O. Jones and W. E. Sasser, "Why Satisfied Customers Defect," *Harvard Business Review* (November-December 1995): 88 – 99.

〔4〕R. Cooper and R. S. Kaplan, "Profit Priorities from Activity-Based Costing," *Harvard Business Review* (May-June 1991): 130 – 135.

〔5〕C. Hart, "The Power of Unconditional Service Guarantees," *Harvard Business Review* (July-August 1988): 54 – 62; and J. Heskett, E. Sasser, and C. Hart, Service Breakthroughs: *Changing the Rules of the Game* (New York: Free Press, 1990).

第五章

内部业务流程层面

在内部业务流程层面，管理者要确定对实现客户和股东目标来说都至关重要的环节。许多企业通常在设定了财务和客户层面的目标和指标后，就开始为内部业务流程层面设计目标和指标。这个顺序能使企业在设定内部业务流程指标时，把重心放在那些将为客户和股东传达已设定的目标的流程。[1]

大多数企业目前使用的业绩衡量系统都集中在改进现有的运营流程上。就建立平衡计分卡而言，我们建议先确定一套完整的内部流程价值链。内部流程价值链的开端为创新流程，即弄清当前和未来客户的需要并开发新产品满足这些需要；接下来是运营流程，即提供既有的产品和服务给现有的客户；末端为售后服务，即在销售之后提供服务给客户，增加客户从企业的产品和服务中获得的价值。

为企业内部业务流程制定目标和指标的过程是平衡计分卡和传统业绩衡量系统的最大区别。传统的业绩衡量系统重视控制和改进现有的责任中心和部门，纯粹依赖财务指标和每月的差异报告（variance report）控制部门运营，其局限性是众所周知的。[2]幸运的是，目前大多数企业已经不再以财务结果的差异分析作为主要的评价和控制手段。他们正在采用质量、良品率、生产量和周转期来弥补财务评价。[3]这种全面的业绩衡量系统对于仅靠月份差异进行评估的方法显然是个进步，但是它们仍旧注重改进单个部门的业绩，而不是改进整体业务流程的业绩。因此，今后的趋势是鼓励企业衡量业务流程的业绩，如对订单供货、采购、生产计划和控制等跨越数个组织部门流程的业绩的衡量。通常，这些流程要先被确定然后才能衡量成本、质量、生产量和时间指标。[4]

对于今天的大多数公司来说，采用多指标对跨功能和一体化的业务流程进行评价是对现存的业绩衡量系统的巨大进步。的确，这也是 1990 年我们为 12 家公司提出一年期业绩衡量方案的最初目的。这个方案，以模拟设备和其他公司为基础，引导我们创造了平衡计分卡这一新的公司衡量系统。[5]

随后，我们在试图改善公司业绩时发现，即使是经过改良的业绩衡量系统也还存在很大的局限性。我们相信，仅仅用财务和非财务指标来衡量现存的业务流程，不足以使他们在经济业绩上有重大改观。简单地对现存的和改进过的运营流程进行业绩衡量可以使企业的业绩局部出现改观，但不大可能为客户和股东实现雄心勃勃的目标。

所有的公司都试图为其业务流程而提高质量、缩短周期时间、增加产出量、提高产出率、扩大生产量并降低成本。因此，只是注意改善既有的业务流程的周期时间、生产量、质量和成本，并不能使企业拥有独特的能力。除非企业能够做到在一切业务流程上（如质量、时间、生产率、成本）超越竞争者，否则这些改进只能使企业存活，而不能使企业产生独特的和持续的竞争优势。[6]

在平衡计分卡中，内部业务流程的目标和指标源自于满足股东和目标客户期望的明晰的战略。这个井然有序的自上而下的过程通常揭示了一套企业必须表现卓越的全新的业务流程。

石水公司的经验提供了两个生动的例子，以说明企业为实现其财务和客户目标，为什么需要一个全新的业务流程。

回顾一下第三章曾经提到的石水公司的困扰，它因为许多工程结束后迟迟不能结账而深受其害。有些客户甚至拖延尾款达 100 多天，导致石水公司的应收账款过高和资本报酬率过低。石水公司的管理者决定把缩短结账周期从而提高资本报酬率作为他的财务目标之一。在构建平衡计分卡过程中，管理者把这个财务目标与内部业务流程连结，以便更快地收回工程尾款。简单的分析可能使企业把注意力放到应收账款的流程上，企图找出流程出了什么问题，为什么会造成 110 天的收账期。但是 110 天收款的问题根源，其实跟应收账款部门毫无关系，企业应收账款流程的质量的提高或再造并不能把收账期缩短。客户之所以延迟付款，不是因为他们对自己的账单一无所知，也不是因为他们非等到收款部门的多次催促才肯付款。客户不肯按期付款，是因为从他们的角度看，工程还没有成功完成。

任何和承包商打过交道，尤其是同房屋建筑商或修缮商打过交道的人，都知道承包商提出的工程成功完成的概念和客户提出的概念有较大的出入。因此，尽管石水公司的工程人员完成了工程的最后一条管线的焊接工作，并且已经转移到下一个工程，客户可能对工程结果还不甚满意。当客户和承包商关于工程是否完工的意见不同时，客户的抗议方式之一就是推迟支付最后款项的时间，直到承包商返工把工作做好，双方均对工程结果感到满意为止。

所以，石水公司解决延迟付款不是加强对应收账款部门的培训、教育甚至技术，解决方案应该是增加工程现场经理和客户代表的沟通。这种沟通可以使项目经理尽早察觉客户对已完工部分和项目进度的意见。如果在整个项目过程中始终保持同客户的沟通，使客户对每个阶段都保持满意，那么尾款应该会很快收回。因此，石水公司设计了一个全新的内部流程，要求项目经理就项目进程和完工的定义与客户继续保持联系，要求客户在每个阶段及时付款，特别在项目竣工时支付尾款。这个过程强调项目经理必须把中心放在项目的成功上，而不是仅仅放在技术成功上。为项目工程师和经理而设计的这个全新的内部流程是在提高资本报酬率这一财务目标过程中产生的。

新的业务流程的第二个例子是源自于石水公司希望成为第一类客户的优选供应商这一客户目标。石水公司的高层管理者认识到要想赢得第一类客户的业务，他们必须为第一级客户提供有价值的服务，问题是确定客户需要哪些服务。他们没有采取一次性大规模的客户调查，而是要求经理们在日常活动中不停地发掘客户源源不断的需求。服务内容包括协助客户在恶劣的海底环境中作业的技术创新、加强安全管理、新项目融资方法、提高项目管理技术等。石水公司设计了一个内部流程来预测和影响客户的未来需求，这是一个全新的流程。过去，石水公司一直被动地等待，等着客户的招标，然后制定工作计划并提出投标价格。未来的石水公司将主动出击，以影响客户招标的内容来取胜。

因此，连结内部业务流程的目标和财务与客户目标的过程，为石水公司的管理者揭示了两个他们必须表现卓越的全新内部流程：

1. 理顺现有的项目关系，加快收款周期。
2. 预测和影响客户的未来需求。

为这些流程建立目标和指标只能源自于自上而下的把战略转化为运营目标的程序。利用这一程序，管理者可以为内部业务流程确定为客户和股东创造出突破性业绩的新程序。

内部业务流程价值链

每个企业都有自己独特的创造客户价值和产生财务结果的流程。不过，我们发现一个共同的内部价值链模式，可供准备内部业务流程时参考。模式中包含三个主要的业务流程（见图 5 - 1）：

- 创新
- 运营
- 售后服务

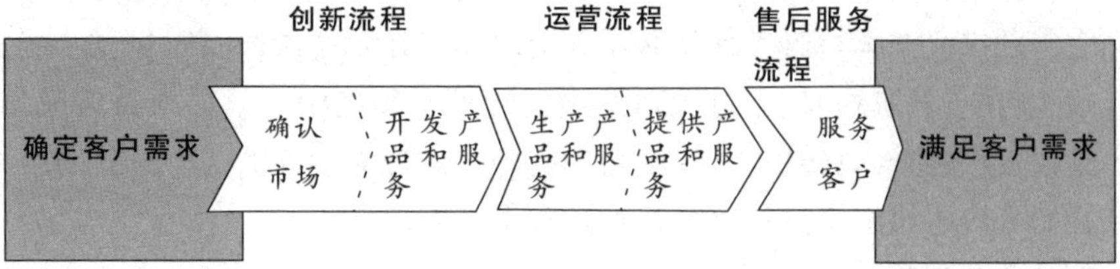

图 5-1 内部业务流程层面——通用价值链模式

在创新过程，业务单元对客户目前的需要和潜在的需要进行调研，然后开发出满足这些需求的产品或服务。内部价值链的第二个阶段是运营流程，制造并提供产品和服务给客户，这一流程历来是大多数业绩衡量系统的焦点。在生产和服务流程中，良好的运营和成本的降低仍然是非常重要的目标。但是，我们可以从图 5-1 中看出，为实现财务和客户目标的整个内部价值链中，良好的运营只是其中的一个环节，甚至不是一个最具决定性的环节。

内部价值链的第三个阶段是售出产品或提供服务后继续进行售后服务。例如，出售复杂设备或系统的公司可以为客户员工提供培训，以帮助他们更有效地使用设备或系统。他们也可以在设备出现或即将出现故障时作出快速的反应。一家经销工业化学用品的经销商开发了一种为客户保存详细资料和处理废弃化学物品的能力，客户因此不用自己承担这项花费较多、责任较大的工作，也不用去应付环保局（the Environmental Protection Agency，EPA）、职业安全健康管理局（the Occupational Safety and Health Administration，OFHA）的严密监视。所有这些售后服务活动，都可以增加目标客户使用公司的产品和服务的价值。

创新流程

有些业务单元价值链的设计，把研究和开发当作辅助性流程，而不是价值链的主要因素。事实上，我们早期发表的关于平衡计分卡的文章，也是把创新流程和内部业务流程分开来看的。但是，在同一些公司共事时，我们认识到创新是一个关键的内部流程。对许多企业来说，创新流程的效益、效率和时效性甚至比优秀的日常运营流程还要重要，尽管后者是传统的有关价值链文章所强调的重点。相对来说，创新周期比运营周期更为重要，特别是对设计和开发周期特别长的企业更为明显，如药品、农化品、软件和高科技电子等公司。在这些公司中，一旦进入产品制造阶段后，毛利可能相当可观，但由于他们大部分的成本预算是用在研发上，所以大幅降低成本的机会十分有限。创新流程的重要性，促使我们对平衡计分卡的“布局”（geography）进行调整，把创新流程重新定位为内部业务流程层面不可分割的一部分。

我们可以把创新流程想象成价值创造的“长波”。在这个长波中，企业首先确认和培育新市场、新客户，以及现有客户既有的与潜在的需求；然后，顺着价值链创造和成长的长波而行，企业开始设计和开发新的产品和服务，帮助他们获得新市场和新客户，满足客户最新的需求。相反，运营流程表示价值创造的短波，企业在这个流程中仅仅提供既有的产品和服务给既有的客户。

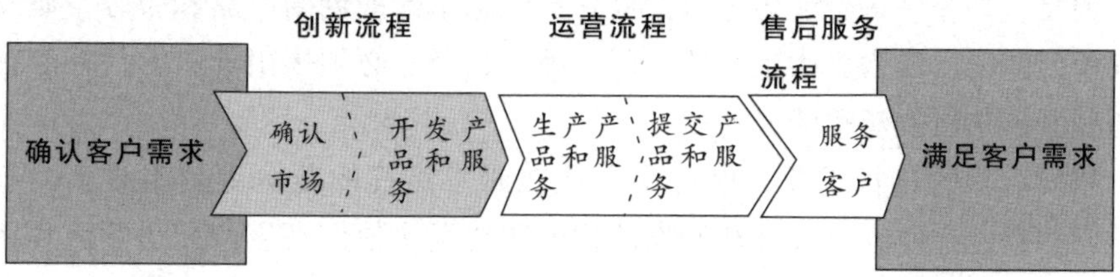

图 5-2　内部业务流程层面——创新流程

创新流程包括两个部分（见图5-2）。首先，管理者要进行市场调研，确认市场规模、客户的偏好，以及目标产品或服务的价格定位。企业如果要使自己的内部业务流程满足具体客户的需要，那么一个关键任务就是获得关于市场规模和客户偏好的准确而有效的信息。除了调查现有的和潜在的客户，企业还必须发挥充分的想象力，寻找企业能够提供产品和服务的全新机会和市场。哈默尔和普拉哈拉德把这一过程描述为寻找“白色空间……机会存在于或环绕在既有的以产品为基础的业务中”。他们督促企业不应以满足或取悦客户为目的，而应使客户惊喜。为此，企业应该寻找下列两个关键问题的答案：

1. 客户希望今后的产品能为他们带来什么利益？
2. 如何通过创新手段，先于竞争对手给市场提供这些利益？[7]

显然，石水公司鼓励员工多花时间与客户交流，目的是了解客户的需要并思索满足这些需要的创新方法。客户和市场调研的衡量指标，可以是计算开发的全新产品和服务，也可能衡量是否成功为目标客户群开发了具体的产品和服务，或是评估对于新客户偏好调研的准备工作。

有关市场和客户的信息可用来决定产品和服务设计的具体投入和开发流程，这是创新流程的第二个步骤。[8]企业研发部门在这个步骤中：

- 从事基础研究，开发新产品和服务，为客户提供价值
- 进行应用研究，利用现有技术开发下一代产品和服务
- 集中精力开发新产品和服务并推向市场

人们历来不大注意对产品设计和开发流程进行业绩衡量，有几种因素造成这方面的疏忽。数十年前，大多数企业设计业绩衡量系统时都把重点放在了生产和运营流程，而不是研发流程。这在当时也是合理的安排，因为生产流程花费的资金远远多于研究和开发流程，而且成功的关键是有效地生产大批量的产品。但是，如今许多企业的竞争优势来自源源不断的创新产品和服务，研发流程在价值链中已成为更为重要的一环。因此，企业必须采用具体的目标和指标来激励并评估研发流程的成功。

研发流程的日益重要，使许多企业在研发流程的花费也越来越多。事实上，有些企业在研究、设计和开发流程的花费远比他们在生产和运营流程中的花费多。例如，某汽车零件供应商发现，他的开支中有10%用于设计和开发活动，而实际生产中的直接人工费用只有9%。但是，这家公司采用标准成本和详尽的差异分析系统对直接人工进行严格的控制，而对于研发部门却几乎没有任何财务系统监控其花费或衡量其产出。许多企业的业绩衡量系统仍着眼于运营效率，而不是研发流程的效率和效益。

当然，研发流程的投入（工资、设备和原材料）与产出（创新产品和服务）之间的关系不如生产过程中投入和产出密切，也更难把握。在生产过程，建立一套衡量从人工、材料、设备转化为制成品的标准相对容易。例如，在电子产业，一个典型的产品开发流程是产品开发需要两年，而后为5年的销售期。所以，可能要等到3年之后（即一年销售期结束后）才会有迹象显示产品开发流程是否成功。生产流程可用生产周期来衡量，可以是几分钟或几天，所以比较适合用标准、良品率和各种各样的生产率指标来评价和控制。但是，衡量研发流程投入转化为产出的困难不应阻止企业对这一关键流程设定目标和指标。企业不应掉入这样的陷阱：“如果你不能衡量你要的东西，那么就要你能

衡量的东西。”

对基础和应用研究的衡量

一家领先的半导体生产厂家 AMD 公司在技术瞬息万变的行业进行竞争。AMD 在其平衡计分卡中用了许多指标来衡量创新流程，这些指标包括：

1. 新产品在销售额中所占的比例；
2. 专利产品在销售额中所占的比例；[9]
3. 新产品上市速度与竞争者的上市速度相比，新产品上市速度与计划相比；
4. 制造能力（一块硅晶片上所能容纳的芯片密度）；
5. 开发下一代新产品的时间。

这些指标反映了公司对高效率创新流程的重视程度。

模拟设备也是一家半导体厂商，它采用为期 5 年的税前营业利润与总开发成本之比这一指标来衡量研发的报酬率。这个标准可以在总量上用已上市的所有新产品来衡量，也可以用单个产品来衡量。作为一个业绩指标，营业利润与开发成本的比率可以向设计和开发人员表明，研发活动不仅仅是创造技术先进和新颖的设备，也必须是具有市场潜力的设备，这些设备能为企业带来比开发成本高得多的报酬。

衡量产品开发

尽管许多产品开发活动本身都存在先天的不确定性，我们仍然可以在其中找到固有的模式，然后把它们利用在评价过程。例如，药品开发过程遵循一个固定的顺序，首先是检验大量的化合物并逐一研究可能采用的每种化学物，然后从实验室到动物试验，从动物实验到人体试验，最后还要通过复杂的政府审查和核准程序。每个阶段都可以用一些指标来描述，例如良品率（可进入下阶段试验的化合物除以进入本阶段化合物的数量）、周转期（化合物在本阶段停留了多长时间）和成本（本阶段加工化合物的费用）。管理者可以制定目标来增加开发流程中每个阶段的良品率、缩短周期时间和降低成本。

某电子公司对新产品开发流程的周期太长及成本太高问题进行了深刻的分析。分析显示，新产品上市周期过长的原因是，第一次设计出来的产品不能达到正常功能，必须重新设计和调试，而且需要重复几次这个过程。因此，当公司保留上市时间作为产品开发流程的一个关键成果指标时，也增加了一项业绩驱动因素——即初次设计完全符合规格的产品比例。另一个驱动因素是产品在进入生产阶段之前，设计需要修改的次数，即使是细微的修改。据公司估计，每个设计错误所造成的损失是185 000美元。以公司一年推出110个产品，每推出一个新产品平均有两个错误来计算，那么一年花在设计错误上的成本就高达4 000万美元，超过收入的5%。不仅如此，由于花费时间去修正错误从而耽误了产品的上市时间，所以这笔费用还应加上损失的销售价值。

惠普公司的工程师设计了一个衡量指标——“收支平衡时间”（Break-even Time，BET），用来衡量产品开发周期的效率。[10] BET是衡量从产品开发到上市并产生足够的能够偿付研发成本的利润为止所需要的时间（见图5-3）。

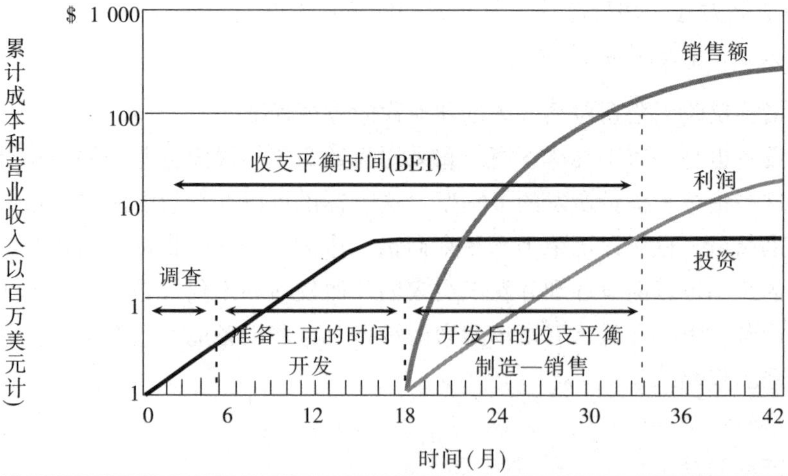

资料来源：摘自《哈佛商业评论》1991年1~2月号：“The Return Map:Tracking Product Teams”一文，原作者为Charles H.House与Raymond L.Price,已获授权转载。

图5-3 收支平衡时间指标

BET把一个高效益和高效率的产品研发流程必备的三个关键因素混合在一个指标中。首先，如果公司希望研发流程做到收支平衡，就必须收回在产品开发上的投资，因此BET不仅关注衡量产品开发流程的成果，也关注流程的成本，它鼓励产品开发流程增加效率；其次，BET强调获利能力，它鼓励营销、生产和设计等部门员工之间的合作，从而开发出满足客户真正需要的产品，包括为产品提供高效的销售渠道和有吸引力的价格，同时把成本维持在一个能使公司利润足以偿付产品开发投资的水平；第三，BET强调时间，它鼓励员工先于竞争对手推出新产品，这样才能更快地销售更多的产品，从而偿付产品开发成本。

BET是一个相当有吸引力的指标，它作为衡量理想行为的指标甚好，但要作为一个成果指标则稍嫌不足。这是因为：第一，只选用递增式的产品开发也一样可以达到优秀的收支平衡时间，不一定需要突破性的产品开发；第二，如果公司有数个项目，则有一个累计的BET，那么很难计算出BET的平均值，因为只要其中一个项目的BET过长，就会扭曲累计指数；第三，项目收支平衡时间的真正价值不是立刻可以显现出来的，只有在项目开发流程完成很久之后才能显示出来。所以，惠普公司的工程部副总裁玛弗·帕特森（Marv Patterson）总结说："用它来描述公司在产品开发流程中努力培养的理想行为，不失为一个非常好的标准。而且，惠普经常在尚未投入大量资源前，利用这一标准对单个项目可行性进行评估。"

惠普公司使用BET的经验强调，必须用创新产品来平衡产品开发流程中缩短周期时间、减少开支和提高良品率的压力。否则，产品设计和开发人员可能会重视那些容易快速实现的和可以预期的递进式的产品改进，而不愿选择突破性的产品。有些指标，如新产品毛利率，有助于区别哪些产品真正创新，哪些产品只是既有产品和技术的简单升级。此外，另外一个指标可以源自于新产品上市后的销售时间。例如，递进式产品是现有产品线的简单延伸，因此可能只有短短几年的寿命，通常到第五年时，销售只占前一两年的一小部分而已；反之，创新产品或服务通常享有较长的寿命周期，往往在未来几年内的销售要大于起始阶段的销售。

运营流程

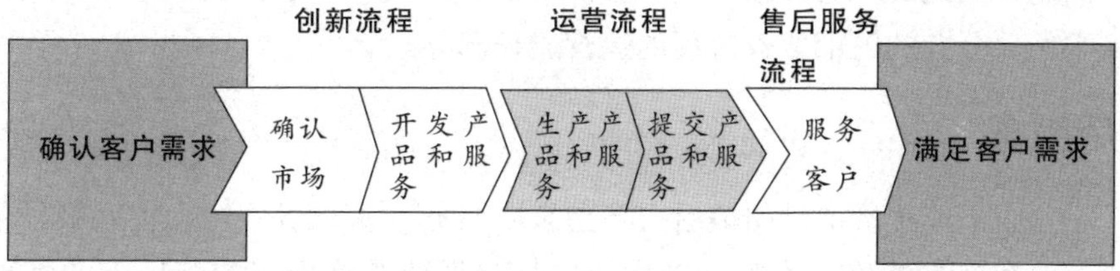

图5-4　内部业务流程层面——经营流程

运营流程（见图5-4）是企业价值创造的短波。它从接到客户的订单开始，到递交产品或服务给该客户为止，强调以高效率、一致和及时提供既有的产品和服务给既有的客户。

现有的运营具有一定重复性，所以容易采用科学管理技术对接受客户订单、供应商、生产和交货等环节进行控制和改进。传统上，企业都是用标准成本、预算和差异分析等财务指标监控这些运营流程。但是，过分重视人工效率、机器效率和采购价差等狭隘的财务指标，会导致高度的功能失调，例如：不管有没有订单，都让工人和机器不停地制造存货；不断地更换供应商来追逐最便宜的进价（但是在低价供应商和客户之间忽视了大批量订单的成本、质量、交付周期，忽视了订购、收货、开发票和收款等环节）。这类传统成本会计指标所暴露出来的缺点，在当今缩短周转期、高质量和以客户为中心的环境中已被充分证实了。[11]

近年来，由于受到日本制造业先进的全面质量管理和时间竞争法的影响，许多企业都采用与质量和周转期有关的衡量指标，来弥补传统成本和财务指标的不足。[12]运营流程质量、周期时间和成本的衡量在过去的15年中已得到充分的发展，而且任何企业的内部业务流程层面可能涵盖了其中的一些指标，作为关键的业绩指标。因为这些指标具有概括性，并非平衡计分卡专用，所以我们将在附录中对运营流程的时间、质量和成本业绩指标进行讨论。

除了这些指标，管理者也可能希望进一步衡量流程、产品和服务的特性。这些额外的指标可能包括灵活性和为客户创造价值的产品或服务的某种特性。例如，企业可以为目标市场客户提供能赢得高额利润的独特产品和服务业绩（可用精确度、规模、速度、清晰度或能源消耗来衡量）。那些能确认自己产品和服务差异化的企业，则可能希望在平衡计分卡的衡量指标中强调它们的重要性。因此，关键的产品和服务业绩特征（反应时间、质量和成本除外）应该纳入到平衡计分卡的内部业务流程的运营流程部分。

售后服务

企业内部流程价值链的最后一环是售后服务（见图5－5）。售后服务包括提供担保和产品维修，次品、退货和付款等手续的处理（如信用卡的管理）。出售复杂先进设备或系统的公司，例如奥蒂斯电梯公司（Otis Elevator）、通用电子医疗系统〔一家专门制造电脑辅助的X光断层扫描仪（CAT）和磁波共振机（MRI）的电子显影设备公司〕，深知他们设备的任何故障都会为客户带来极大的损失和不便，所以他们通过提供迅速、可靠的服务以提高他们设备的价值，尽量减少设备可能出现的故障。他们甚至在设备中植入电子技术，这种技术可以在设备出现故障前将信号传到公司的服务人员那里。这种技术最令客户惊讶的是，往往在客户尚未发现设备有任何异样之前，维修人员已经赶到现场进行预防性的维修了。再如一些新成立的汽车代理商，像阿库拉（Acura）和萨特恩（Saturn）公司，通过提供完善的保修期服务、定期保养和修理等服务，而赢得了完美的信誉。这些企业代理商的价值主张中的一个关键是为客户提供反应迅速、友好可靠的保证和服务工作。有些百货公司也提供了慷慨的服务条件，即客户可以随时换货和退货。

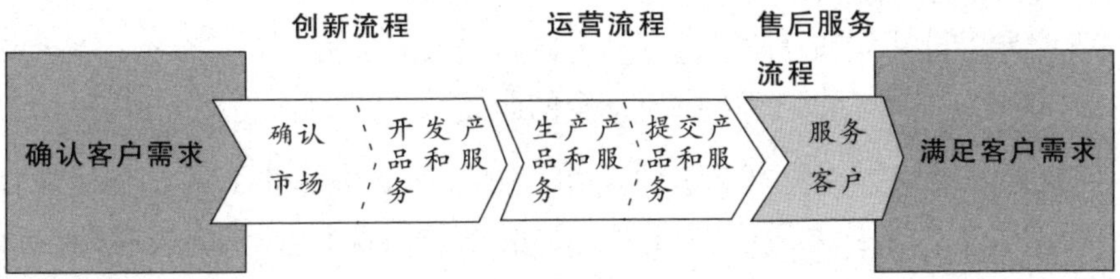

图 5-5　内部业务流程层面——售后服务流程

企业如果希望达到目标客户期望的优秀售后服务，可以把诸如时间、质量和成本等指标运用到售后服务流程中，从而来衡量他们的业绩（请参考本章附录）。因此，反应时间（从客户提出要求到问题解决所需的时间）可以衡量企业对产品故障做出反应的速度；成本指标可以衡量售后服务流程的效率（使用资源的成本）；另外，一次成功率（first-pass yield）可以衡量多少客户的要求是一个电话而不是数次电话就能满足的。

售后服务的另一个方面是开发票和收款过程。如本章前面所述，石水公司的目标是缩短项目完工后到客户付清尾款的时间，这足以成为企业把着重点和方法运用到关键售后服务流程的一个绝佳例子。如果企业的收入中有大量的赊账或企业发行的信用卡，则可能需要用成本、质量和周转期等衡量指标来管理开发票、收款并解决争端。

如果企业涉及危险性或对环境有害的化学品和材料，则需要引进一些与废料和副产品安全处理有关的重要业绩指标。如果良好的社区关系是维持享有特许经营权的战略目标，那么企业就应该在售后服务中制定目标来追求良好的环保业绩。像废料和废品这些在生产过程中产生的指标，对环境影响的重要性胜过它们生产成本的稍微提高。

内部业务流程层面的实例

凯尼恩商店

凯尼恩商店（上一章已介绍）是经营额达数十亿美元的服装零售商。凯尼恩公司的高级管理层制定了 5 年内销售额增长 150% 的富于挑战性的目标。他们试图通过以下方式达到这个目标：

1. 高级的品牌形象
2. 时髦、设计佳和高质量的产品，以及诱人的价格
3. 迅速、高效率的服务并供应齐全的商品

凯尼恩公司为产品特征、客户关系、形象和品牌确立了客户目标和指标（参考第四章）。为了达到这些目标，凯尼恩公司确认了五个关键的内部业务流程：

1. 品牌管理
2. 时尚领导
3. 货源领导
4. 商品供应
5. 愉悦的购物体验

前两个流程——品牌管理和时尚领导，可以视为凯尼恩公司的创新流程，即确认并影响客户需求，进而开发时尚商品来满足这些需求。后三个流程则与运营流程有关，即把正确的商品送到零售点，并提供客户一个“完美购物体验”。

品牌管理

凯尼恩公司为品牌管理流程确认了四个次级目标：

1. 品牌概念定义：把凯尼恩品牌建立为一个举足轻重的全国性品牌，同时不断增加目标客户的衣柜份额
2. 支配性产品类别：持续增加便装长裤和牛仔裤在凯尼恩公司系列产品中的主导地位
3. 市场定位战略：把凯尼恩公司的形象从一个成功的自有商标变为客户认可的成熟商标

4. 商店概念定义：进行成功的商品分类与营销计划

这些次级目标是在目标客户心目中建立对凯尼恩的概念和忠诚。凯尼恩公司用以下指标来衡量这些次级目标：

1. 选定的产品类别市场份额（例如便装长裤和牛仔裤）
2. 品牌知名度（市场调查）
3. 每年新增的账户

这些指标可以反映凯尼恩公司执行品牌管理战略是否成功。

时尚领导

时尚领导被定义为：提供时髦的商品给目标客户，这些商品既能维护企业的品牌形象，又能够影响客户的购物习惯。

时尚领导强调有效地运用信息选择满足客户期望的关键服装类别。这一目标反映了发现服装潮流信息并迅速传达这个信息的重要性，从而在竞争对手之前推出这些商品。凯尼恩选用的指标是公司的主要商品中有多少是第一或第二上市的；第二个指标是新上市的商品项目占全部销售额的百分比。这些指标涉及哪些商品，则每年根据重点推出的时装新类别或装饰的不同而有所不同。

货源领导

作为一家零售商，凯尼恩公司深知自己的卓越的业绩在很大程度上依赖于主要供应商，这些供应商必须做到迅速地以低成本价格为凯尼恩公司提供商品，才能保证凯尼恩公司实现其目标。货源领导强调对供应商的发展和管理，以保证供应商能按公司要求的数量和组合，迅速生产和提供高质量商品。凯尼恩公司的店员检查所有进货，并且详细记录进货中有多少因为质量缺陷而不能销售。平衡计分卡衡量所有与质量有关的退货率，并且从退货追踪到相关的供应商。

第二个货源领导指标则来自凯尼恩公司设计的供应商计分卡，用来评估供应商的质量、价格、订货到交付周期及时尚建议。

商品供应

商品供应追求的目标是“完美存货”。所谓完美存货，指的是根据客户的需求，购买适当数量、颜色和尺码的商品，并且在适当的商店储存适当组合的商品，从而达到一定的客户满意度、销售额和毛利目标。这一目标的第一个因素——卓越的购买流程，可以用商店在主要商品上的缺货率来衡量。另一方面，为了避免存货过多，公司采用主要商品的存货周转率来予以平衡。

第二个因素——运送适当产品到适当的商店，可以用两个指标来衡量：一是减价商品总数量；二是关于产品分配指标，是向其他商店调货的商品比率。

愉悦的购物体验

我们已在第四章中叙述了凯尼恩公司如何衡量愉悦的购物体验：根据“完美购物体验”的六个因素进行评分。这个指标在客户层面和企业内部业务流程层面都占据一席之地。除了这些客户化的指标之外，凯尼恩公司也寻求客户的反馈意见，所以这个次级目标中还包括客户对于购物体验的满意度评分。

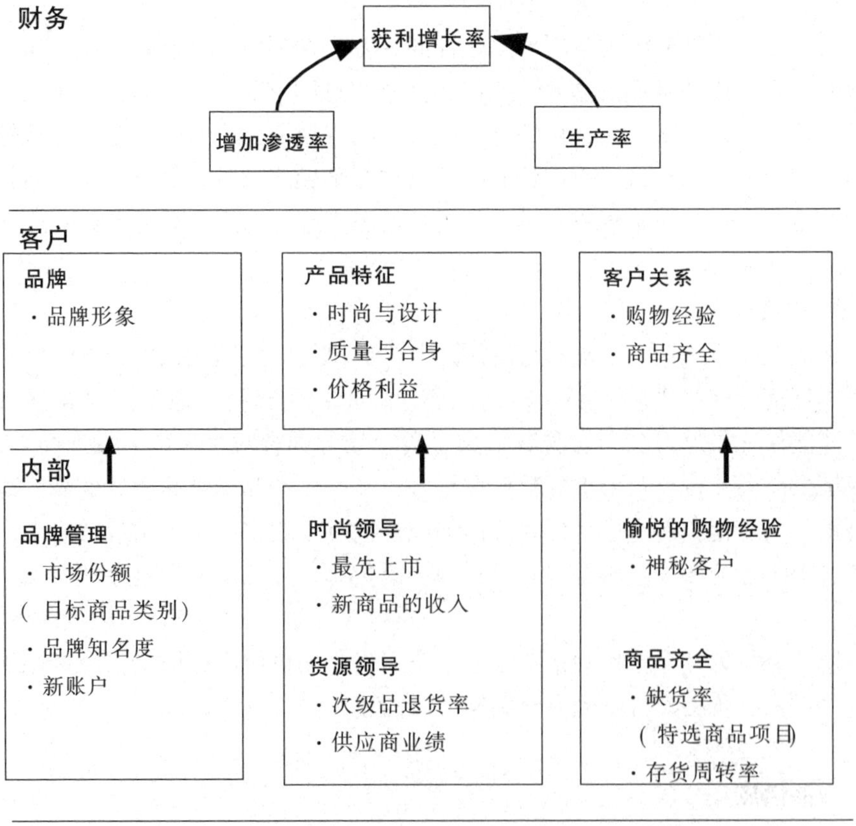

图 5-6　内部计分卡与连结关系——凯尼恩商店

图 5－6 揭示了凯尼恩公司内部业务流程层面的所有目标和指标，以及它们与客户层面的连结关系。

大都会银行

大都会银行的内部业务流程层面（见图 5－7），采用了与凯尼恩公司相同的价值链顺序。它用目标细分市场的获利率来衡量创新流程确认获利率高的细分市场及向这些市场销售的能力。这一指标是通过一个全面的作业成本系统来衡量的，这个系统能够为银行全部 300 万账户制作每月的盈亏报告。为目标客户创造新产品的能力用新产品占营业收入的比率来衡量；而通过理想的分销渠

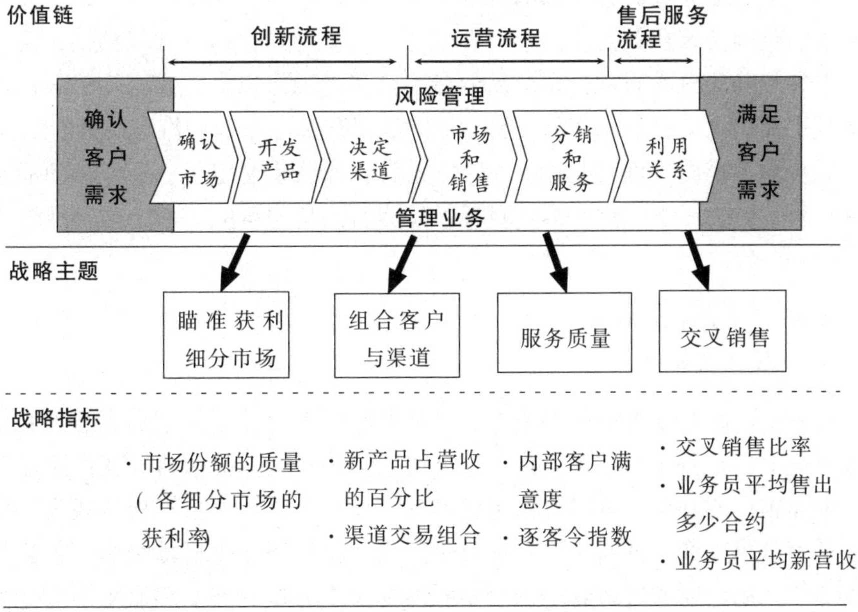

图 5－7　内部计分卡——大都会银行

道提供产品的能力用各种渠道（ATM、临柜人员、电脑）占交易量的比率来衡量。大都会银行内部层面的一个主要目标，就是促使业务员提高劳动效率，包括在目标市场向更多的客户出售产品，也包括促进银行与目标客户的关系。这一生产率目标反映在图 5－7 的交叉销售战略主题的三个战略指标中。

提供产品和服务给客户通过两个综合指数来衡量：

1. 逐客令（Trailway to Trolls）
2. 内部客户满意度

逐客令指标（trolls 指的是暴怒的客户，请参考本章附录）是一个综合指数，包含了100个可能造成客户不满的服务缺陷。逐客令指数被公布给所有分支行和办公室的员工，从而使员工避免这些可能导致客户不满的错误。每部客户满意度指数通过每月在目标市场中随机抽样调查客户计算出来的。

总而言之，大都会银行内部业务流程层面衡量了银行在各方面的能力，包括确认获利率高的细分市场，进而为这些市场开发新产品和服务，对目标市场提供既有的和全新的产品，以及为这些客户高效率、及时和零缺点的服务。

先锋石油公司

第三个内部业务流程层面的例子是先锋石油公司。如第四章所述，先锋公司必须满足两类客户的需要，第一类是他的直接客户，即汽油经销商；第二类是在零售点购买先锋石油公司产品的最终消费者。所以，先锋石油公司内部业务流程层面制定的目标和指标，必须同时满足汽油经销商和汽车司机的期望。

在汽油经销商方面（见图5－8），先锋石油公司制定了一个经销商满意度的客户目标。为了达到这个客户目标，先锋石油公司确立了两个内部业务流程的目标：

- 开发新产品和服务
- 发展经销商

开发新产品和服务的内部目标，实际上同时也驱动了经销商满意度和消费者满意度的客户目标。如果先锋石油公司能够为经销商提供差异化的产品和服务，使经销商不必单单依靠价格进行竞争，那么先锋石油公司便会成为一个更具吸引力的供应商。同时先锋石油公司的新产品和服务也能够吸引三个目标市场的客户，因为这些客户希望加油站能够提供全方位的产品和服务。衡量这个目标的指标是非汽油类的收入，包括便利商店和服务专用道的收入等。这个指标也与产业中的顶尖者进行标杆比较，比较内容包括非汽油类的全部营业收入和每平方英尺的平均销售额。

发展经销商的目标可以用两个指标来衡量，先锋石油公司为业务代表设计了一套工具，使他们能与要求加盟的公司保持有效的联系，此外也使销售代表可以从七个方面对个别经销商的业绩进行评估，这七个方面是：

1. 财务管理
2. 服务专用道
3. 人事管理

4. 洗车作业
5. 便利商店
6. 汽油采购
7. 良好的购物体验

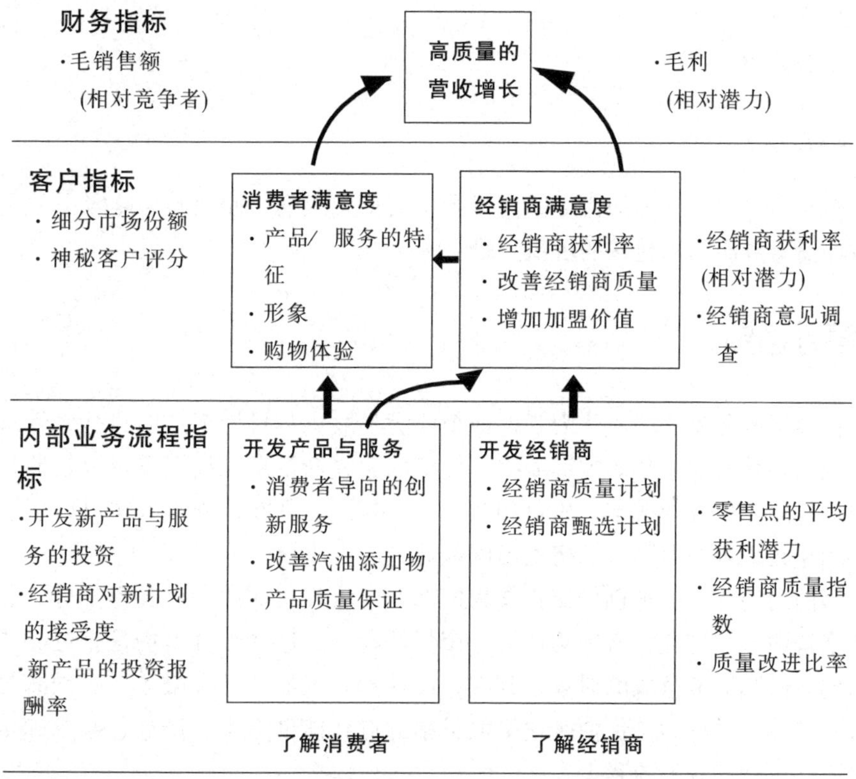

图 5－8　内部计分卡与连结关系——先锋石油

先锋石油公司把这些评分反馈给汽油经销商，为他们提供改善业绩的机会。先锋石油公司也把所有经销商的评分累计为一个指数，用来衡量自己在提高经销商的质量和业绩方面是否成功。它也用主要经销商的保持率来衡量企业是否能获得那些大量进货的、获利率高的经销商的忠诚。

对于最终消费者，先锋石油公司除了开发新产品和服务的目标外，还确立了一个宣传品牌形象的目标。衡量方法是：主要区分三种目标消费者在细分市场的份额，这三种细分市场是马路型、忠心型和 F3 型（请参考第三章）。为了评估加盟经销商是否为目标消费者提供了良好的购物体验，先锋石油公司运用了"神秘客"的评分办法，由独立的第三方每月一次在加油站进行购物（每季查访当地竞争对手的加油站）。神秘客到各加油站购买汽油和零食，然后计算一个质量评分，并且与经销商以前的业绩和竞争对手的业绩进行比较。计分时，有五个关键项目需要进行加权评分：

1. 设施外观
2. 服务区
3. 销售区
4. 员工
5. 休息室

神秘客户的评分为加盟经销商提供了信息和激励，使他们为能吸引三个目标市场消费者而采用特殊的价值主张。

本章小结

在内部业务流程层面，为了保证企业满足股东和目标客户的目标，管理者确定他们必须表现卓越的关键流程。传统的业绩衡量系统仅把重点放在监控和改进现有业务流程的成本、质量和时间上。相反，平衡计分卡方法可以从满足外部利益相关者的需要从而衍生出内部业务流程业绩。

当前的趋势是，把创新流程作为内部业务流程层面的一个关键部分。创新流程强调两点：首先，必须确认细分市场的特征，这些细分市场是企业希望用未来的产品和服务争取的对象；其次，设计和开发的产品和服务，必须满足这些目标群体。这种做法促使企业把大量精力放在能创造出新产品、服务和市场的研究、设计和开发流程上。

运营流程仍然重要，企业应该确认这些流程的成本、质量、时间和业绩特征（参见本章附录），才能给目标客户提供卓越的产品和服务。在适当情况下，售后服务流程能使企业正视已提供产品和服务给客户后的服务层面的重要性。

本章附录：运营流程——时间、质量和成本的衡量

衡量流程时间

企业提供给目标客户的价值主张中，通常把短期的反应时间当作一个重要的业绩特征（参见第四章的讨论）。很多客户多半高度重视迅捷的交货周期，

即从客户下订单开始，到客户收到订购的产品或服务为止所需的时间。此外，客户也很重视可靠的交货周期，用按时交货衡量。制造业通常以两种方法满足客户迅捷的交货周期和可靠交货周期的要求。第一种方法是利用高效率、可靠、零缺点、短周期的订单履约和生产流程，对客户的订单做出迅速的反应；另外一种是生产大量产品并保持大量库存，以便用现有产品立即满足客户的需要。第一种方法使企业能够成为一个低成本和及时的供应商；第二种方法往往使企业的生产过剩、忙于制定库存清单、产品闲置，从而导致成本上升，并且使企业无力对非库存产品的订单做出快速反应（因为生产线正忙于生产库存中的那些产品）。因为许多企业都正努力把使客户满意的第二种方法（大批生产可用得上的存货）改为第一种方法（及时生产少量的订货），所以，缩短内部流程的周期或产出时间便成为一个关键的目标，周期或产出时间可通过多种不同的方式进行衡量，周期的起始时间可定为：

1. 接到客户订单时
2. 安排客户订单或生产批次时
3. 为客户订单或生产批次而采购原材料时
4. 原材料到货时
5. 开始生产客户订单或批次生产时

同样的，周期的结束也可以用下列时间来决定：

1. 完成客户订单和批次生产时
2. 客户订单或批次生产的产品进入库存、随时可以起运时
3. 客户订货起运时
4. 客户收到订货时

生产周期的起点和终点的选择取决于追求缩短周期时间的运营流程的范围。广义的周期是订单履约流程，即从接到客户订单开始到客户收到订货为止；狭义的周期，以改善厂房的物料流动为目的，即从批次生产开始到批次生产完成时。不论采用哪一种定义，企业都应该持续对周期时间进行衡量并为员工设定缩短周期时间的目标值。

许多企业试图采用及时生产（JIT）流程，他们常用的衡量指标是制造周期效率（Manufacturing Cycle Effectiveness，MCE），其公式如下：

$$MCE=\frac{\text{加工时间（Processing Time）}}{\text{产出时间（Throughput Time）}}$$

MCE 应小于 1，这是因为：

产出时间 = 加工时间 + 检查时间 + 搬移时间 + 等候或储存时间

加工时间是制造产品实际所用的时间（无论是制造或组装），许多生产作业的加工时间其实不到产出时间的 5%，也就是说，如果全部产出时间是六个星期（30 个工作日），那么真正用到加工的时间只有一天到两天。其余时间里，零部件或产品要么是正在检查中，要么是在厂房里搬来搬去，或者根本在仓库或厂房里等候，或者处于即将开始（或刚完成）一个加工作业，等待下个作业安排、机械安排和零部件到位的空当。理想的及时生产流程的产出时间应该正好等于它的加工时间，当达到这一理想状态时，MCE 等于 1。这个目标就像零缺陷一样，可能是企业永远无法达到但值得追求的目标。

MCE 值隐含着一个理论，即除了加工时间外，所有花在检查、重做有缺陷的产品、把货品从一个流程移到下一个流程，以及等候下一个加工作业开始之前的时间，都是浪费掉的或非增值的时间。这些时间之所以说是浪费，是因为产品的物理形态并没有发生任何改变去满足客户的需要，同时它们延迟了交货时间，却未增加任何价值。当 MCE 值趋近于 1 时，表示企业浪费在搬移、检查、维修和储存产品上的时间大为减少，快速反应客户订单的能力大为提高。

衡量流程时间在服务业的应用

虽然适时生产流程和制造周期效率是为制造业而设计的，但它们也同样适用于服务业。故不论其他的好处，单从消费者越来越无法忍受被迫等候服务来看，消除浪费时间的现象对于服务业提供服务的流程来说甚至比制造业更为重要。

以银行业为例，许多人都熟悉买房时办理抵押贷款的程序。首先要进入当地银行的分行，填写一份复杂的申请表，申请表内容包括你的履历、薪水、资产和负债以及对房子的具体描述；递交申请表之后，银行员工会感谢你的光顾，然后告诉你抵押贷款批准与否会在 3 ~4 星期内有结果。

某银行的副总裁非常清楚处理这样一个房贷案的周期时间通常是 26 天，他要求员工核实这 26 天中到底有多少时间实际用于处理申请事宜，结果发现，在这 26 天中，实际用于申请作业的时间只有 15 分钟，也就是说，MCE 值为 0.0004 [0.25 小时 ÷(26 天 ×24 小时)]。这位副总裁为重新安排审批程序设计了一个目标值，即要把客户填完申请表到银行批准的时间缩短为 15 分钟，这个目标值表示 MCE 等于 1，要求银行员工继续处理所有增值的工作，同时消除一切非增值的等候时间。起初，所有与审批流程有关的员工都认为这是天方夜谭，因为他们必须核实客户的信用资料，而这一过程至少需要一到两周时间。但进一步的研究却发现几乎所有潜在客户的信用资料都可以在线查询，而且大部分分析工作和审批程序都可以改为自动化。因此，通过加强信息技术，银行改变了审批流程，做出了15分钟完成审批流程的决定。从此，客户填好申请表后，会被请去喝一杯咖啡，当他们回来时就可知道申请是否得到了批准。[13]对于大部分市场客户群体来说，耗时仅15分钟的一揽子审批流程颇具吸引力。

对其他服务业的类似研究也可得出类似的结论：客户服务的周期一般较长，但实际服务时间可能很短。像汽车租赁公司和一些连锁旅馆现在也纷纷为目标客户提供自动化登记和退租手续，使有价值的客户在接受服务流程中不用耗时排队等候了。因此，凡是希望及时为目标客户提供产品和服务的企业，都可以设定MCE值趋近于1的目标，从而缩短客户订单的交货周期。

衡量流程质量

目前，几乎所有企业都在实施质量方案和质量计划，而任何一个质量计划的中心都是衡量，因此许多企业早已熟悉各种各样的流程质量衡量指标：

- 每百万个产品的次品率
- 良品率（生产出的完好货品与输入的完好货品的比率）
- 浪费率
- 废料率
- 返工率
- 退货率
- 统计流程控制下的加工比率

服务业企业特别应当明辨其内部业务流程的缺陷，这些缺陷将对成本、反应时间和客户满意度产生不良影响。针对质量不足，企业可以开发客户化指标。如大都会银行开发了一个"逐客令"指数，作为衡量服务质量的指标之一，用以揭示银行内部业务流程中有哪些缺点导致了客户不满。指数中包括下列因素：

- 等待时间过长
- 信息不准确
- 拒绝或延迟服务
- 客户的要求和交易不能完成

- 使客户遭受财务损失
- 不尊重客户
- 沟通无效

另外，一次成功率是一个特别苛刻的质量指标，和 MCE 比率不相上下。下面举两个例子说明这个指标的重要性。

国家汽车公司

几年之前，本书的作者之一有幸拜访了一家大汽车公司，我们姑且称之为国家汽车公司（为了隐恶扬善）。公司负责人带领我们在公司内四处参观，强调公司已转变为注重全面质量管理、适时生产的公司。为了宣传全面质量管理的成功，公司在生产线的终点挂了一个标语，上面宣称成本通过最后检验的成绩已达到完美的155 分。随后，我们继续参观原材料进货区，这里原来运送原材料和外购零件的卡车通道已被取消，取而代之的是卸货平台，载满原材料和零部件的大卡车每天川流不息地在此卸货。然而，在穿越工厂的时候，我们注意到许多高大的货架，上面好像摆放着大量的存货。于是，有访客问道："为什么需要存货呢？如果原材料和零部件都是及时送到，立刻转入生产流程，生产流程又能毫无耽搁地把半成品从一个工序转到下一个工序，那么这些存货又有什么用呢？"这位负责人立刻带着不屑的口吻回答道："你看错了，那不是什么存货，那是返工区。"可见，该公司达到完美质量分数的办法，是对每个生产工序的产品进行检查，把没有通过质量测试的产品放在一边。如此看来，这家公司采取的仍然是昂贵的作业方式——仅仅检查产品质量，而没有把质量融入到生产流程中。

国家电气公司

1980 年，国家电气公司的国防电子分公司深受质量问题困扰，它的印刷电路板生产和装配流程出现严重质量问题，于是派一组工程师前往日本一家具有类似产品流程的公司取经。访问开始后不久，日方问："贵厂每批 100 个印刷电路板中有多少完全通过产品流程？"美方小组领导觉得有点受辱，生气地回答："当然是百分之百通过。电路板非常昂贵，我们不可能丢弃任何电路板。"日方赶忙为翻译的词不达意而致歉，他的意思是："有多少个电路板不经过返工就可一次通过生产流程？"国家电子的工程师们面面相觑，不得不承认他们对此一无所知。他们从未进行或从未想过要进行此类统计。他们忙于减少员工和机器效率的差异，根本没时间考虑采用新的生产指标，特别是非财务指标。

尽管如此，这个问题还是引起他们的好奇，于是请教主人在这方面的百分比是多少。日方回答到："目前，我们的一次成功率为96%，而一年前这个比率仅为90%，我们是经过了一番努力才提高到现在的水平，不过我们的最终目标是到达100%的一次成功率。"

美方工程师回国后向工厂厂长和督察提出同一问题，没有人能回答这个问题。公司进行了一项专门的调查，数周后，结果显示为16%！大家都认为，如果不大幅改善这个比率的话，大家迟早得另谋生路。6个月之内，全面质量管理使一次成功率提高到60%，同时还使员工减少了25%——从原来的400人减少到300人。实际上，这100个人在生产次品，然后检查和发现这些次品并进行返工，直到完全合格为止。一旦公司决定不再需要生产和修改不良产品时，过去从事这些工作的100个人就派不上用场了。

以上两个案例显示了一次成功率衡量指标的力量。质量计划的成功与否，不能只衡量产成品的质量，因为这些产品可能已经过多次检验和返工了，而应在每个生产流程阶段，衡量产品不合格率下降的百分比。

衡量流程成本

当注意力集中在衡量流程时间和流程质量时，人们很容易忽视成本的衡量。传统的成本会计系统可以衡量单个任务、作业和部门的费用和效率，但是不能衡量流程层次的成本，特别像订单履约、采购或生产计划和控制等流程，通常要动用好几个责任中心的资源和活动。直到作业成本系统（Activity-Based Cost systms，ABC）出现之后，这些业务流程的成本才真正得到衡量。[14]

例如，ABC的早期应用出现在20世纪80年代末期，一家著名的个人清洁用品制造商是ABC的最早使用者之一。该制造商最初的研究对象是制造成本，但ABC分析的结果显示，新产品的小批量生产是制造成本高而复杂的原因之一。每一次研发部门设计了新产品之后，都必须制造一小批产品，作为测试之用。这就需要停止一些正大批量生产其他产品的生产线，用来小批量生产这些试验产品，而后再恢复原来的大批量生产。当新产品在市场上测试后，客户的反馈要求在设计上作一些修改，进而导致更多次的小批量生产。过去，为这些小批次研发产品和测试产品而改变生产线的成本被列入制造费用，并根据传统的（或随意的）成本分配程序计入现有产品的成本。作为ABC研究的一部分，所有的生产成本，包括大量、整批或小批生产（包括为生产研发产品而中断大批次生产所造成的来回更换设备成本），加上为测试生产和为重新修改生产的成本，统统列入一个新的科目，叫做“推出新产品”。分析显示，公司花在推出新产品上的费用，远比过去想象的要高。公司以前只管理研发部门的总开支，但是从来没有计算过研发的开支和产出（创造并推出多少新产品）的比率，更没有把研发造成的其他部门的成本（如，为了小批次研发产品而增加的制造费用）计算在内。一旦管理者了解到总成本与推出新产品有关，他们会更愿意接受有关重新组织新产品设计的建议，也会主动寻找更有效率的流程。而且他们对于简单的产品升级所产生的相关成本和利益，也有了比较好的分析性理解。

总的来说，ABC 分析可以帮助企业获得流程成本的衡量指标，再加上质量和周期的衡量指标，即构成了三个足以描绘企业内部业务流程特征的重要参数。当企业实施重要的内部业务流程持续改进方案（例如 TQM）或突破性改进方案（例如改造或重新设计流程）时，这三个衡量指标——成本、质量和时间，将提供这些改进方案是否达到目标的衡量结果。

注释：

〔1〕抑或，当企业的战略源自于资源基础的观点（resource-based view，RBV）时，［请参考 D. Collis and C. Montgomery，“Competing on Resources：Strategy in the 1990s，” *Harvard Business Review*（July-August 1995）：118－128］，则可考虑在尚未建立客户层面、甚至财务层面的目标和指标之前，先建立企业内部流程层面的目标和指标。RBV 式企业战略试图利用一些关键性的核心能力（竞争能力）获得永久性竞争优势。实施这种战略的企业，可以将关键能力转变为核心内部流程的特定目标与指标，然后确认这些核心能力在哪些市场和客户群体中可以获得成功，以及决定这些群体的目标和指标，从而使企业内部流程的指标和客户层面连结起来。

〔2〕R. S. Kaplan，“Yesterday Accounting Undermines Production，” *Harvard Business Review*（July-August 1984：95－101）；H. T. Johnson and R. S. Kaplan，*Relevance Lost：The Rise and Fall of Management Accounting*（Boston：Harvard Business School Press，1987）；R. Howell，J. Brown，S. Soucy，and A. Seed，*Management Accounting in the New Manufacturing Environment*（Montvale，N. J.：National Association of Accountants and CAM-Ⅰ，1987）；and R. S. Kaplan，“Limitations of Cost Accounting in Advanced Manufacturing Environments，” in *Measures for Manufacturing Excellence Accounting*，ed. R. S.

Kaplan（Boston：Harvard Business School Press，1990），15 –38.

〔3〕请参考下列文章：A. Nanni，J. Miller，and T. Vollmann，“What Shall We Account For?” *Management Accounting*（January 1988）：42 –48；John Lesser，“Performance Measurement in a Just-in-Time Environment：Can Traditional Performance Measurement Still Be Used?” *Journal of Cost Management*（Fall 1989）：22 –28；Kelvin Cross and Richard Lynch，“Accounting for Competitive Performance，” *Journal of Cost Management*（Spring 1989）：20 –28；and A. Nanni，R. Dixon，and T. Vollmann，“Strategic Control and Performance Measurement，” *Journal of Cost Management*（Summer 1990）：33 –42.

〔4〕虽然任何跨部门和跨组织的衡量都不是一件简单的工作，但是大部分内部业务流程都不难找到一些质量、良品率、产出率和周转期的指标。衡量流程成本比较困难，因为没有实体可以让我们直接衡量。作业成本系统在衡量企业流程成本方面起到了重要的作用。

〔5〕R. S. Kaplan，“Analog Devices：The Half-Life System，” 9 –190 –061（Boston：Harvard Business School Press，1990）and R. S. Kaplan and D. P. Norton，“The Balanced Scorecard：Measures That Drive Performance，” *Harvard Business Review*（January-February 1992）：71 –79.

〔6〕罗宾·库珀（Robin Cooper）在其著作 *When Lean Enterprises Collide：Competing through Confrontation*（Boston：Harvard Business School Press，1995）中认为，许多日本企业试图在成本、质量、功能和新产品上市时间上超越竞争对手，而不是在目标客户和细分市场上，或用部分能力与竞争对手竞争。

〔7〕Gary Hamel and C. K. Prahalad，*Competing for the Future：Breakthrough Strategies for Seizing Control of Your Industry and Creating the Markets of Tomorrow*（Boston：Harvard Business School Press，1994），84，100，101.

〔8〕如果企业在设计产品或服务前已进行了市场研究，那么在设计流程中便可利用目标成本和价值工程等方法，使设计出来的产品既能综合客户期待的质量、功能和价格，又能把成本维持在一个能够获得理想利润的水平。在设计阶段就密切关注质量、功能和成本，对某些产业格外重要，这些产业的产品成本中有80%以上在设计阶段就决定了。请参考库珀的 *When Lean Enterprises Collide* 以及 Robin Cooper and W. Bruce Chew，“Control Tomorrow's Costs Through Today's Designs，” *Harvard Business Review*（January-February 1996）：88 –97.

〔9〕对药品和农化品公司来说，独家生产指的是产品仍然享受专利权保护，有别于竞争者也可以制造的普通产品。

〔10〕Charles H. House and Raymond L. Price, "The Return Map: Tracking Product Teams," *Harvard Business Review* (January-February 1991): 92 – 100; also Marvin L. Patterson, "Designing Metrics," chap. 3 in *Accelerating Innovation: Improving the Process of Product Development* (New York: Van Nostrand Reinhold, 1993).

〔11〕请参考：Lessner, "Performance Measurement in a Just-in-Time Environment"; R. S. Kapan, "Limitations of Cost Accounting in Advanced Manufacturing Environments," chap. 1 in *Measures for Manufacturing Excellence*; and Eliyahu Goldratt and Jeff Cox, *The Goal: A Process of Ongoing Improvement* (Croton-on-Hudson, N. Y.: North River Press, 1986).

〔12〕一些有代表性的参考资料如下：C. Berliner and J. Brimson, "CMS Performance Measurement," Chap. 6 *in Cost Management for Today's Advanced Manufacturing: The CAM-Ⅰ Conceptual Design.* ed. C. J. McNair, W. Mosconi, and T. Norris, *Meeting the Technology Challenge: Cost Accounting in a JIT Environment* (Montvale, N. J.: Institute of Management Accountants, 1988); R. S. Kaplan, "Management Accounting for Advanced Technological Environments," Science (25 August 1989): 819 – 823; and R. Lynch and K. Cross, *Measure UP! Yardsticks for Continuous Improvement* (Cambridge, Mass.: Basil Blackwell, 1991).

〔13〕部分申请贷款的资料不可能在15分钟内核实，因此银行批准贷款有附带条件，也就是申请者必须提供正确的资料，包括：工作经历、工资和房子的市价，银行会在随后几日内核实这些资料，不过分析工作和信用记录的查询，的确可以在15分钟内完成。

〔14〕请参考：G. Cokins, A. Stratton, and J. Helbling, *An ABC Manager's Primer* (Montvale, N. J.: Institute of Management Accountants, 1993) and R. Cooper, R. Kaplan, L. Maisel, E. Morrissey, and R. Oehm, *Implementing Activity-Based Cost Management* (Montvale, N. J.: Institute of Management Accountants, 1993).

第六章

学习与成长层面

平衡计分卡的第四个也是最后一个层面为驱动企业学习与成长设计的目标和指标。财务、客户和内部业务流程层面的目标确定了企业为获得突破性业绩必须在哪些方面表现突出。学习与成长层面的目标为其他三个层面宏大目标的实现提供了基础框架，是前面三个计分卡层面获得卓越成果的驱动因素。

一些企业的管理者已经注意到，当他们纯粹以短期财务业绩进行评价时，为加强员工、系统和业务流程的能力而进行的投资很难维持下去。由于传统财务会计模式把这种投资计入期间费用，所以削减这方面的投资就变成产生短期递增利润的一条捷径。一贯疏于加强员工、系统和企业能力的长期不良后果在短期内不会显现，而且一旦弊端显现，这些管理者就把责任推卸到别人头上。

平衡计分卡强调为未来投资的重要性，它认为企业不能只投资于传统的领域（如新设备和新产品的研发），对设备和研发的投资固然重要，但只在这些方面投资是远远不够的。如果企业希望达到宏大的长期财务增长目标，就必须对企业的基础框架——员工、系统和程序进行投资。

根据我们在各种不同的服务企业和制造企业建立平衡计分卡的经验，学习与成长层面可以分为三个主要范畴：

1. 员工能力。
2. 信息系统能力。
3. 激励、授权和协作。

员工能力

员工角色的转变是过去 15 年来企业管理思想最剧烈的变革之一。事实上，新管理哲学看待员工对企业的贡献，比任何例子都能说明工业时代思维向信息时代思维的革命性变革。一个世纪前出现的巨型工业企业和科学管理运用的影响留下的遗产是，员工被限定于从事规定范围内、定义狭窄的工作。企业的精英——工程师和经理，详细规定了每个工人日常的和重复的工作，并且建立标准和监控系统确保工人能够按计划完成这些任务。企业雇佣工人的目的是从事体力劳动，而不是利用他们的脑力。

如今，几乎所有的例行工作都实现了自动化，电脑控制的制造流程已经取代人工，实现自动制造、加工和组装。越来越多的服务业公司通过先进的信息系统和交流让客户直接进行交易。此外，重复同样的工作，维持同样的效率和生产率，已不足以帮助企业获得成功。企业即使想维持现有的相对业绩，也必须进行持续改进。如果企业要超越现有的财务和客户业绩，仅仅墨守企业精英们制定的标准作业程序是不够的。为满足客户而改进作业程序和业绩的想法必须越来越多地来自第一线工人，因为只有他们熟悉内部流程和客户。过去为内部流程和客户反应制定的标准可以作为持续改进的起点，但是不能成为对现在和未来业绩进行衡量的标准。

这一转变要求更新员工技能，以便调动员工的思维和创造力来达到企业目标。以大都会银行为例，过去大都会银行强调高效率的处理客户支票和定期存款的交易。如第四章所述，大都会银行的高层管理者把高效率的营销和销售更多样的金融产品和服务作为一项关键的财务目标。某日一位客户走进大都会银行的分行，告诉银行员工她刚换了工作，她想知道如何把新公司所发的工资转入她的支票账户，银行员工毫不迟疑也完全准确地告诉这位客户，她应该到公司的人事部填一份授权书，授权银行直接把工资存入她的支票账户。这位客户的“需求”得到了满足，高兴地离去了。

可是，银行却丧失了一个大好时机，这位客户提出的要求本来可以使银行从客户身上挖掘到完整的个人财务资料，包括：

- 房屋/公寓：自己买的，还是租的
- 汽车：几辆？使用多久了
- 信用卡和签账卡：几张？哪个银行签发的
- 年收入
- 全家资产与负债
- 保险
- 孩子：几个？几岁了

如果银行员工掌握了这个客户的这些资料，除了向这位客户提供特定的服务——直接进行工资转账外，还可以向客户推荐其他的金融产品和服务，例如：信用卡、个人综合贷款、家庭房贷、投资、共同基金、保险凭证、房屋抵押、汽车贷款、大学教育基金计划、助学贷款等。

但是，在银行员工能够有效利用客户的财务资料之前，他必须接受培训，熟悉银行的一切产品和服务，同时，他必须拥有把客户的需求与银行的产品和服务结合起来的能力。大都会银行的管理者认识到，银行需要进行一个长达数年的培训计划，帮助第一线员工获得这些能力，把他们从照章办事转变为能洞察先机、值得信赖而又有价值的理财顾问。

衡量员工的核心指标群

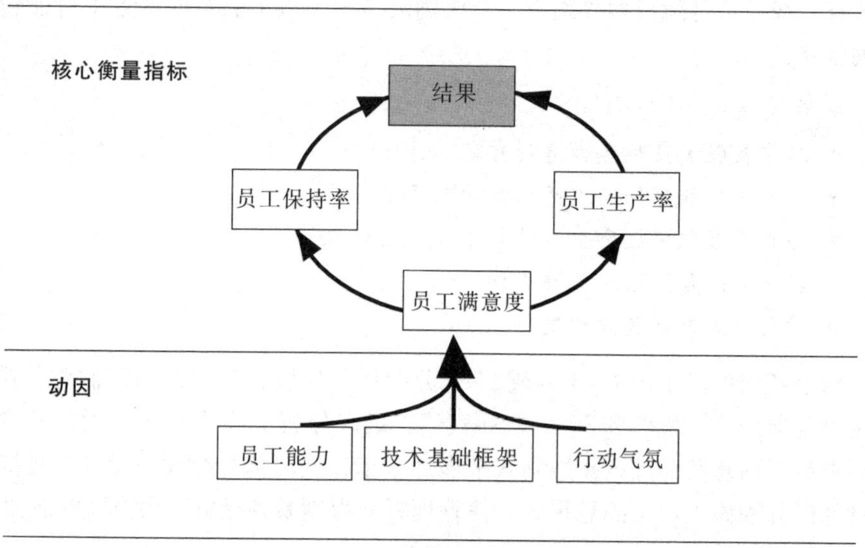

图 6-1　学习与成长的衡量框架

我们发现，大多数公司都是从三组核心的成果指标衍生出他们的员工目标（见图 6-1），然后根据成果的特定驱动因素来弥补这些成果指标。这三组核心的员工衡量指标是：

1. 员工满意度。
2. 员工保持率。
3. 员工生产率。

其中又以员工满意度的目标最为重要，经常被视为员工保持率和员工生产率的力量。

衡量员工满意度

员工满意度反映员工士气以及员工对工作的整体满意度，如今大多数企业都认为这是一个极为重要的目标。员工感到满意是提高生产率、反应速度、质量和客户服务的必要前提。石水公司在实施平衡计分卡的初期，就发现员工满意度调查中对公司最满意的员工往往就有最满意的客户。因此，如果企业希望达到非常高的客户满意度，他们就需要用对公司非常满意的员工来为客户服务。

对那些利用工资最低、技能最低的员工直接同客户打交道的业务单元来说，员工士气尤为重要。衡量员工满意度的方法，通常是每年举行一次员工意见调查，或是每月随机抽样调查一定比例的员工。员工满意度调查中可能包括下列各项：

- 参与决策
- 工作表现优良时是否得到肯定
- 是否能得到胜任工作所必需的充足信息
- 企业是否积极鼓励员工的创造性和主动性
- 职能部门是否给予足够支持
- 对企业的整体满意程度

以上各项可以采用1～3分或1～5分的评分尺度，员工根据他们对公司的感觉对各项打分，最低分表示“不满意”，最高分表示“非常（特别）满意”。然后把员工满意度的综合指数列入平衡计分卡，同时依分公司、部门、地点和主管部门分别做出员工满意报告，使管理者获得判断各级员工满意度的能力。

衡量员工保持率

员工保持率以挽留那些与企业长期利益息息相关的员工为目标。这个指标暗含的理论是，企业在员工身上进行了长期投资，因此任何不是出于公司意愿的员工离职，都表示了公司智力投资的损失。长期而忠诚的员工，不但拥有企业价值和企业流程知识，而且很可能拥有客户需求的敏感度。员工保持率通常用关键员工流失率来衡量。

衡量员工生产率

员工生产率是一项结果指标，是提高员工技能和士气、加强创新、改善内部业务流程以及满足客户等各项的综合影响而形成的。目的是寻求员工生产的产品和生产这些产品所耗费的员工人数之间的关系。

最简单的生产率指标是人均收入（revenue-per-employee），它表示每一个员工能生产多少产品。当员工和企业出售数量更多和增值更高的产品和服务的效率较高时，人均收入也会随之增加。

人均收入是一个简单而又容易理解的生产率指标，但它有许多局限，尤其在企业为实现宏大目标有太多压力时更是如此。例如，问题之一是没有把与营业收入有关的成本考虑在内。因此，如果新增的业务是靠低于成本价提供产品和服务获得的，那么就会出现人均收入增加而利润减少的现象。也就是说，任何时候要用这个比率来衡量目标时，管理者可以用两种办法来达到目的。第一种也是比较理想的办法，是增加分子但维持分母不变，在这个例子里，就是增加员工产出（收入）而保持员工人数不变。第二种也是不太理想的办法是减少分母，在这个例子里，企业裁员可能带来短期利润但却承担了牺牲长期能力的风险。另外一种减少分母增加营业收入的办法就是外包，这可以使企业能够用较少的内部员工来支持同一水平的产品（营业收入）。至于外包是不是一种合乎企业长期战略的理性做法，则取决于内部提供服务的能力（成本、质量、反应时间）和外部供应者的能力。不过人均收入的衡量指标与这个决策没有直接关系。

有一种方法可以杜绝纯粹为了提高人均收入而外包的弊端，那就是衡量人均增加值（value-added per employee），计算方法是先从分子（营业收入）中扣除外购材料、供应品和服务的成本，再除以员工人数。另外一种修正的办法，则是以员工薪资而非员工人数作为分母，这个方法可以防止雇佣生产率高但工资也高的员工来取代既有的员工。这个员工产出与员工薪资的比率，衡量的是薪资报酬率，而非员工人数报酬率。

因此，只要企业内部结构没有太大剧烈的变动，人均收入像许多其他指标一样，是一个非常有用的诊断性指标；但如果企业动用资本或外界供应者来取代内部员工，就另当别论了。如果企业希望用人均收入指标来激励员工提高生产率，就必须用其他经济成功指标来平衡，这样不会出现因为机能失调而使指标的目标值不能实现的现象。

学习与成长的特定驱动因素

企业一旦选定了衡量员工核心指标群——满意度、保持率、生产率，他们就应该确认学习与成长层面特定环境的独特的驱动因素。我们发现这些驱动因素往往来自于三个关键的促成因子：员工的技术再造、信息系统能力以及激励、授权和协作（见表6－1）。

表6－1 学习与成长的特定环境驱动因素

员工能力	技术基础框架	行动气氛
战略性技术	战略性技术	关键决策周期
培训水平	战略性数据库	战略焦点
技术优势	经验积累	授权员工
	专属软件	个人协作
	专利权、著作权	士气
		团队意识

员工的技术再造

许多正在采用平衡计分卡的企业正经历着重大变革，如果企业希望达到客户和内部业务流程的目标，员工就必须肩负与以往截然不同的新责任。我们在本章前面曾以大都会银行为例，说明员工应该怎样进行再培训，他们必须改变过去被动的反应客户要求的习惯，主动预期客户的需要并向客户推销其他的产品和服务。这个转型也是如今许多企业需要员工改变角色和责任的写照。

我们可以从两个方面看待员工技术再造的需求，其一是需要技术再造的程度；其二是需要技术再造的员工比率（见图6－2）。当需要技术再造的程度很低时（图6－2的下半部分），正常的培训和教育足够维持员工的能力。在这种情况下，员工技术再造将不会在平衡计分卡中占据重要地位。

但是，如果处于图6－2的上半部分的企业，想要实现其内部业务流程、客户和长期财务目标，就必须对员工技术再造进行大幅改造。我们曾见过一些不同行业的企业为了达到技术再造的目标，设计了一个新的指标——战略工作胜任率（strategic job coverage ratio）。这个指标计算的是符合特定战略工作资格的员工人数与企业预期需要的人数之比。所谓工作胜任，是指担任某一工作的员工为达到客户和内部业务流程目标所具备的重要能力。图6－3描述了某公司在开发战略工作胜任率时所采取的步骤。

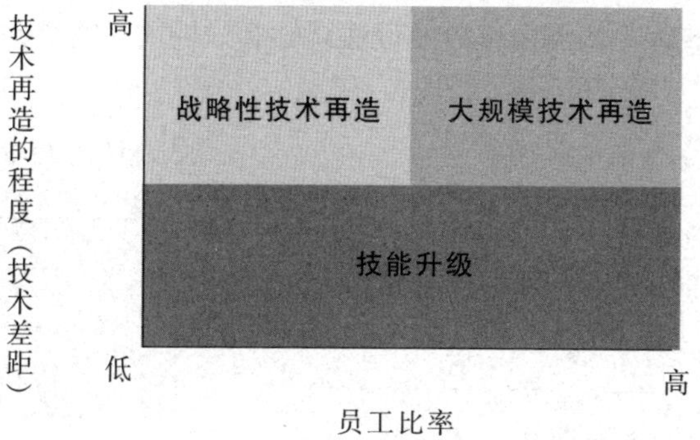

技术再造情况	关键战略主题：为了达到企业的愿景，需要改造或提升员工的技术
战略性技术再造	部分员工需要高水准的战略性技术
大规模技术再造	大部分员工需要大规模的技术革新
技能升级	大部分或小部分员工需要提高核心技术

图6－2 学习与成长的衡量指标——技术再造

战略工作胜任率往往会暴露企业目前的技术、知识和态度，距离未来的需要有一大段差距。这个差距会激励企业采取必要的战略行动来缩小人力资源上的差距。

至于需要大规模技术再造的企业（图6－2的右上部），可以采用另一个指标，即需要多长时间才能把既有的员工提升到新的、必要的技术水平。如果企业希望达到大规模技术再造的目标，就必须拥有缩短员工技术再造周期的技术。

信息系统能力

员工积极性和员工技能对于企业实现客户和内部业务流程目标来说必不可少，但仅做到这一点显然是不够的。要想使员工在当今竞争环境中发挥应有的作用，就必须使他们获得关于客户、内部业务流程和决策所造成的财务后果等方面的足够信息。

第一线员工必须准确、及时、全面地了解每位客户与企业的关系。就像大都会银行已经做过的，这些信息可能包括利用成本分析法计算每个客户的获利率；第一线员工还应该知道某个客户属于哪个客户群，从而判断自己应尽多大努力才能满足既有客户的需要，以及设法认知客户的潜在需求并满足这些需求。

1.利用价值链确认未来的重要工作

流程	活动	战略工作
寻找市场	·确认目标 ·经济价值 ·聆听客户	客户顾问 ·通才 ·专家
创造产品	·设计产品 ·寻找货源 ·开发与包装	客户服务
营销与销售	·促销 ·指导客户	营运

2. 根据整体市场发展战略而确定需求的时间

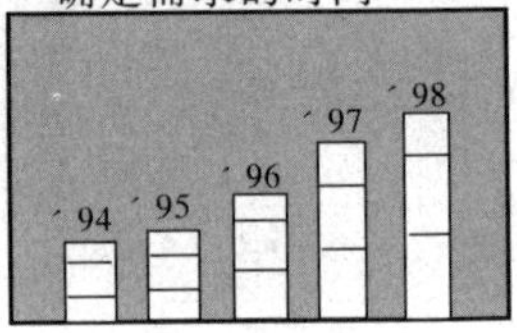

指标

战略工作胜任率

(符合工作要求的比率)

	'94	'95	'96	'97
第 1 级	85%	60%	30%	10%
第 2 级	–	80%	50%	30%
第 3 级	–	–	75%	50%
第 4 级				

3. 界定每一个工作群的技能要求

技能	客户顾问 通才	客户顾问 专家	客户服务	经营
知识				
·行业	×		×	
·公司	×		×	
·财务	×			
·产品		×		×
·系统			×	×
技术				
·销售	×	×	×	×
·咨询	×	×	×	×
·财务分析		×	×	×
·服务水准	×	×	×	
定位				
·风格	×			
·文化	×		×	
·背景		×		×

4. 评估人才储备来决定哪些员工目前已符合资格或具备技术再造的潜力

5. 制定技能发展战略，建立职位晋升通道

第1 级	认证（大师级）
第2 级	资深（干练级）
第3 级	中等（技师级）
第4 级	初级（学徒级）

图 6－3　战略工作胜任率——衡量概念

运营部门的员工需要快速、及时、准确地得到所生产的产品和所提供的服务的信息反馈，唯有获得这些信息反馈，员工们才能坚持执行改进计划，有系统地根治缺陷和消除生产系统中的超支、超时和浪费现象。不管企业实施的是持续改进式的全面质量管理计划，还是采用跃进式的流程再造方案，良好的信息系统都是员工改进流程的必要条件。有些企业设计了战略信息覆盖率（strategic information coverage ratio）指标，这个指标和前面介绍的战略工作胜任率有异曲同工之妙，不同之处是它衡量目前可用信息与企业预期需求之比。战略信息可用性采用以下衡量方法，可以是计算流程即时性、周转期和成本反馈的比例，也可以是计算直接面对客户的员工拥有在线取得客户信息的比例。

激励、授权和协作

尽管员工拥有技术，又能毫无障碍地获得信息，但如果他们无心追求企业的最大利益，或无权做决策和采取行动，还是一样无法对企业的成功做出贡献。因此，学习与成长还需要第三个促成因子，即为激励员工的积极性和主动性营造企业氛围。

衡量员工建议和建议的采纳

企业可以采用多种手段衡量员工是否被激励和充分被授权，一个简单而又广泛使用的指标是员工提出建议的次数，这个指标可以衡量员工对改善企业业绩的参与程度；另一个辅助的指标是建议被采纳的次数，这一指标不仅衡量建议的质量，而且向员工展现了企业在广开言路上的诚意和重视。

例如，某公司的高级管理层对员工在提出建议机会中的参与水平和参与质量感到不满，于是他推出了一个行动方案：

- 公布成功的建议，增加建议流程的透明度和可信度
- 公布公司采纳员工建议后获得的利益和改进
- 对被采纳的建议采用新的奖励办法

这一方案同时增加了员工建议的次数和建议被采纳的次数。

石水公司在早期的平衡计分卡实施中曾把员工建议次数作为一个指标，但是他们对结果感到失望。调查结果发现，问题在于员工认为公司对他们的建议置若罔闻，于是高级管理层责成项目经理必须对员工提出的每一项建议进行反馈。对建议进行反馈并执行其中的一些建议促使员工提出了更多的建议。据石

水公司高级管理层估计，执行这些建议每年为公司节省了数十万美元的开支。

衡量改进

企业采纳员工建议的好处不仅限于节省开支，还在于使企业能从员工建议中找到内部业务流程和客户流程的改进机会，如对质量、时间或业绩的改进。阿尔特·施奈德曼在担任模拟设备公司的质量改进和生产率副总裁时，开发了一个叫做半程量尺（half-life metric）的指标（见图 6 -4），用以衡量流程业绩改进 50% 所需的时间。[1] 半程量尺适用于企业希望减至为零的任何流程指标（如成本、质量和时间）。交货误期、次品、废品和缺勤的次数都属于这类指标。这类指标甚至可以消除流程周期和新产品开发期中的“浪费”时间。

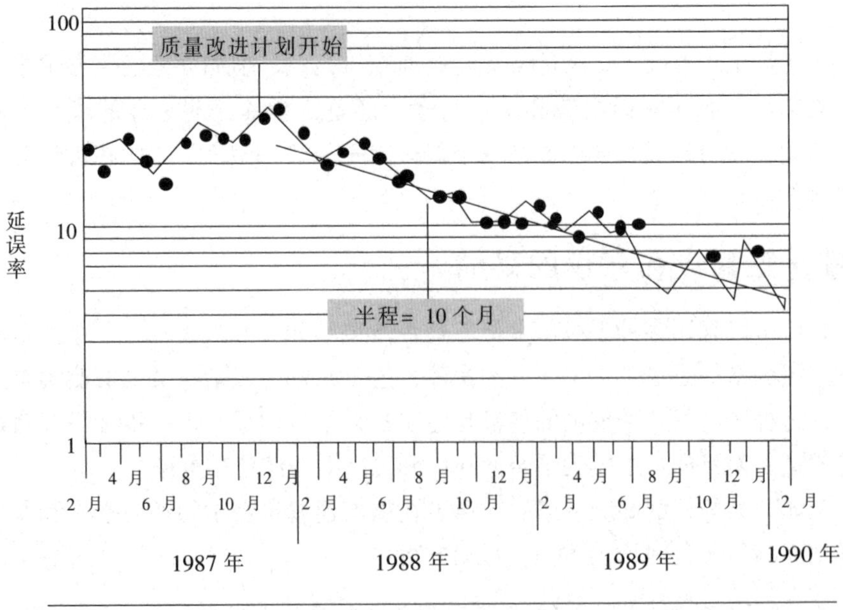

图 6 - 4　半程量尺

半程量尺假定当全面质量管理团队正在成功运用正式的质量改进流程时，他们应该能够以一个固定的速率减少缺陷（参考图 6 -4）。例如，假定企业已确定及时交货是一个重要的客户目标，而目前业务单元的订单中有 30% 不能做到及时交货，如果企业的目标是用 4 年的时间（48 个月）把交货延误率降至 1%，即改进 30 倍，则可以实施一个持续改进流程，以每 9 个月减少 50% 交货延误率的速度来达到（实际上超越）这个指标，如下所示：

月	交货延误率（%）
0	30
9	15
18	7.5
27	3.8
36	1.9
45	1.0

一旦设定了消除系统缺陷的速度，管理者便可以验证改进方案是否正确运作，是否能够在特定时间内达到预期的业绩。中国有句成语“千里之行，始于足下”，也就是说，一个持续的改进指标（像半程量尺）告诉我们迈出的方向是否正确，以及应该用什么速度前进，才能够在预定时间实现宏大目标。

如果企业希望用半程量尺作为衡量员工建议和员工参与流程改进的成果指标，就应该：

- 确认企业希望改进哪些流程指标
- 估计这些流程的半程量尺
- 建立一个指数，显示正按照半程量尺制定的速度改进的流程的百分比

采纳员工建议次数和重要流程的实际改进速率，用来衡量企业和个人的一致性，是相当好的成果指标，这些指标可以反映出员工是否积极地参与企业的改进活动。

衡量个人和企业的一致性

个人和企业一致性的业绩驱动因素，关注的是部门和个人的目标是否与平衡计分卡上载明的企业目标保持一致。某企业描述了一个循序渐进的平衡计分卡实施流程，从高级管理层开始，向下层单元逐渐推行平衡计分卡（见图6－5），这个流程有两个主要目标：

1. 个人及次级单元的目标、奖金和表扬制度与业务单元的目标保持一致。
2. 以团队为基础的业绩指标。

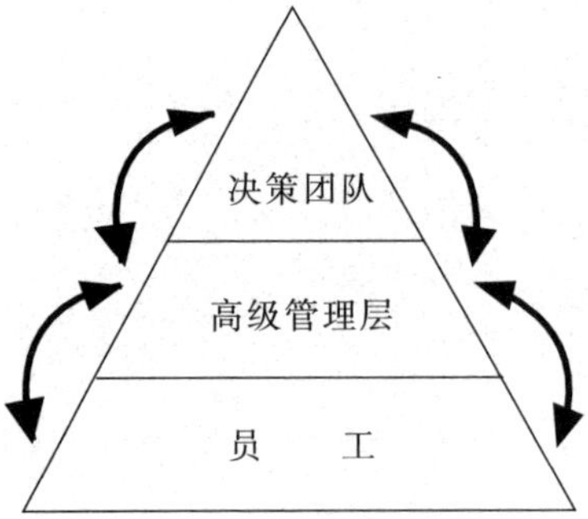

1. 在管理层中从上到下推行计分卡

- 制定平衡计分卡内容，作为沟通共同目标的手段
- 了解并认同平衡计分卡
- 责成管理者开发适合自己责任范围的指标
- 责成管理者记录业绩，作为制定目标的基础
- 责成管理者开发并执行一个在企业中层层向下推进的平衡计分卡实施计划

2. 向员工推行计分卡

- 沟通平衡计分卡内容、企业战略和行动方案
- 介绍平衡计分卡：它是什么，有什么用途,实施计划是什么,已完成哪些部分,还有哪些后续步骤?

3. 利润计划与制定目标值

- 实施从上到下界定财务指标流程
- 实施从下到上制定非财务指标流程

4. 校准个人目标

- 每个员工设定一个配合战略的目标，方法是确认自己从事的某一个活动（或指标）对计分卡某一个指标的影响
- 通过与管理者的谈判的过程来制定个人目标

衡量方法：在实施阶段中不断演变

1. 已接触平衡计分卡的高层管理者比率
2. 已接触平衡计分卡的员工比率
3. 个人目标已与平衡计分卡结合的高层管理者比率
4. 个人目标已与平衡计分卡结合的员工比率，以及达到个人目标的员工比率

图 6-5　个人目标一致性——衡量概念

衡量流程的指标随着实施过程的进展而变化。在第一个阶段，高级管理层首先建立平衡计分卡的内容与框架，然后责成各部门的管理者分别为自己负责的领域设计指标，并制定一个在企业中层层向下推进的平衡计分卡实施计划，衡量初步实施阶段是否成功的指标是已经接触平衡计分卡的高层管理者的比率；完成这个阶段之后，下一个阶段是向整个企业传播平衡计分卡和具体的实施计划，此时衡量指标则变为已经接触平衡计分卡的员工比率；进入第三个阶段，高级管理层界定平衡计分卡的具体的财务和非财务目标值，并把自己的奖金与这些指标相挂钩，此时引进了一个新的指标，即个人目标已与平衡计分卡结合的高层管理者的比率，用来反映实施流程的成果；到了最后一个实施阶段，所有人员的活动和目标都与平衡计分卡的目标和指标相结合，这个阶段的衡量结果指标为个人目标与平衡计分卡目标结合的员工比率，以及已经完成个人目标的员工比率。

另外一家企业则记录高层管理者辖下的 20 个业务单元中，有多少已经跟平衡计分卡的目标保持一致。管理者制定了一个时间表，并与 20 个业务单元深入讨论，以便达成下列共识：

- 业务单元的主要活动如何与计分卡协调一致
- 开发衡量这些活动是否成功的指标
- 向员工传达业务单元的管理者与平衡计分卡的挂钩
- 把个人业绩目标同平衡计分卡保持一致

衡量企业协调一致性的指标是已经成功完成这个协调一致过程的业务单元的比率。

企业不仅可以衡量向员工传达企业目标并使个人目标与企业目标保持一致等活动的结果，而且可以衡量这些活动的短期和中期指标。某个公司定期举行“氛围”调查，评估员工对于达到平衡计分卡目标的积极性和进取心。在评估员工的积极性之前，必须先测定员工的认识，有些企业，尤其在平衡计分卡实施流程的初期阶段的企业，应该衡量这样一个指标——明白并理解公司新愿景的员工比例。

又如某消费品公司通过广泛的市场调查来获得市场对本公司的广告、促销和展销计划的反馈，然后利用公司在这方面的专长，测量员工对新战略的反应和接受程度。这家公司把推出平衡计分卡看作推出一个新产品，每六个月举行一次员工调查，评估平衡计分卡计划在企业各部门的市场渗透率。这项调查把员工的反应分成四个认知程度：

认知程度		典型反应
Ⅰ	品牌认知	“我听过这个新战略和平衡计分卡，但它对我没什么影响。”
Ⅱ	客户	“我已经开始用我从平衡计分卡学到的东西来改变我的做事方法了。”
Ⅲ	品牌偏爱	“我尝试的新方法效果好。我可以看出计分卡对我自己、对客户和公司的好处。”
Ⅳ	品牌忠诚	“我是信徒，坚信新战略是正确的道路。我是积极的传教士，极力鼓吹别人加入这个阵营。”

这项调查（见图 6－6）帮助管理者了解员工对于平衡计分卡目标和指标的认识和承诺，同时也确认了需要继续努力的地方。

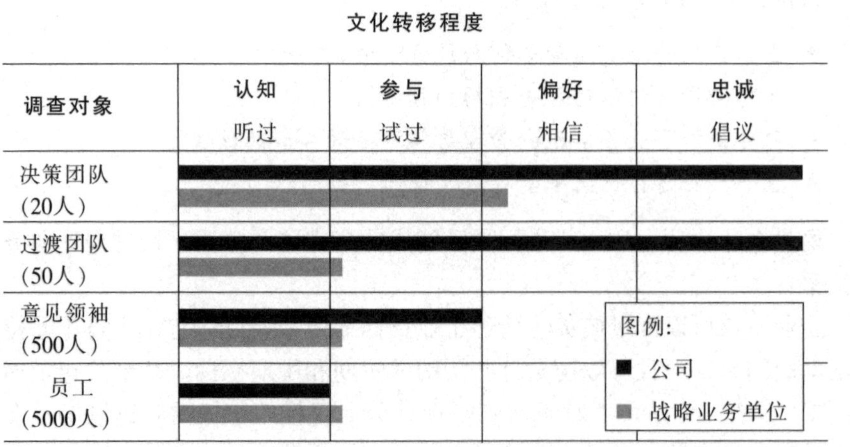

图 6－6　思想占有率运动:衡量企业对新愿景与战略的认知程度

衡量团队业绩

今天许多企业都明白，要实现满足客户和股东要求的宏大目标值，必须拥有卓越的内部业务流程。这些企业的管理者相信，仅凭员工个人工作更卖力、更聪明和更有知识，不足以达到内部业务流程的挑战性目标值。越来越多的企业正在转向利用团队协作，完成产品开发、客户服务和内部运营等重要的业务流程。这些企业希望利用一些目标和指标来激励、监督企业的团队意识和业绩。国家保险公司把公司转变为一个专业性的财产和意外伤害保险公司作为公司战略转型的一部分，在进行转型时，就以团队为中心来组织所有的工作流程。在国家保险公司的学习与成长层面，设计了六个衡量团队意识和团队业绩的指标：

1. 内部调查团队意识：调查员工意见，了解业务单元是否互相扶持并为彼此创造机会。
2. 利润分成程度：记录企业与其他业务单元、企业或客户建立团队关系的程度。
3. 一体化项目的数目：有多个业务单元参与的项目数量。
4. 亏损控制利用率：新签的保单中曾经咨询亏损控制单元的比率。
5. 团队设计的业务计划比率：业务单元在集团公司支持下设计业务计划的比率。
6. 实施奖金分享制的团队比率：实施成员共同目标和分享奖金办法的团队数目。

这些指标清晰地传达了企业希望个人在团队中高效工作的企业目标，以及希望企业的不同部门互助合作的企业目标。

团队概念可以进一步与利润分享计划连结。利润分享计划中，当团队达到共同目标时，所有的成员都可以分配到奖金。某一企业提出了利润分成活动的三个指标：

1. 与客户分成利润项目的百分比。
2. 实现潜在利润项目的百分比。
3. 团队队员的奖金制度与项目效益挂钩的项目百分比。

缺乏衡量指标

如前面几章所述，我们在财务、客户和内部业务流程层面描述了许多衡量指标，相比之下，我们却找不到几个关于学习与成长层面的企业特定指标。我们发现，许多企业在衡量财务、客户、创新和运营流程等方面的目标时，早已有了良好的开端，但是一谈到员工技能、战略信息可用性、企业一致性的特定指标时，这些企业几乎毫无动静，既不衡量这些能力的成果，也不衡量它们的驱动因素。这种差别待遇实在令人惋惜，因为实施平衡计分卡方法与管理框架的最重要目的之一，就是促进个人和企业能力的成长。

我们将在第十章讨论平衡计分卡的管理流程含义时，继续讨论关于缺乏衡量指标的问题。这里，我们注意到企业缺乏具体指标是一个不正常的但又非常可靠的指示，显示企业并没有把战略目标和员工技术再造、提供信息的活动连结起来，也没有使个人、团队和业务单元的行动与企业的战略和长期目标同步。许多人通常倡议员工培训和技术再造，主张授权员工、建立信息系统并激励员工，但是他们往往把这些方案本身当作目的。他们推崇这些方案的崇高道德，而不把它们当作企业追求长期经济目标和客户目标的手段。他们为这些方案分配资源、采取行动，却没有规定他们对于达到战略目标应该承担哪些具体的、可以衡量的责任。这个差距导致挫折感，高级管理层看不到任何可以衡量的成果，于是怀疑员工和系统的大量投资还能支持多久，人力资源和信息系统的倡议者不明白为什么他们的努力不受重视，不能在企业中占有更核心和更具战略性的地位。

我们相信，眼前学习与成长层面缺乏更详尽的企业特定指标现象，并不代表平衡计分卡包含这个层面有什么天生的局限或弱点，它其实反映了大多数企业在连结员工、信息系统、企业一致性与战略目标上的进展局限。我们预期在不久的将来，当企业实施了基于平衡计分卡衡量框架的管理流程后，会在学习与成长层面出现更多富于创意的、客户化的指标。同时，我们将在下一章说明，平衡计分卡如何通过为四个层面指标之间的因果关系提供一个机制，使学习与成长层面的指标明显地与其他三个计分卡层面的成果连结在一起。

与其等待企业开发客户化指标之后再来讨论学习与成长层面，我们宁可采用本章介绍的通用性指标：战略工作胜任率、战略信息覆盖率、流程达到预期改进速度的比率、主要员工与平衡计分卡战略目标同步的比率等。这些通用性指标足以确认企业能力中存在的差距，在管理阶层和员工开发出更客户化和特定的指标之前，可以发挥替代者（markers）的作用。

作为替代者的衡量指标

迈克尔·比尔（Michael Beer）在他的战略人力资源管理的研究中，曾建议采用另一种衡量方法，即在衡量指标不够健全或尚未建立之前，用叙述文字代替指标。[2]假定一家企业制定了一个提升员工技术的目标，希望促使员工更有效地实施并改进战略。目前，这个目标的意义过于含糊，无法用任何确切或可信的方法，或用合理的成本来衡量。但是，每一次（可能一个季度一次）召开人力资源开发流程的战略研讨会议时，管理者都可以提出一到两页的备忘录，上面尽可能地描述他们最近采取了哪些行动，获得了哪些成果，目前企业人力资源能力的状况如何等。备忘录用文字代替了衡量指标，为行动完成和成果的达到提供了一个积极对话和讨论的基础。叙述文字当然不是衡量指标，也不能长久取代衡量指标，但是作为一个标杆，它也能达到与正式衡量系统相同的目标。它鼓励管理者按既定的方针采取行动，因为他们知道什么时候召开战略研讨会议，会议中他们不得不报告自己的计划和成果。它也为定期的责任、回顾、反馈和学习提供了具体的基础；同时，报告本身带有警示作用，揭示衡量系统中存在的差距，提醒管理者必须继续量化战略目标和发展衡量系统，以便为员工、信息系统和企业单元的发展目标，提供一个更具体的沟通与评估基础。

本章小结

归根结底，企业能否有能力达到财务、客户和企业内部业务流程的指标，要视它的学习与成长能力而定。学习与成长的促成因子有三个主要来源：员工、系统和企业一致性。凡是追求卓越业绩的战略，通常需要对员工、系统和流程做出大量的投资，以培育企业能力。因此，未来优秀业绩促成因子的目标和指标都应该成为企业平衡计分卡的一部分。

投资于员工、系统和企业一致性的成果，可以采用三组以员工为基础的核心指标——满意度、生产率和保持率来衡量。目前，这些成果的驱动因素只是一些概括性的指标，开发程度不及其他三个计分卡层面。这些驱动因素是一些总计指数，包括战略工作胜任率、战略信息可用性，以及个人、团队、部门与战略目标的一致性。企业具体指标的缺乏为企业提供了一个机会，即开发与战略密切结合的、客户化的员工、系统和组织指标。

注释：

〔1〕A. Schneiderman, "Setting Quality Goals," *Quality Progress* (April 1988), 51 – 57；并参考：R. Kaplan, "Analog Devices, Inc.: The Half-Life System," 9 – 190 – 061 (Boston: Harvard Business School, 1990).

〔2〕M. Beer, R. Eisenstat, and Biggadike, "Developing an Organization Capable of Strategy Implementation and Reformulation," in *Organizational Learning and Competitive Advantage*, ed. B. Moingon and A. Edmonson (London: Sage, 1996).

第七章

把平衡计分卡指标与战略连结

在本书的前四章中，我们为平衡计分卡的构建奠定了基础。我们讨论了财务与非财务指标的构建，并分成财务、客户、内部业务流程和学习与成长四个层面。但是什么才是一个成功的平衡计分卡呢？仅仅是把财务与非财务指标混合在一起，从而分成四个不同的层面吗？

任何一个衡量系统，目标都应该是激励所有的管理者和员工成功贯彻的战略。凡是能够把战略融入衡量系统的企业，都能够更好地执行战略，因为他们能正确地在企业内传达目标和目标值。这种传达使管理者和员工能够把重心放在关键的驱动因素方面，并使投资、方案和行动同正在实现的企业战略保持一致。因此，成功的平衡计分卡是一种通过一整套财务与非财务指标传达战略的手段。

为什么构建一个能够传达业务单元战略的平衡计分卡那么重要呢？

- 平衡计分卡为整个企业描述了未来的企业愿景，并建立共识
- 平衡计分卡创造了战略的整体模式，使每位员工都能看到自己如何为企业的成功做出贡献。如果缺乏这种连结，个人和部门只能优化自身业绩，而无法对实现战略目标做出贡献
- 平衡计分卡注重变革的努力，如果能确定正确的目标和指标，就可能成功地实行平衡计分卡。否则投资和计划将徒劳无功

我们如何才能知道平衡计分卡什么时候明确了战略全局呢？衡量平衡计分卡是否真正沟通了业务单元战略的成果及成果的驱动因素，最好的测试方法是它的敏感度和透明度。平衡计分卡不仅应该源自于企业的战略，而且应该反映战略，也就是说，观察者不仅应该能看到平衡计分卡的表面现象，而且应该看到平衡计分卡目标和指标背后的战略。

例如，某企业子公司的总裁在实施第一份平衡计分卡后，向公司总裁报告

如下：

过去，如果你把我的战略计划书遗忘在飞机上，被竞争对手捡了去，我会很生气，但很快就忘了，因为这个损失其实也没什么大不了的。同样，假如我自己把月度运营总结报告忘在某个地方，被竞争对手拷贝了一份，我会非常沮丧，但同样的，这也算不了什么严重的事情。但是，平衡计分卡把我的战略阐述得一清二楚，万一被竞争者看到了，他可以阻止战略的实施，从而导致战略完全无效。

当平衡计分卡达到这种透明程度时，显然已经成功地把战略变成一套相互连贯的业绩指标了。

把平衡计分卡指标与战略相连结

我们如何建立一个把战略转化为衡量指标的平衡计分卡呢？我们在第二章已经介绍过能使企业的平衡计分卡与战略连结的三个原则：

1. 因果关系。
2. 业绩驱动因素。
3. 与财务指标挂钩。

我们将按顺序讨论这些原则。

因果关系

战略是一套关于因果关系的假设，因果关系可以用一连串“如果……那么……”（if-then）的陈述来表达。例如，通过下面一系列的假设，我们可以在加强员工销售培训和提高利润二者之间建立一种联系：

如果我们加强员工销售产品的培训，那么他们就可以全面了解他们所要销售的产品性能；如果员工深入了解了产品，那么他们的销售效率就将提高；如果销售效率提高，那么他们销售产品的平均边际利润就会增加。

一个结构严谨的平衡计分卡，应该通过上述一连串的因果关系，阐述业务单元的战略。衡量系统应该清楚表达各个层面目标（和指标）之间的关系（假设），这样才能管理并验证这些目标。平衡计分卡应该清楚地阐明关于成果指标及其业绩驱动因素之间的因果关系的一系列假设。平衡计分卡选择的每一个指标，都应该是向企业传达战略意义的因果关系链中的一环。

成果与业绩动因

就像第四章所述，每一个平衡计分卡都会采用一些概括性的指标。这些概括性指标通常是核心的成果指标，反映许多战略的共同目的，也反映行业和公司的类似结构。概括性指标往往是滞后指标，如获利率、市场份额、客户满意度、客户保持率和员工技能。业绩驱动因素则是领先指标（lead indicators），是那些对于特定业务单元来说是独特的指标，反映了业务单元战略的独特性，例如获利率的财务驱动因素、业务单元选择竞争的细分市场、特殊的内部业务流程、学习与成长的目标等，都将为目标客户和细分市场提供价值主张。

一个优秀的平衡计分卡，应该是成果指标和业绩驱动因素的混合。只有成果指标而没有业绩驱动因素，则无法显示成果获得的过程，也不能及早提示战略实施是否奏效。相反，只有业绩驱动因素（如周转期和每百万个产品的次品率）而没有成果指标，虽然可以帮助业务单元获得短期的运营改进，但却无法揭示运营的改进是否对现有的和潜在的客户扩大了业务，从而带来了财务业绩的提升。一个优秀的平衡计分卡，应该是为业务单元战略定制的成果（滞后指标）和业绩驱动因素（领先指标）的适当组合。

与财务指标挂钩

目前大多数企业正在进行各种变革，这很容易使企业把精力集中在质量、客户满意度、创新和员工授权等目标上。虽然这些目标能够改善业务单元的业绩，但是如果把它们本身当作终极目标，则不可能真正改善业绩。近年来一些国家质量奖的获奖企业出现的财务困难，足以证明运营改进与经济结果连结的必要性。

平衡计分卡必须继续重视成果，特别是资本报酬率和经济增加值等财务成果。许多企业不能把全面质量管理、缩短周期时间、流程改造和员工授权等方案和直接影响客户与提供未来财务业绩的成果结合起来。这些企业错误地把改进方案本身当作终极目标，这些方案并没有同改善客户结构进而提高业绩的具体目标值挂钩。这种做法不可避免地造成企业因不能从变革方案获得具体利益而丧失信心。因此，平衡计分卡各项指标的因果关系都应该与财务目标挂钩。

我们可以通过对大都会银行和国家保险公司的个案研究来说明这三个原则的具体运用。

大都会银行

大都会银行面临两个问题：（1）过分依赖单一产品（存款）；（2）当前利率下的成本结构使银行在向80%的客户提供服务时无利可图。为了解决这两个问题，大都会银行采用了双管齐下的战略：

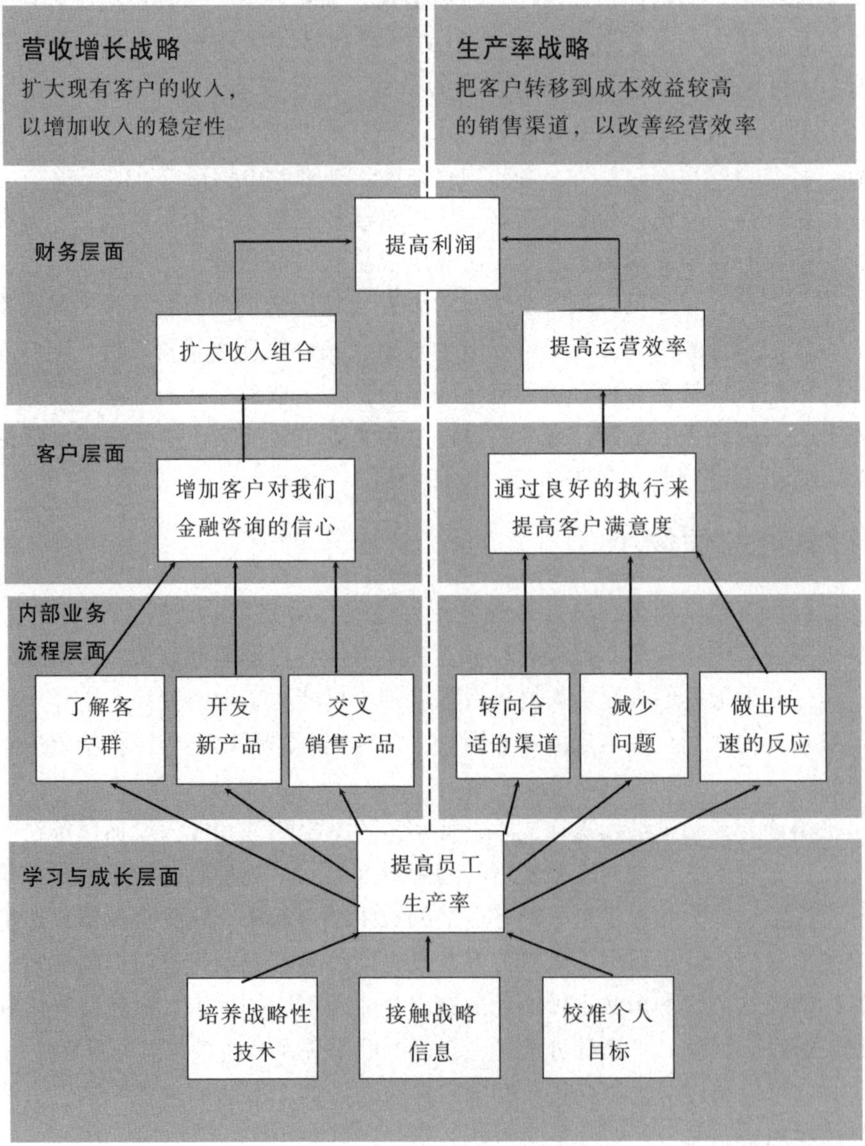

图7－1　大都会银行的战略

1. 营业收入增长：向现有客户出售更多的产品以扩大营业收入来源，减少收入不稳定现象。
2. 生产率：把非获利客户转移到成本效益较高的渠道（如电子银行），以达到改善运营效率的目的。

大都会银行在平衡计分卡开发过程中，把这两个战略变成四个层面的目标和指标，并且特别强调理解和描述哪一个因果关系是战略的基础。图 7 - 1 简单说明了大都会银行努力的成果。营业收入战略的财务目标——扩大收入组合，十分清楚。从战略意义上讲，这意味着大都会银行应该以目前的客户为基础，确定哪些客户需要更多元化的金融服务，然后向这些目标客户提供新的产品和服务。但是，大都会银行的管理者在分析了客户目标之后，他们发现这些目标客户并不是想当然的认为大都会银行是提供共同基金、信用卡、抵押和财务咨询等全套金融服务的机构。管理者最后得出结论：必须扭转客户对银行的看法，即银行不应该只是处理支票和存款的机构，而应该是理财顾问，这样才能使银行的新战略获得成功。

在确定了扩大收入组合的财务目标和形成客户对我们金融咨询信心的新价值主张之后，在财务目标的引导下，平衡计分卡接下来就是确认银行必须掌握哪些内部活动，才能获得战略的成功。确定三个跨业务的流程：（1）了解客户；（2）开发新产品和服务；（3）交叉销售多种金融产品和服务。每一个业务流程必须重新设计，以反映新战略的需求。例如，销售流程过去一向以宣传银行服务的媒体广告为主，良好的广告和优越的地理位置是吸引客户上门的法宝。分支机构的员工被动地为客户开户和提供后续服务，银行缺乏销售文化。事实上，研究发现销售人员的工作时间中只有 10% 是花在与客户打交道上。于是，大都会银行推出了一个销售流程再造计划，把新销售流程设计为创造一种关系式销售的流程，使销售人员成为理财顾问。销售流程的两个指标包含在平衡计分卡中，第一个是交叉销售率（cross-sell ratio），即平均出售几个产品给每个家庭，用来衡量销售效率，这个“滞后指标”可以显示新流程是否发生作用；第二个指标是花费在客户身上的时间，目的是督促各级销售人员采纳与战略息息相关的新文化。除非这些销售人员增加面对客户的时间，否则关系式销售不能产生作用。因此，花费在客户身上的时间是战略是否成功的领先指标。

从内部流程目标自然而然地引出实施营业收入成长战略的最后一组因素——改善员工效率。平衡计分卡的学习与成长层面确立了下面几个需求：（1）销售人员必须拥有多种技术（使他们变成熟悉产品线的理财顾问）；

(2) 掌握更多的信息（一体化的客户档案）；(3) 重新调整奖金制度作为鼓励。它包含了两个滞后指标，一个是生产率指标，用来衡量每个销售员工的平均销售额，另一个是通过员工满意度调查衡量员工的工作态度。领先指标把重点放在员工方面已进行的改变：(1) 提高技术基础并增加合格员工——战略工作胜任率；(2) 接触信息技术工具和数据——战略信息可利用率；(3) 调整个人目标和奖金制度，反映新的优先任务——个人目标一致性。

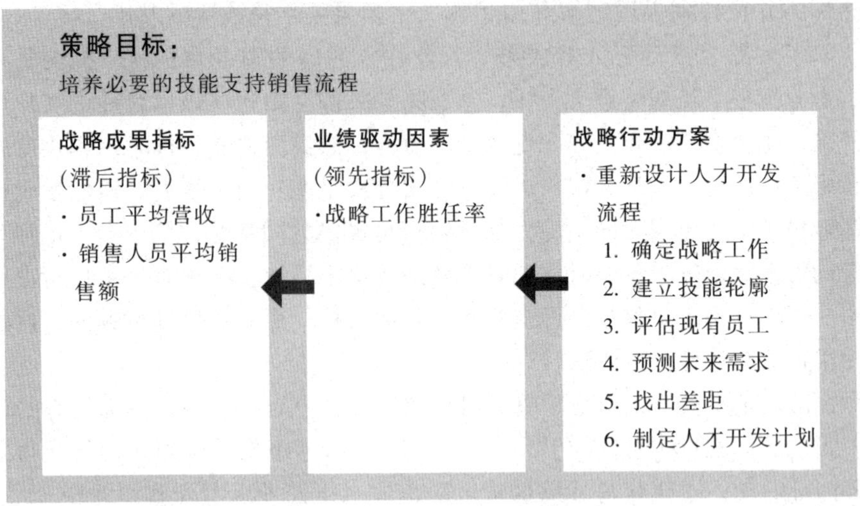

图 7-2　提高员工生产率

这些指标进而为实行全新的管理流程奠定了基础。以战略工作胜任率为例，每一个变革战略，包括大都会银行的战略在内，最后都需要挑选一组员工接受技术再造和培养，从而适应新的需求。实用性战略技能可能是资产（如果你有的话），也可以是负债（如果你没有的话）。开发智力资产对于决定业务单元战略最后成功与否是一个长期性事务，我们发现衡量战略技能的最有效的指标，源自于对三个问题的回答，尽管它们简单到令人怀疑的地步：(1) 需要哪些技能？(2) 目前拥有哪些技能？(3) 差距在哪里？有多大？战略工作胜任率定义了战略负债（图 6-3 揭示了这一差距）。尽管这些问题很简单也很基本，但很少有企业能构建这些指标，因为他们的人力资源和计划系统无法回答上述三个问题。这个定义促使几个企业重新设计了员工开发流程的基本结构，图 7-2显示了平衡计分卡指标与为缩小战略工作胜任率差距而制定的战略方案之间的关系。定义战略的优先任务和最能说明这些任务的指标的逻辑方法，促使企业为了执行战略而重新定义一个基本的管理方案。如果不是为了构建平衡计分卡和受到平衡计分卡逻辑思维的影响，这些企业也多半不会如此专心并迫切地解决员工技能不足问题。

表7－1概括了大都会银行的平衡计分卡目标和指标，显示了领先指标和滞后指标的混合。毫不奇怪，财务和客户指标只有少数几个领先指标，大部分的领先指标或驱动因素都出现在企业内部业务流程和学习与成长的指标上。图7－1和表7－1揭示了大都会银行如何混合一组用来改善未来财务业绩的领先指标和滞后指标，从而描绘了一个因果关系系统。

表7－1　大都会银行的平衡计分卡

战略目标	战略衡量指标	
	（滞后指标）	（领先指标）
财务 F1：提高利润 F2：扩大营收组合 F3：减少成本结构	投资报酬率 营收增长 存款服务成本改变	营收组合
客户 C1：提高客户对我们的产品和人员的满意度 C2：提高“售后服务”的满意度	市场份额 客户保持率	客户关系的深度 客户满意度调查
内部业务流程 I1：了解我们的客户 I2：创造创新的产品 I3：交叉销售产品 I4：转移客户至成本效益较高的渠道 I5：减少经营问题 I6：反应迅速的服务	新产品的营收 交叉销售比例 渠道组合改变 服务出错率 满足客户要求的时间	产品开发周期 面对客户时间
学习 L1：培养战略技术 L2：提供战略信息 L3：校准个人目标	员工满意度 员工平均营收	战略工作胜任率 战略信息可用率 个人目标一致性（%）

国家保险公司（滞后时间较长）

在保险业，把成果指标和业绩驱动因素结合起来更为重要。保险业是一个信息密集型的、注重衡量的行业，它的特点是从做出某一日常决策到取得相应成果之间有很长一段时间。例如，评估风险和决定费率是保险业务的核心，但是直到理赔提出和解决之后，这些工作的效率才能显现出来。意外事故的保险理赔可能需要2~5年，而一些极端的例子，如石棉诉讼案，甚至拖了数十年。在这种模式下，领先指标和滞后指标对于激励和衡量业务单元业绩是至关重要的。

国家保险公司是一家大型的财产和意外伤害保险公司，过去十年经营业绩不能令人满意，于是公司成立了新的管理团队，从而扭转了局势。新战略改变了传统的为所有市场提供全套服务的做法，使公司成为从事集中专项保险业务的公司，服务对象也有所缩小。公司新的高级管理层为这个新的专项经营战略明确了几个关键因素：

- 深入了解并瞄准期望的细分市场
- 加强遴选、教育并激励保险经纪人追求这些细分市场
- 改进保险流程，作为执行战略的焦点
- 整合理赔信息于保险流程，增加客户的选择性

国家保险公司的管理层决定把平衡计分卡作为新管理团队进行转型的主要工具。公司之所以选择平衡计分卡，是因为他们相信平衡计分卡可以阐明企业新战略的含义，并及时获得信息反馈。

第一步，管理层为新的专项战略确定了战略目标，如表7－2左栏所示。他们选择指标来推动每个目标的运营，选择指标的过程是取得管理团队对一个简单问题的共识："如何才能知道国家保险公司已经达到了这个目标?"这个问题的答案产生了表7－2中间一栏所列示的"核心成果"。核心成果指标也叫做"战略成果指标"，因为这些指标描述了管理层希望从这个新战略中获得的成果。

表7－2中间一栏所显示的指标，像许多成果指标一样，都是一些显而易见的、任何财产和意外伤害保险企业都会采用的指标。如果没有这些企业特有的指标，平衡计分卡就会变得毫无意义，但是如果只有这些指标，又不足以在企业内显示那些导致企业优秀业绩的因素。平衡计分卡开发流程到此阶段，只有企业通用指标的现象，凸现了一个新的问题。每个成果指标都是滞后指标，反映的是很久以前的决策与行动的结果，例如，实施新承保标准的效果，要等一年以后才在理赔频率中反映出来；亏损率的影响甚至需要更长的时间才能显现。

这些战略指标呈现了一个平衡的战略观点，除了包含传统的财务指标之外，也包括了客户、内部业务流程、学习与成长的指标。但是，如果平衡计分卡只包含滞后指标，将无法为管理层希望早日获得成功指标提供信息。它也不能促使企业把注意力放在未来成功的驱动因素上，亦即无法指导员工的工作以实现未来的成功业绩。虽然所有企业都面临平衡滞后指标和领先的业绩驱动因素的问题，但是这个问题对于今日行动与未来结果之间存在较长滞后时间的财产和意外险公司来说，比我们所见过的任何企业都要棘手。

表7－2　国家保险公司的平衡计分卡

战略目标	战略衡量指标	
	核心成果（滞后）	业绩驱动因素（领先）
财务		
F1：满足股东期望	每股盈余	
F2：改善运营业绩	综合比率	
F3：实现利润增长	业务组合	
F4：降低股东风险	灾难性亏损	
客户		
C1：改善经纪人业绩	获得率和保持率（相对于计划）	经纪人业绩（相对于计划）
C2：满足目标投保人	获得率和保持率（按细分市场划分）	投保人满意度调查
内部业务流程		
I1：开拓目标市场	业务组合（按细分市场划分）	业务发展（相对计划）
I2：承保获利能力	亏损率	承保质量审计
I3：理赔与业务的协调	理赔频率 理赔严重性	理赔质量审计
I4：改善生产率	费用率	员工人数的变动 控制开支的变动
学习		
L1：提高员工技能	员工生产率	人才开发（相对于计划）
L2：接触战略信息		战略信息技术（相对于计划）

接着，国家保险公司的管理层进行第二步设计，决定员工在短期内应采取哪些行动，从而实现期望的长期成果。他们为每个成果指标确定了相应业绩驱动因素——如表7-2右栏所示。多数情况下，业绩驱动因素都是描述某一个企业流程必须做出的改变。例如，承保流程的战略成果指标是：

- 亏损率
- 理赔频率
- 理赔严重性

这些措施能否获得成功取决于承保流程质量的大幅改进。管理层为良好承保流程制定了标准，这些标准规范了承保一项新的业务时应采取的行动。管理层还同时推出了一个新的业务流程，定期审计每个业务员所签下的承保单，并评估这些保单是否符合新的标准。审计工作产生了一个新的指标——承保质量审计得分，显示新签的保单中，有多少比例符合重新设计的承保流程标准。这个方法出自一个理论：承保质量审计得分是很久以后才能显现出来的成果（亏损率、理赔频率、理赔严重性）的领先指标，是成果的业绩驱动因素。除了承保质量审计之外，管理层也为其他涉及代理管理、新业务开展、理赔管理的成果目标设计了类似的程序。他们构筑了代表这些成果的业绩驱动因素，用来沟通和监控近期的业绩，包括：

成果指标	绩效驱动因素
主要经纪人的争取率和保持率	相对于计划的代理业绩
顾客争取率和保持率	投保人满意度调查
业务组合（按细分市场）	相对于计划的业务发展
理赔频率和严重性	理赔质量审核
费用率	员工人数的变动；间接开销
员工生产率	相对于计划的人才发展；信息科技可用性

表7-2右栏显示了国家保险公司选择的一组新的领先指标，即业绩驱动因素。

图7-3呈现了平衡计分卡地图，阐明了因果关系的两个直接的价值链：一个是从学习与成长和内部业务流程的目标到客户和财务目标；另一个是客户、内部业务流程、学习与成长层面的每个成果指标都与业绩驱动因素相连结。

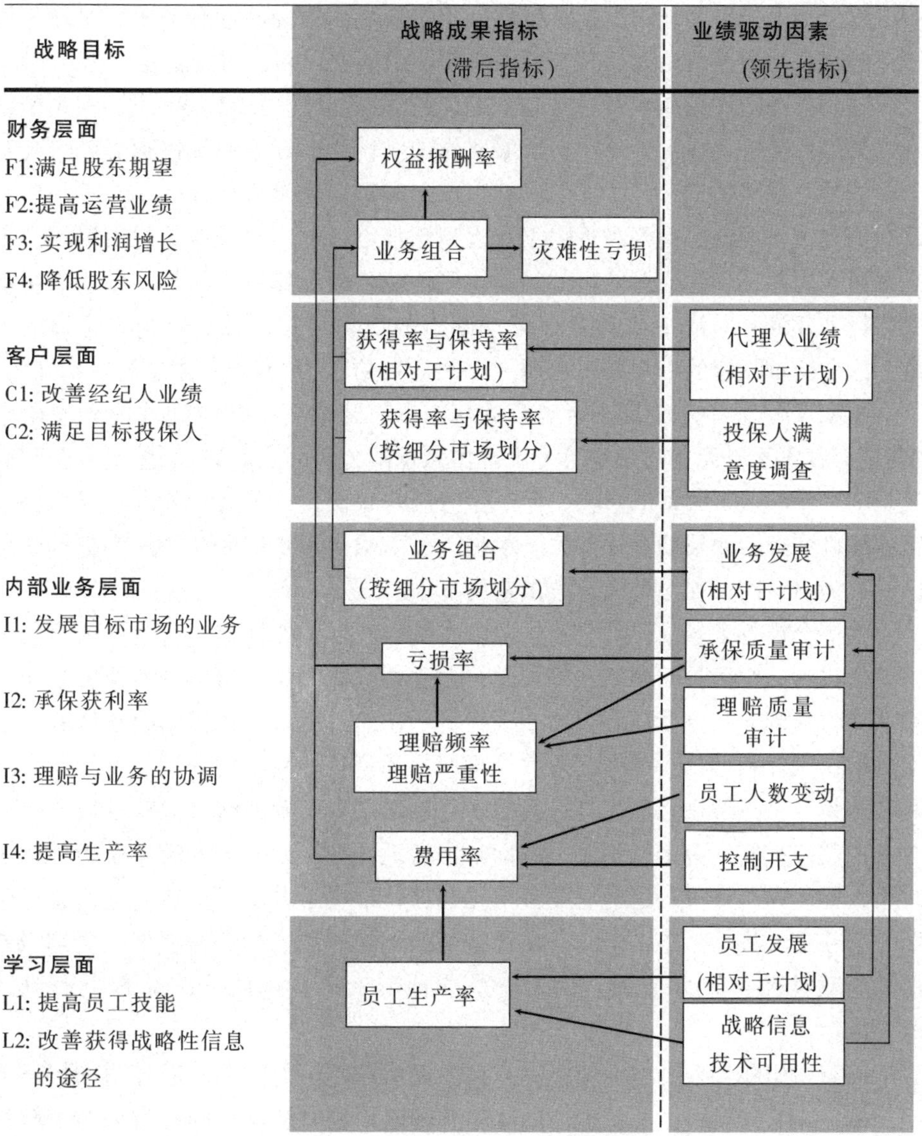

图 7-3　国家保险公司——因果关系

国家保险公司的案例又一次阐明了构建平衡计分卡的过程是怎样创造变革和产生结果的。制定业绩驱动因素的衡量指标，促使管理层去考虑未来工作方式并推出全新的业务流程，包括承保质量审计、理赔质量审计，以及提升员工技能和扩大信息技术等。管理层设计的承保质量和理赔质量审计的标准，除了提供平衡计分卡所需的指标外，也帮助他们改进了能被传达给员工的承保和理赔流程。承保质量和理赔质量审计得分不是现成的指标，它们是国家保险公司设计的客户化指标，用来反映管理层希望实施的承保和理赔新流程。

这些指标的详细内容描述了国家保险公司追求成功的战略。图 7 – 5 描绘的因果关系链，表述了管理层对战略所作的假设，即今天的流程和决策将会对未来的核心成果造成哪些正面的影响。承保和理赔质量审计指标，并不是用来惩罚员工的，发现了承保和理赔工作表现不佳者，下一步行动是送去培训而不是解雇。因此，这些指标的目的是向企业传达新的工作流程的具体做法。确定战略优先任务、战略成果和业绩驱动因素的逻辑过程，会导致企业流程的再造。这个衡量流程的确立，可以用“小兵立大功”（运营上）来形容。

国家保险公司的转型计划最后成功与否，还需要一段时间才能显现出来（我们会在第十二章描述平衡计分卡在国家保险公司的演变），当然也会受到衡量系统之外的众多因素的影响。但是管理层一致认为，平衡计分卡已成为公司转型战略和近期业绩的重要部分。平衡计分卡提供了长期业绩的短期指标，它已经成为引导国家保险公司走向未来的指南。

大都会银行和国家保险公司这两个案例，展示了如何把一个业务单元的战略转变成为一个衡量框架。在宏观设计流程中，我们强调指标之间的关系作为阐述战略基础，其重要性要超过个别指标的构筑。不过，在建立了整体战略框架之后，设计和选择具体指标及次级指标，才是执行战略的开端。平衡计分卡其实不是一个战略规划的工具，我们曾在许多已有明确战略且战略已被接受的企业内实施平衡计分卡。不过，我们常常发现，在把战略转变为衡量指标的过程中，即使高层管理者已经对业务单元的战略取得了共识，仍然会迫使企业阐明并重新定义战略。事实上，平衡计分卡强调纪律严谨的衡量框架，会刺激新的战略意义和实施方法的对话。正是这种辩论把具体的管理流程上升到战略高度。

确定一组相互连结的业绩指标，也会促使管理层的学习，通过明确战略的因果假设，管理者可以测试他们的战略并随着他们对战略实施和效果的了解调整战略，我们将在第十二章详细阐述这一主题。如果没有因果关系链，战略学习就无从谈起。

战略指标与诊断指标：平衡计分卡有多少指标

平衡计分卡有四个层面，每个层面可能需要 4 ~ 7 个不同的指标，这样来看，企业的平衡计分卡通常有多达25个指标。25个指标是不是太多了？哪个企业有能力同时关注25件不同的事情？这两个问题的答案都是否定的。如果平衡计分卡被看做25个（或10个）独立的指标，当然是太复杂，难以消化了。

平衡计分卡应被看做是传达一个战略的仪器。当平衡计分卡被看做是一个战略的表现形式时，平衡计分卡所包含的指标数量就无关紧要了，因为所有的指标都连结在一个诠释业务单元战略的因果关系链中。虽然说着容易做着难，大都会银行和国家保险公司的例子以及我们在其他公司的经验，证明了企业的确可以采用由大约24个指标整合的系统来规划和沟通他们的战略。

但是，今天大多数企业为了维持企业的正常运转，已经使用了16~25个指标，他们不相信平衡计分卡可以凭借不到24个指标来衡量他们的运营。当然，从狭义上讲，这些企业的观点是正确的，但是，他们未能区分诊断指标[1]和战略指标。诊断指标是那些可以监控企业是否按部就班地运转并在出现异常现象需要立刻注意的发出警报的指标；而战略指标是那些为了取得竞争优势而界定一个战略的指标。

可以用一个简单的例子来说明这一点。如果我们想活下去，人体的许多功能就必须维持在一个相当狭窄的运作参数之内。如果我们的体温超出了我们能忍受的正常体温（98.6 °F或37℃），抑或我们的血压降得太低或升得太高，问题就严重了。此时，我们所有的能量（以及医护人员的能量）都会动员起来，以使这些参数恢复到正常水平。但是我们不会奉献巨大的能量来达到最理想的体温和血压，把体温控制在距离标准度数只有0.01度的范围之内也并不是一个决定我们是否能成为一家公司的CEO、一家国际咨询公司的高级合伙人或一所大学的终身教授的战略成功因素。对于这些独特的个人和专业目标，其他因素更具决定性作用。体温和血压重要吗？绝对重要。一旦这些指标失控，我们的身体就会发出信号，告诉我们必须立即解决出现的大问题。但是尽管这些指标不可或缺，它们本身并不足以帮助我们达到长期的目标。

同样的，企业也需要监控几百、甚至上千个指标，以确保他们的正常运行，以及在需要采取纠正行动的时候发出警告。但是这些指标并不是竞争成功的驱动因素，这些指标捕捉了能使企业正常运行的必需的“保健因素”。企业监控这些指标是诊断性的，任何异常现象都会引起注意，我们称之为例外管理（management by expection）。

相反，平衡计分卡的成果指标和业绩驱动因素应该是高层或中层管理者之间基于竞争对手、客户、市场、技术和供应商等新信息评估战略时的广泛而又深入地互动的主题。[2]某位分公司的经理在实施第一份平衡计分卡之后，曾表示："我们一向衡量数百个运营指标。在建立平衡计分卡时，我们选择了 12 个对实施战略至关重要的指标，在这些指标中，有 7 个对我们来说是全新的。"[3]

平衡计分卡不能替代企业日常使用的衡量系统，它所选择的指标是为了把管理者和员工们的注意力都放在有利于企业实现竞争突破的因素上。

好指标引起坏事情：用诊断指标平衡战略指标

即使最好的目标和指标，也可能以最坏的方式来达到。平衡计分卡可以防范一些企业采用单一指标特别是财务指标激励和评价业务单元业绩时所出现的短视的局部最优现象。局部最优并不仅限于财务指标，例如，许多企业在客户层面采用对目标客户的按时交货业绩指标。按时交货已经成为很多企业特别重视的一个特征，特别是对采用适时生产方法的制造业者来说更为重要，因为他们没有多少存货可以缓冲不可靠的交货。然而，如果对单一的客户指标——按时交货施加太大压力，管理者很快会开发出机能失调的手段来实现优秀的按时交货指标。例如，制造业者可能大量存储所有可能需要的产品部件，因此所有需求都可以从库存产成品中得到满足。这些企业可能有极佳的按时交货指标，但是大量资本被运用在存货、仓储和搬运设备上，而且企业还可能冒着产品过时和损毁的高风险。

另外一种实现较快按时交货的方法是：直接向客户提出和承诺一个较长的交货周期。例如，如果客户要求 18 天送货，企业可能因为工作积压、延迟和运营的混乱，意识到自己无法按时交货，因此提出只能在 30 天交货。客户可能很不高兴，但是短期内无法选择另外的提供服务与商品的供应商，只有接受 30 天交货的承诺。如果企业实际做到了在 30 天交货，那么他的按时交货的目标就实现了，但是他并没有满足那位希望在 18 天交货的客户需求。

又如，企业内部业务流程层面中有一个非常好的衡量创新周期的业绩指标——新产品和服务的上市时间。业务单元可以通过提高新产品推出流程的管理，学习以更短的设计周期制造成品等方法来改善上市时间。但是，新产品推出流程本身并没有得到根本改善，而且在坚持满足上市时间业绩指标的原则下推出产品，可能导致管理者推出与现有产品仅有细微差异的产品。企业可能实现了业绩目标，但却丧失了彻底创新的机会，从而使企业丧失了竞争优势。

一个企业的全面衡量系统，不应该鼓励任何一个指标和层面的局部最优。在设计平衡计分卡的时候，应该预期每个指标可能出现的局部优化，然后用一个互补的指标弥补企业企图以拙劣的手段达到目标的不足。与其用附加的、非战略性的指标把平衡计分卡塞得满满的，不如用诊断性的指标来平衡战略性指标。以模拟设备公司为例，该公司是最早试用平衡计分卡的公司，[4]希望抵消用较长的报价周期来实现较快按时交货的诱惑，于是在按时交货之外，又设计了一个衡量公司交货期和客户要求送货期的差距的指标；也衡量不能满足客户要求的送货期的比率；也可能用像存货周转率这样的诊断指标来抵消以大量存货达到卓越按时交货业绩的诱惑。像存货周转率和客户要求送货期与承诺送货期的差距这些非平衡计分卡指标，可以提醒管理者审视公司是否以拙劣手段来达到按时交货业绩。

本章小结

平衡计分卡并不是把 15 ~ 25 个财务与非财务指标凑在一起从而组成四个层面。平衡计分卡可以通过一系列因果关系链把结果指标和业绩驱动因素结合起来来阐明业务单元的全貌。结果指标通常是滞后指标，往往反映战略的终极目标以及近期的努力是否带来了理想的结果。业绩驱动因素通常是领先指标，用来反映企业参与者近期应该做什么才能创造未来的价值。如果只有结果指标而没有业绩驱动因素，就可能难以反映企业业绩是如何实现的，并且可能导致短视的局部最优的行动；而业绩驱动因素如果不和结果指标相连结，就可能只鼓励局部改进方案，却不能为业务单元带来任何短期或长期的价值。最好的平衡计分卡将能清晰地诠释企业战略，使企业战略可以通过一系列目标和指标以及它们之间的连结推断出来。

注释：

---

〔1〕对于诊断指标的描述，可以参考：Chap. 4 in Robert Simons，*Levers of Control：How Managers Use Innovative Control Systems to Drive Strategic Renewal*（Boston：Harvard Business School Press，1995）.

〔2〕企业诊断系统所监控的指标，和管理者不断相互检查和辩论关键战略不确定性时所采用的指标之间存在的重大差异，在 Robert Simons 的 *Levers of Control* 一书中进行了阐述。

〔3〕这个经验发表在：Implementing the Balanced Scorecard at FMC Corporation：An Interview with Larry D. Brady，" *Harvard Business Review*（September-October 1993)：143 – 147.

〔4〕Robert S. Kaplan，"Analog Devices，Inc.：The Half-Life System，" 9 – 190 – 061（Boston：Harvard Business School Press，1990）and A. Schneiderman，"Metrics for the Order Fulfillment Process：Parts Ⅰ and Ⅱ，" *Journal of Cost Management*（Summer 1996，Fall 1996）.

第八章

结构与战略

平衡计分卡必须反映制定某项战略的公司结构。前面已提到的事例都是描述拥有自主权的业务单元的平衡计分卡。但平衡计分卡同样适用于其他企业。在本章中，我们会阐述下列各企业的平衡计分卡的开发：

- 拥有数家战略业务单元的集团公司
- 合资企业
- 集团下属的职能部门和业务单元
- 非营利组织和政府机构

业务单元战略和公司战略

战略通常是为一个组织单元制定的，我们称之为战略业务单元。以大都会银行为例，他只是一家大型银行控股公司的一个业务单元，这家控股公司还有其他的战略业务单位，如一家信用卡公司、一家批发银行、一家商业银行和一家投资银行。

有些公司的经营范围只局限于某个狭小的领域，因此他们的业务单元战略和公司战略不谋而合。的确，最早应用平衡计分卡的公司当中，有几家就是经营半导体的特殊行业，如 AMD 和模拟设备公司。这些公司开发的平衡计分卡，实际上等于集团公司计分卡（模拟设备公司所采用）。不过，大多数战略业务单元都和大都会银行一样，是某一个更大公司或公司集团的一员。这样，就会出现一个问题，即集团公司的平衡计分卡和子公司或战略业务单元的平衡计分卡有什么关系呢？

一家拥有数个不同战略业务单元的大公司，理论上可以因为战略业务单元之间的综合效果，从而使公司整体的价值大于所有战略业务单元价值的总和。关于集团公司战略的理论，是一个热门的话题。[1]这个理论试图探讨集团公司的战略（有别于业务单位战略），如何在业务单元之间创造综合效果。一个极端是公司的高度多元化。像FMC这样的公司，旗下拥有20多个独立运营公司，包括一家金矿公司、一家承包国防合同生产装甲车的公司、数家工业化工品公司、一家机场设备供应公司、一家生产锂的公司以及数家制造食品与农业机械的公司。在这种毫无关联的多元化情况下，公司的增值作用实际上也就是由集团公司的管理者运用他们从业务单元获得的非公开信息，从而在业务单元中分配资本和人力资源。FMC公司在引进平衡计分卡之前，各业务单元要向集团公司提交前后一致、卓越的财务业绩，衡量的指标则是资本报酬率。只要业务单元实现了资本报酬率，集团公司管理者不会对这些业务单元如何实现这一目标的过程进行深究。

平衡计分卡要求FMC集团公司的管理者监督并评估每个业务单元的战略。平衡计分卡允许集团公司和业务单元之间进行更为密切的对话，不仅讨论短期财务业绩，而且讨论业务单元是否为成长和未来的财务业绩打好了基础。不过，像FMC这样的多元化公司，集团公司的作用最好是衡量公司整体的财务业绩。因为，单个业务单元的战略、目标和指标也呈多元化，所以，它们不大可能像财务指标那样汇集成集团公司的平衡计分卡各层面。

另外一个极端是，集团公司旗下有许多战略业务单元，这些单元之间相互作用，可能拥有共同的客户。例如，强生公司在全球拥有150多家业务单元但这些公司的经营范围都是医疗保健领域并且拥有相同的客户，这些客户都提供医疗保健产品和服务，包括医院、医疗保健企业、医生、药店、超市和杂货店等。另有一些公司的战略业务单元可能共享技术，例如，哈默尔和普拉哈拉德描述了本田公司如何运用自己在发动机和制造方面的超强能力，为不同的细分市场提供不同的优质产品，包括摩托车、汽车、电动剪草机、发电机等；[2] NEC公司则运用自己在微电子和缩影方面的能力，从而成为电视、电脑和通信业的主导者；其他公司则可能把诸如采购、财务或信息技术等关键的职能集中在集团公司，从而获得一定的经济规模，这种做法使集团公司所能提供的服务更优于在单个战略业务单元中靠独立的运营所提供的服务。

无论是哪一种情形，集团公司的平衡计分卡应该反映公司的战略。平衡计分卡必须清楚阐述公司的理论，即为什么要把几个或更多的战略业务单元纳入集团公司的结构之中，为什么不让每个战略业务单元成为独立运营的实体，拥有自己的管理结构和独立资金来源？各战略业务单元的平衡计分卡不应该定义和左右集团公司的战略，而应该阐述并实践集团公司的战略，并帮助诠释战略的意义以及达成共识。

目前，集团公司级的平衡计分卡仍处于萌芽状态。迄今为止，我们所见过的平衡计分卡都是为了能诠释集团公司级战略的两个要素：

- 集团公司的主题：价值、信仰，以及反映集团公司特征和必须为所有战略业务单元共同遵守的主题（例如，杜邦安全保障和3M公司的创新主张）。
- 集团公司的作用：为了创造战略业务单元的综合效果，而必须在集团公司级采取的行动（例如，跨战略业务单元的交叉销售、共享技术和集团公司提供的共同服务）。

集团公司的主题和作用

凯尼恩商店的例子可以说明集团公司主题和作用的运用。凯尼恩拥有10家零售分公司，销售额从5亿美元到20亿美元不等，每个分公司都有自己的形象和目标客户市场。凯尼恩的CEO设计了10项具体的战略计划，并列入每个分公司的战略之中。这10项战略计划融入平衡计分卡的四个层面中，如下所示：

财务

1. 积极成长。
2. 保持总体边际利润增长。

客户

3. 客户忠诚。
4. 完善生产线。

内部业务流程

5. 建立品牌。
6. 领导时尚。
7. 优质产品。
8. 愉悦的购物体验。

学习与成长

9. 战略技能。
10. 个人成长。

集团公司的管理层为每一个战略计划定义了一个相互关联的指导原则和一

个公司级的衡量指标。例如，积极成长的指导原则是：

每个战略业务单元（SBU）都应该追求积极的利润增长，并根据市场情况对其进行衡量。

集团公司衡量这个利润增长目标的指标是每年的销售额增长率。而战略计划的第五条即建立品牌，它也是内部业务流程的第一个目标，可以表述为：

每个战略业务单元都应创造一个优势品牌。

集团公司平衡计分卡衡量这个目标的指标是已经在目标市场创造一个优势品牌的战略业务单元比例。

集团公司平衡计分卡为每个战略业务单元定义自己的战略和平衡计分卡提供了一个样板（见表 8－1）。例如，集团公司的财务目标是积极的收入成长，同时保持总体的边际利润。集团公司的作用是对所有的零售业务分配总体的成长目标值。这将促使集团公司为成长潜力较大的战略业务单元设定一个宏大的目标值，而为在已经成熟和饱和的市场上经营的战略业务单元设定一个比较温和的目标值。在集团公司的成长和边际利润目标下，战略业务单元可以自行决定用什么方法达到目标。例如，战略业务单元 A 是一个高成长公司，他可以通过新商店的销售额来实现成长目标；而成熟的战略业务单元 B 则通过现有的每个商店的销售额增长来实现成长目标。那么在建立品牌优势的战略主题下，高成长的战略业务单元 A 通过主要战略商品的收入是否达到了一个高的百分比来衡量业绩；成熟型的战略业务单元 B 通过自己是否在零售市场中保持一个领先的市场份额来衡量自己的品牌优势。

凯尼恩商店的例子说明了一家公司（包含数个在同一领域独立运营的业务单元），如何制定公司的总体目标，以及总体目标如何为业务单元设计平衡计分卡提供结构指导。每个业务单元的平衡计分卡可能是根据自身的情况而定的，但它们必须遵守源自于集团公司平衡计分卡的目的和焦点。总的来说，集团公司的平衡计分卡应能够诠释并传达所有业务单元共同追求的主题。

赛拉尼斯（Hoechst Celanese）公司是另外一个例子，该公司的高层管理者制定了五项核心原则，用以指导企业中所有员工的行动，它们是：

1. 客户至上。以客户满意度来衡量。
2. 持续改进流程。使流程的效益、效率和弹性能够满足客户的需要，并产生递增式和突破性的产品。
3. 基于价值的领导。人人都明白自己应该如何适应公司整体愿景、使命、战略、宗旨、目标及行动计划；所有的决策和行动都应该基于价值和长期承诺。

4. 授权员工。决策应该出自适当的层次，人人乐于接受并承担责任，每个参与者都全力投入，使公司的业绩和生产率获得大幅改进。
5. 优秀业绩。运用客户满意度、成为首选的雇主、环境保护、安全、健康以及杰出的财务业绩等来衡量。

表 8－1　总公司计分卡界定了业务单位计分卡开发的框架

总公司战略计划	指导原则	总公司计分卡	SBU A（高成长）	SBU B（成熟型）
财务层面				
1. 积极增长	各个 SBU 应追求适合自己市场情况的积极增长	销售额增长（相对去年）	新商店的销售额	每个商店的销售额增长率
2. 保持总体边际利润	××××	××××	××××	××××
客户层面				
1. 客户忠诚	××××	××××	××××	××××
2. 完善产品线	××××	××××	××××	××××
内部层面				
1. 建立品牌	各 SBU 应创造一个优势品牌	达到品牌优势的 SBU 比率	主要商品类占收入比率	市场份额
2. 领导时尚	××××	××××	××××	××××
3. 优质产品	××××	××××	××××	××××
4. 购物体验	××××	××××	××××	××××
学习层面				
1. 战略技能	××××	××××	××××	××××
2. 个人成长	××××	××××	××××	××××

这些集团公司的主题可以转变为各个战略业务单元的具体运营指标。集团公司应该为每个战略业务单元分配具体的财务指标和目标值，但是允许他们开发自己的战略来实现财务目标，只要这些战略符合集团公司的主题。每个战略业务单元都必须衡量客户满意度、员工授权与能力、流程能力等方面，但衡量指标应根据自己的市场情况、市场战略以及关键创新与经营流程而定。

合资企业与战略联盟

使一个公司在各个相关的战略业务单元之间获得协同效果，通常是空谈多于现实。不过，原本独立的企业所组成的合资企业或战略联盟的确是把协同效果作为其经营的理论基础。虽然合资企业已日渐成为企业界的一道风景，但对于许多企业来说，合资企业的运营仍然是一大挑战。观察家认为，合资企业最大的障碍，是难以界定合资方的共同目标。平衡计分卡已经被证明可以界定合资企业的共同计划和业绩指标。

石油技术公司（Oiltech）是数家油田服务业者共同组成的合资企业，这一行业的分支较多，有很多个小业者在行业价值链的不同点上经营（例如，一个油田往往会吸引工程、建设、物流和服务公司的合作）。石油技术公司使数家这样的公司能够携手合作，通过消除过去低效率、重复建设和混乱现象，达到提高生产率的目的。这样做的理论是，通过群策群力，石油技术公司可以向客户（大型跨国石油公司和天然气公司）提供统一的、一体化的、甚至"交钥匙"式的服务，因此，可以获得他们在独立运营情况下不能获得的利益。

石油技术公司的财务层面包括几个传统的财务指标，如资本报酬率、现金流量和收入成长率等；但也包括一个新的财务指标——收入综合，也就是数个业务单元共同合作项目占全部业务的比例，这个指标传达了一个目标，即通过向客户提供一体化和交钥匙服务来获得新业务。

石油技术合资公司的多家公司经营所能给客户带来的利益可以用一个客户指标来衡量，即降低每桶油的成本。这是一个绝佳的结果指标，因为它不仅是客户希望达到的目标，而且清楚显示了能够评价合资企业是否成功的指标。石油技术公司的管理层绘制了一个行业成本曲线（见图 8 - 1），借以表明每个业务单元（职能）对最后客户成本的影响，其目的是得到使成本曲线向下移动的协同效果。衡量这个目标的特定指标是每桶油的生命周期成本，把生命周期成本与客户如果选择一群无相互关系的独立公司提供同样的服务所需要的成本作比较。

石油技术公司的管理层在确定了这个以客户为基础的目标之后，就开始制定希望达到目标的内部业务流程的业绩驱动因素。他们关注的是为了执行战略而必须做的高层人员行为的改变，换言之，就是通过跨业务的团队来达到成本效益的目的。跨业务活动带来的成本下降这一指标，帮助那些原来独立经营的公司在客户导向的共同目标下，凝聚团队意识并追求成本下降。另外一个内部业务流程指标与创造市场的目标有关，衡量业务量中有多少是来自包含新服务能力的合同。新服务能力可能包括创新的融资机制、项目管理技术、为运营成本费用型企业（operating expense businesses，OPEX）或资本费用型企业（capital expense businesses，CAPEX）提供一揽子服务等。为了支持这些行动方案，管理层在学习与成长层面设立了奖励团队合作、加强跨职能的技术、配合系统一体化工作的奖励制度等指标。

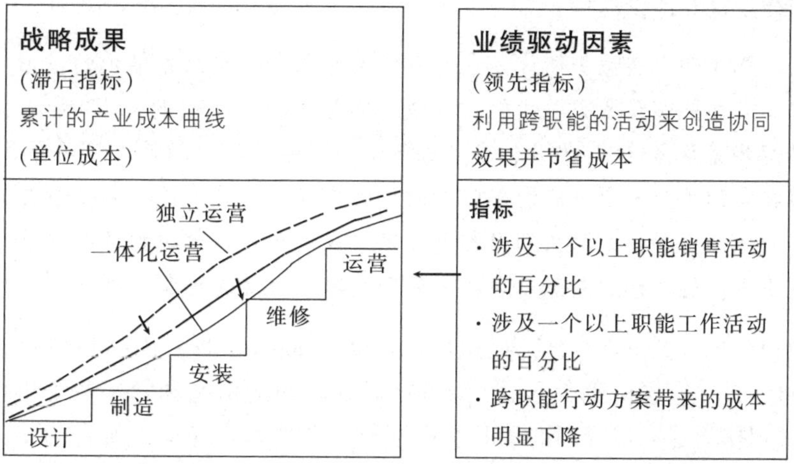

图 8－1　战略目标:通过一体化的行业价值链而为客户降低生命周期成本

石油技术公司因开发平衡计分卡而发展了一个新的工作模式。高层级的战略指标，以及减少每桶油的生命周期成本的核心指标和相关的业绩驱动因素之间的连结，引发了一套再造基本工作流程的战略行动，该工作流程明确了合资企业的参与者在运营层面的团队合作模式。平衡计分卡阐明了一个原理，即石油技术公司那些原先处于互不关联的公司如何通过更好的合作来为客户创造独特的和永续的价值。

职能部门：共享的集团公司资源

我们已经讨论的集团公司战略，是为各业务单元建立共同的主题，并试图在不同的业务单元开发客户和运营协同效果。另外一种集团公司战略，是让业务单元分享集团公司的资源，古尔德及其合作者称之为“母公司优势”。[3]当集团公司为业务单元提供了独特能力，并使业务单元获得了通过独立的供应商或靠本身的提供资源的部门无法获得的不可比拟的质量、价格和可靠性时，集团公司实际上提供了竞争优势。但是，维修、采购、人力资源、信息技术和财务等集团公司资源往往会经不起市场的考验，不但不能成为竞争优势，反而会造成竞争劣势。FMC公司的总裁拉里·布雷迪对公司极少对集团公司的职能部门运用纪律是这样评论的：

> 职能部门实施平衡计分卡使我们大开眼界，比业务单元的情形明显多了。我怀疑有几家公司能斩钉截铁地回答这样一个问题：“职能人员提供了哪些竞争优势?”但是，我们每天都在对经营线上的员工问同样的问题。现在我们才开始要求职能部门对他们到底提供的是低成本或是差异化服务的问题做出解释。如果两者都没提供，我们就应该考虑把这个职能部门外包出去。这个领域充满了企业发展和战略能力改进的真正潜力。[4]

电信公司（Telco）的信息管理部（Info Support，IS）面临的情况正是如此，Telco是一家国际通信公司，IS是Telco公司的信息和管理系统单位。在Telco公司作为受一定管制的垄断企业进行经营的数十年间，所有的业务单元被要求必须向信息管理部购买所需的一切信息和技术服务。在集团公司不准外包的保护伞下，尽管信息管理部的内部客户满意度极差，信息管理部仍然获得了快速成长和较高的利用率。进入20世纪90年代，信息管理部仍在运用的技术大多都已过时，而且形象恶劣，已不能吸引客户的注意。

80年代，Telco放松了对大多数业务单元的管制，高度的竞争迫使它把产品和服务递交流程交给自负盈亏的业务单元。新成立的业务单元需要从它的信息系统供应者那里获得更高的服务和技术能力。为了鼓励业务单元积极追求利润，电信公司授权业务单元可以从最好的供应商那里购买服务。因此，信息管理部要么提供具有竞争力的服务，要么只能任其业务规模和范围日渐缩小。

信息管理部的新CEO转而运用平衡计分卡，希望把这个过去技术产品和服务的指定供应商转变为一个以客户为中心的竞争者。他希望通过平衡计分卡达到以下目的：

- 阐明一个以客户为中心的新战略
- 教育员工一切新的措施
- 转变观念，强调客户为中心

信息管理部知道，公司多年来只注重内部而不注重外部，因此客户层面是平衡计分卡开发的最关键层面。信息管理部启动平衡计分卡的第一步是派员在各业务单元进行客户访问，结果显示，Telco 的业务单元可以分成两个不同的市场群体，各自需要完全不同的价值主张。其中一个群体，类似于石水公司的第二级客户，希望得到高度可靠和成本最低的基本信息服务，如客户账单和薪资系统；另外一个群体，类似于石水公司的第一级客户，希望信息技术带给他们市场上的竞争优势。第一级业务单元希望得到创新技术，并且希望与信息系统供应商建立长期的合作关系。

信息管理部的平衡计分卡方案小组分别为这种类型的客户设计了特定的指标（见图 8－2）。他们为第一级客户开发了反映价值主张的客户满意度指标，他们也衡量新客户的数目，以强调开发新技术和服务吸引新客户的重要性；平衡计分卡开发小组为第二级客户开发了标准服务价格与市场价格的比较指标，强调为客户提供具有价格竞争力服务的重要性。这两种不同的指标明确了信息管理部为保持既有的内部客户基础，必须在哪些方面表现卓越。

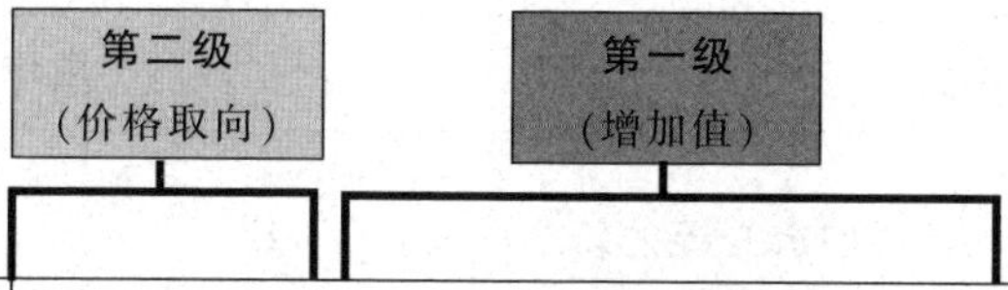

	业务单位(客户)					
目　标	SBU A	SBU B	SBU C	SBU D	SBU E	SBU F
低价	√	√				
增加值			√	√	√	√
质量/无缺陷	√	√	√	√	√	√
关系			√	√	√	
创新的技术			√	√	√	

图 8－2　第一级与第二级 SBU 的目标

信息管理部客户层面的具体目标可以帮助其确定关键的业务流程，以确保客户目标的成功（见图8－3）。为了满足第一级客户，信息管理部确立并开发了新的产品和服务，衡量指标是从上市和开发周期小于两年的新产品和服务获得的收入占总收入的百分比。这些指标，对于创新早已深入组织内部的公司，如惠普、3M、模拟设备公司而言，丝毫不足为怪，但是对于Telco的信息管理部来说，却代表了巨大的文化变迁，作为一家内部特定的供应商，它从来没有关注过产品和服务创新的重要性。信息管理部的第一级客户希望通过客户关系审计评分来衡量长期合伙关系，审计评分反映了信息管理部和客户的员工对于供应商和客户关系的质量的反馈。审计工作及平衡计分卡上的评分，向信息管理部传达了建立良好客户关系的重要性。

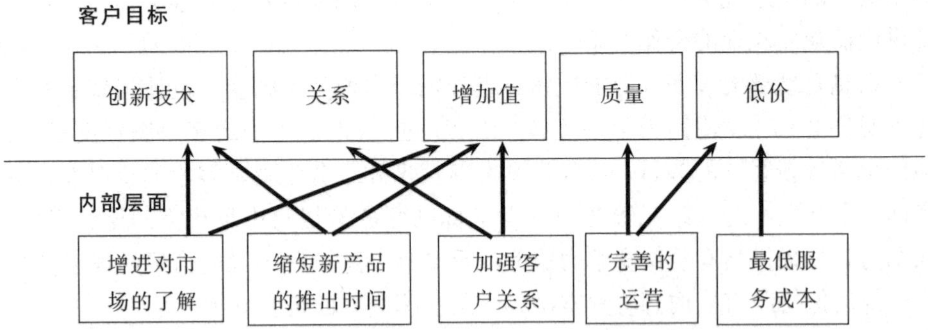

目标	指标
了解市场 增进对市场的了解，以便创造必要的新产品、服务和客源	· 不到两年的新产品和服务占全部营业收入的百分比
开发产品 缩短推出产品的周期	· 产品开发周期
加强客户关系 确立客户小组的角色，定位为提供增加值的重点	· 客户关系审计
完善的运营 以竞争性价格进行无缺陷的实施和运营	· 可靠性（单位时间的出错率） · 可服务性（平均修复时间）
低成本的服务 成为同业中单位服务成本最低者	· 竞争价格指数

图8－3　把客户目标变成内部优先任务

平衡计分卡流程，特别是客户和内部业务流程目标与指标的开发，在把信息管理部转变为一个以客户为中心的企业上，发挥了重要的作用。首先，平衡计分卡流程确立了两个主要的客户群体及每个群体的价值主张，并为不同的客户群体实施了不同的战略；其次，平衡计分卡流程被传达给所有员工，并且已融入管理流程中，因此信息管理部能够继续改革主要的内部流程，以满足每位客户的需要。

信息管理部的经验值得许多公司的后勤部门和职能部门仿效。今天的企业运营环境，充满了与各种外部服务供应商合作和建立战略联盟的机会，从信息技术到总务、维修，甚至产品的设计与开发，都可以采用外包的形式。在这种环境下，集团公司的职能人员和后勤部门必须通过优秀的、一致的内部业务流程，为给内部客户提供价值主张而进行开发并传达一个战略，并从中获益。集团公司的职能人员和后勤部门应该是竞争优势的来源，如果做不到这一点，就应该把这些职能让与个别业务部门，或者把这些职能外包给竞争力和反应能力更强的外部供应商。

政府机构与非营利组织

虽然平衡计分卡最初的焦点和运用是改善营利（私营）企业的管理，但是平衡计分卡在改善政府机构和非营利组织的管理上，效果更好。财务层面至少为营利企业提供了一个清晰的长期目标值，可是对于政府机构和非营利组织来说，财务层面提供的是一个约束而不是一个目标值。这些机构必须把开支控制在预算之内，但是不能以能否维持开支和预算的平衡来衡量这些企业是否成功，即使是实际开支大大低于预算也不足为奇。例如，某机构的实际开支距离预算虽然只差0.1%，但也不足证明他在这段时间的运营是否有效益和有效率。同样的，如果该机构严重违背了他的使命和利益相关者的期待，即使他能够减少10%的开支，也不足以证明其运营有效益和有效率。

衡量政府机构和非营利组织的运营是否成功，应该视其能否有效地满足纳税人和利益相关者的要求，他们必须为客户或利益相关者定义一个具体的目标。财务因素可以发挥促进或约束的作用，但是很少成为主要的目标。

目前，各国政府机构由于必须向纳税人和利益相关者承担更多的责任，许多政府职能部门必须取消或外包给私人企业运营。在美国，1993 年 1 月克林顿上任以后，最早推出的重要计划之一就是“重建政府”。[5] 在戈尔副总统的领导下发表了《政府业绩研究》（National Performance Review，NPR）。[6] 这份文件强调了政府机构以客户为中心和业绩衡量的重要性，其中一个重要章节“授权员工以取得成果”，对于建立政府机构的业绩指标提出了几项建议，包括：

- 所有机构应开始制定和使用可以进行衡量的目标，并提交成果报告
- 阐明联邦政府计划的目标
- 总统应与政府部门和机构的首脑签订书面的业绩协议

报告也承认：

> 并非所有人都欢迎成果指标，许多人不知道如何着手开发成果指标。公务员一般都不重视自己的工作成果，一方面，他们早已养成了只看过程不管结果的习惯；另一方面，开发指标的确不是一件简单的事情。因此，他们倾向于衡量自己的工作量，而不是工作效果。他们相信，只要自己努力工作，就算是尽职尽责了。公共机构需要几年的时间……才能开发出行之有效的成果指标和成果报告。[7]

率先实践 NRP 指导原则的是一个业绩衡量行动小组（Performance Measurement Action Team，PMAT），它是在联邦政府采购主管协会（Procurement Executive Association，PEA）的支持下成立的跨机构的项目小组，其任务是衡量包括财政部、交通部、商务部、健康与人力资源部门、总务行政局和联邦铸币局在内的政府机构的采购制度是否健全。PMAT 的使命是“评价采购制度的现状，寻找衡量业绩的创新方法，并针对各部门采购制度的健康发展，提出发展战略和建议”。[8]行动小组调查了客户和员工的意见，要求每个部门的高级采购主管进行一次自我评价，并汇集关于采购业绩的统计资料。行动小组根据这些调查开发了一个平衡计分卡（见图 8－4），平衡计分卡保留了传统的企业平衡计分卡的四个层面，又增加了第五个层面——员工授权，强调联邦员工在这个新的、更多地以客户为中心的政府措施中的核心作用。

PMAT 之所以推出平衡计分卡，原因在于：

> 平衡计分卡侧重于有较大影响的指标，它使用简便而又花费有限；它强调平衡，注重事前防范而不是事后追查；它以客户为中心，具有跨职能的能力而不局限于直接控制的领域；它授权采购部门进行自我改进而不是完全奉上级的命令做出改变；为了达到同业之冠的目标，平衡计分卡提供了一个比较服务质量的方法。

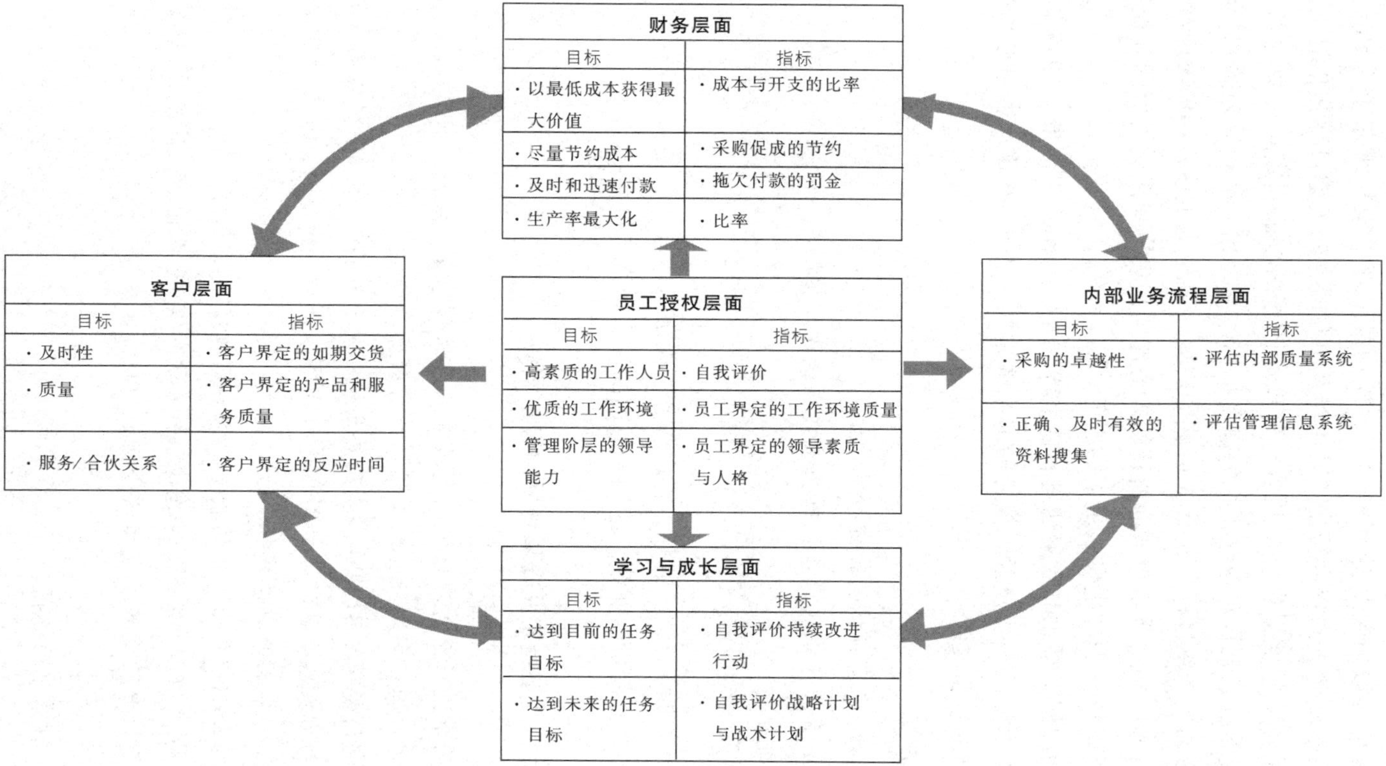

资料来源：摘自本书作者发表于《哈佛商业评论》1992 年 1~ 2 月号的《平衡计分卡——驱动业绩的指标》一文，已获授权转载。

图 8-4　美国联邦政府采购制度的平衡计分卡

再来看看地方政府衡量业绩的例子，加利福尼亚的桑尼维尔市（Sunnyvale）已经连续20年公布年度报告，其中涉及市政服务的关键目标和相对于预算标准的实际表现年度报告。市政府对每项施政领域，都制定了一套包括目的、社区状况指标、目标和业绩指标的衡量指标体系。如果某项计划的实际结果超越了质量和生产率目标，主管人员就会获得一笔相当于薪水10%的奖金。1990的资料显示，桑尼维尔市政府所花的人力比与其规模和性质类似的其他城市要少35%～45%，但却提供了更多的服务。[9]

一个更新的例子是北卡罗莱纳州的夏洛特市（Charlotte），该市在1995年9月发表了一个年终目标计分卡。报告的前半部说明了1995财政年度市政府在五个重点区域的主要成就：

- 社区安全
- 城中之城（有目标的睦邻行动方案）
- 市政重组（在市政府各范围实施竞赛和资产管理）
- 经济发展
- 交通

报告的后半部分总结了财务、客户服务、内部工作效率、创新与学习等四个层面的主要指标衡量的业绩。这四个层面的目标和指标包括：

客户服务：为夏洛特市民提供优秀的客户服务

现状

- 89%的市民对于清理垃圾的新服务程序的信息表示满意
- 消防部门调查当地社区的需求，并采取反应措施
- 计划部门受理了41 000个市民的问询，并且获得了95.3%的正面评价
- 航管局为机场公共汽车的司机进行有关客户服务的培训，乘客意见调查显示了非常高的满意度
- 运输局每小时平均运载的收费乘客比同级城市高出25%～35%
- 交通局受理了36 000个客户的问询，其中只有26个客户（低于0.01%）事后向市长或市议会提出申诉

财政责任：看紧本市的荷包

现状

- 本市的自来水和污水处理的费率在13个同级城市中排名第四位。年度

费率调整幅度比预期涨幅低25%

- 垃圾收集服务的费率是全国四个废弃物处理公司中第二位。意外疏忽事故造成的时间损失比去年减少60%，节省了大约13万美元
- 计划局的人均开支在6个同级城市中最低
- 工业灾害赔偿医疗流程精简化，节省时间成本达238 000美元

内部工作效率：在不增加预算的前提下，通过提高运营效率来持续改进服务的成本效益

现状

- 维修工作和抄表工作的生产率大幅提高
- 人力资源部门实施了自动化的工资制度，减少了错误和重复工作，病假和事假的管理报告更加完善
- 通过精简人事、再造关键流程和职能外包等手段提高了工程与财产管理、垃圾处理、运输、交通、计划、航空等部门的效率（注意：报告中有详细内容）

创新与学习：探索新产品和新流程来改善未来的业绩

现状

- 交通部门推出新的信息系统，提供有关街道封闭、项目施工进度、交通流量、职务空缺和业务议程等信息
- 各部门实施作业成本管理
- 开发防止犯罪的新方案
- 开发一个提高生产率而又减少人力的技术计划
- 员工接受培训，培训后的测试表明，员工在各自领域的技能提高了51%
- 雇佣两辆电动车，供视察火灾和暴雨水患所用
- 信息技术部门实施职业发展计划

夏洛特市的平衡计分卡处于初始阶段，而且显然未臻完善，但却已经为过去纯粹以开支控制在预算之内作为唯一考核标准的市政部门带来了新的视点和责任。一位市政官员在介绍平衡计分卡的目标和指标时，曾表示："我特别满意我们在财政责任和内部工作效率方面的成就……这份报告充分体现了市政府的'进取精神'。"

非营利机构，特别是提供社会服务的公益机构，更需要传达他们的使命，

诠释他们的目标和衡量业绩的指标。非营利机构存在的理由是为目标利益相关者提供特定的服务。与政府机构一样，财务指标对于这些非营利机构来说，与其说是一个目标，不如说是一个约束。

马萨诸塞州残疾人奥林匹克委员会（Massachusetts Special Olympics）是最早采用平衡计分卡的非营利社会团体之一。[10]残疾人奥林匹克委员会平衡计分卡的框架与营利企业和业务单元的平衡计分卡大同小异。

财务层面的重心是捐款人的期望，有三个主要目标：

- 公众认知程度/宣传：通过积极的公关和促销活动，将残疾人奥林匹克委员会定位为一个最受欢迎的慈善机构
- 社区参与：为公司和个人志愿者提供积极参与的机会
- 参赛选手的范围/增加运动项目：扩大比赛项目，并到各地进行推广，使所有潜在运动员都有参加的机会

衡量这些目标的指标有：

- 新运动项目或选手的数量
- 志愿者保持率/新招募的志愿者
- 新的捐款人
- 捐款人的回馈
- 参加新设运动项目的运动员数量

另外，非营利机构的平衡计分卡也包括一些比较传统的财务指标，如募款目标值、行政开支和募款费用占总募款额的比率。

客户层面的焦点是运动员，也是残疾人奥林匹克委员会服务的对象，客户层面选择了四个目标：

- 训练和竞争：为所有运动项目建立较好的基础设施，以保证足够的训练时间和训练场地
- 控制成本：使运动员和家属的会费最小化
- 高水平的运动项目：维持并提供训练计划和竞争项目的质量
- 运动员社交：促进运动员之间的社交机会

有五个指标可以衡量上述指标：

- 找不到合适代表队的运动员数量
- 没有运动员报名参加的城市的数量
- 会费增加

- 家属的反馈
- 参赛之余的社交活动次数

内部经营层面关注的是促使客户/运动员目标和财务募款目标实现的流程：

- 组织与管理：与地区管理机构交流三年计划，加强分支机构的协调
- 公关：通过对公众进行关于残疾人奥林匹克委员会的使命和运营的有效教育，支持扩大运用项目和募款活动
- 培训：继续培训和留住运动员教练
- 扩大运用项目：确定并瞄准残疾人奥林匹克委员会尚未涉足的地区

衡量指标包括：

- 已被沟通的计划的比率
- 地区管理机构会议次数
- 募款总额
- 公众认知程度
- 已提供的培训课程次数
- 初次参赛的运动员人数

人、系统和组织一致性，是学习与成长层面常见的三个主要促成因子，具体目标有：

- 认识残疾人奥林匹克委员会：增进各委员会成员、志愿者和教练对残疾人奥林匹克委员会宏大蓝图的总体认识
- 管理：为地区管理机构配备人才
- 数据库管理：维持并有效利用捐款人、教练和志愿者数据库
- 奖励制度：适当奖励志愿者、教练和员工

衡量指标有：

- 得到过残疾人奥林匹克委员会和运动培训的志愿者人数
- 及时收回登记表
- 分发运动项目指南表
- 数据库中的志愿者人数
- 教练举行的训练会议

上述关于政府采购主管协会、夏洛特市和残疾人奥林匹克委员会的例子，说明了平衡计分卡如何把政府机构和非营利组织的愿景和战略转变为具体的目

标和指标。这些组织的平衡计分卡与营利企业的平衡计分卡非常相似，但是，政府机构与非营利组织的平衡计分卡赋予客户和员工更重要的角色，更强调这些层面的目标与业绩驱动因素。

本章小结

本章讨论的使用平衡计分卡的机构，不同于前面几章所讨论的战略业务单元。集团公司的平衡计分卡需要一个明确的公司级战略，该战略能阐述集团公司如何为下属战略业务单元增加价值这样一个理论。集团公司的增加价值来自多个方面，包括所有业务单元共同遵守的主题、分享集团公司提供的服务，以及从业务单元之间互动和交易中产生的独特的竞争优势。集团公司平衡计分卡应该明确地确定和传达这些主题和协同效果，并且与业务单元的平衡计分卡相连结。

平衡计分卡也可以在政府机构和非营利组织中，发挥集中重点、激发潜能和提高责任感的作用。平衡计分卡为这些机构提供了其存在的基本原理（服务客户和利益相关者，而非仅仅控制预算开支），并通过为外部的利益相关者和内部的员工传达成果指标和业绩驱动因素，来完成他们的使命和战略目标。

注释：

〔1〕请参考：D. J. Collis and C. A. Montgomery，"Competing on Resources：Strategy in the 1990s，" *Harvard Business Review*（July-August 1995）：118－128；M. Goold，A. Campbell，and M. Alexander，*Corporate-Level Strategy：Creating Value in the Multibusiness Company*（New York：John Wiley & Sons，1994）；and G. Hamel and C. K. Prahalad，*Competing for the Future：Breakthrough Strategies for Seizing Control of Your Industry and Creating the Markets of Tomorrow*（Boston：Harvard Business School Press，1994）.

〔2〕请参考：C. K. Prahalad and G. Hamel，"The Core Competence of the Corporation，" *Harvard Business Review*（May-June 1990）：79－91.

〔3〕Goold，Campbell，and Alexander，*Corporate-Level Strategy.*

〔4〕此经验发表于："Implementing the Balanced Scorecard at FMC Corporation：An Interview with Larry D. Brady，" *Harvard Business Review*（September-October 1993）：146.

〔5〕D. Osborne and T. Gaebler, *Reinventing Government: How the Entrepreneurial Spirit Is Transforming the Public Sector* (Reading, Mass.: Addison-Wesley, 1992).

〔6〕*Creating a Government That Works Better and Costs Less: Report of the National Performance Review* (Washington, D. C.: U. S. Government Printing Office, 1993).

〔7〕同 6，74 – 75.

〔8〕Performance Measurement Action Team, "Performance Measurement Report," unpublished manuscript, Procurement Executive Association: Washington, D. C., December 1994.

〔9〕*Creating a Government*, 76.

〔10〕关于马萨诸塞州残疾人奥林匹克委员会的资料是复兴方案公司（Renaissance Solutions, Inc.）的劳拉·唐宁（Laura Downing）和玛丽莎·亨德里克森（Marissa Hendrichson）提供的，我们在此向他们致谢。

第二部分

管理企业战略

企业一旦建立了平衡计分卡，就应迅速地把它纳入日常的管理系统中。本书第二部分将举例说明一些企业如何将平衡计分卡作为新的战略管理系统的基石。这些企业的管理层发现，平衡计分卡帮助他们弥合了过去存在于企业中的一道鸿沟：战略开发制定和战略实施之间的脱节。

战略制定与战略实施之间的脱节是由于传统管理系统在它们之间设下了障碍。企业使用传统管理系统来发挥以下作用：

- 制定并传达企业的战略与方向
- 分配资源
- 确定部门、团队与个人的目标与方向
- 提供反馈

需要特别指出的是，我们发现了使战略无法有效实施的四大障碍，如图Ⅱ－1所示。

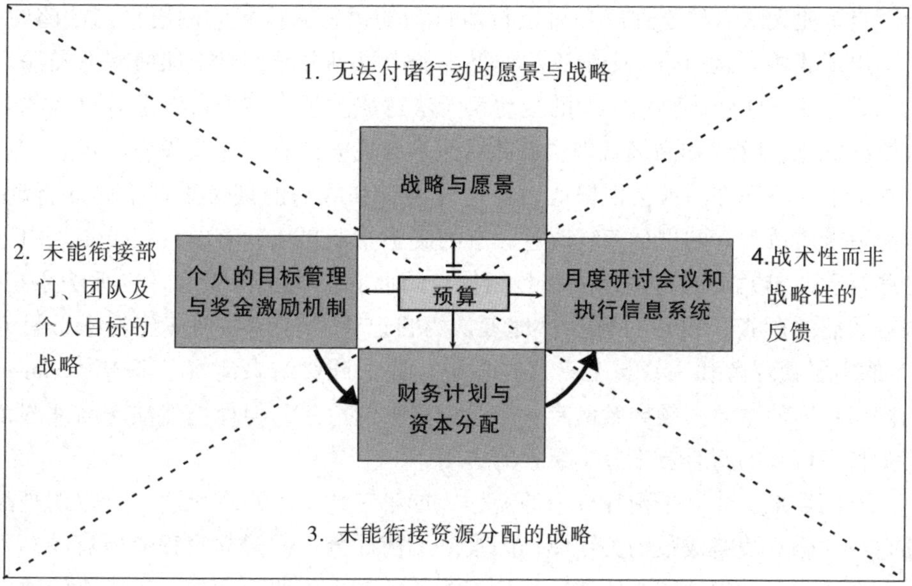

图Ⅱ－1　战略实施的另类管理系统

1. 无法付诸行动的愿景与战略。
2. 未能衔接部门、团队及个人目标的战略。
3. 未能衔接长短期资源分配的战略。
4. 战术性而非战略性的反馈。

只要把平衡计分卡整合入一个新的战略管理系统，上述这些障碍就可一一克服。我们暂且不说平衡计分卡，先讨论现有管理系统的缺陷。为何由历史成本财务模式驱动的传统管理系统会导致战略制定与战略实施之间的脱节？

商业情报（Business Intelligence）是英国一家从事大型会议组织工作的公司。最近，我们与该公司联合进行了一项调查，调查内容涉及业绩衡量与业绩管理。调查的目的是了解目前企业如何管理战略管理系统的四个组成部分：将愿景形成共识与共同目标；沟通战略并将战略与业绩衡量系统衔接；制定计划和目标；反馈并分析与战略有关的业绩。我们一共回收了 100 多份问卷，调查结果提供了定量数据，证实了我们在一些实施平衡计分卡作为战略管理系统的企业中所观察到的现象。

障碍一：无法付诸行动的愿景和战略

当企业无法以易于理解和可以付诸行动的语言来诠释它的愿景与战略时，就会出现战略实施的第一个障碍。如果企业中意见分歧，对于如何将意义深远的愿景与使命转变成脚踏实地的行动就无法达成共识，结局自然是各自为政和决策次优化。CEO 和高级管理层彼此对愿景与战略的真正意义没有共识，在这种情形下，不同部门就会根据他们各自对愿景和战略的理解采取不同的行动，有的追求质量，有的进行持续改进，有的实施企业再造，有的授权员工。由于这些行动并未紧密地与整体战略相衔接，因此它们既不能整合，也无法累积。根据我们的调查，59% 的高层管理者认为自己十分清楚如何实施愿景，只有 7% 的中层管理者和一线员工有这种理解。这个调查结果证实了圣吉（Senge）的观察：即使企业的领导者已有一个十分清晰的愿景，但他仍然缺乏与那些使愿景付诸行动的所有员工分享愿景的机制。

我们发现，建立平衡计分卡的流程（如第三章至第八章所述）可以明晰战略目标并确立战略成败的关键驱动因素。平衡计分卡的建立过程使所有的高层管理者达成了共识并团结协作，使他们能够摈弃个人职业阅历、工作经验或专门技能。平衡计分卡把愿景转变成关键的战略主题，进而在整个企业内沟通并将之付诸行动。

障碍二：未能衔接部门、团队及个人目标的战略

第二个障碍源于企业战略的长远要求不能转化为部门、团队和个人的目

标。作为传统管理流程组成部分的财务预算仍然左右着部门的业绩。部门中的团队和个人则把自己的目标锁定在达成部门的财务和战术目标，以至于忽略了培养能使长远战略目标得以实现的能力。这个障碍可以归咎于人力资源管理者的疏忽，即未能对个人、团队的目标与整体目标进行协调。

在我们回收的问卷中，74%的高层管理者表示他们的薪酬与企业的年度目标挂钩，只有不到1/3的人表示他们的奖金与长期战略目标挂钩。这种脱节现象，在基层员工中更为严重。只有不到10%的中层管理者和一线员工的奖金与长期战略目标挂钩。脱节到这种地步，企业难以在员工中贯彻战略就不足为奇了。因为不论企业的战略构想多么深思熟虑、战略制定多么周密详细，只要奖金制度继续与短期财务指标相挂钩，人们就会继续沿用以前的工作模式。

第九章将叙述企业如何运用平衡计分卡向所有员工传达新的战略，进而将部门、团队及个人的目标与战略成功实施联系在一起。尽管高层管理者对基于平衡计分卡指标快速而清晰地与薪酬挂钩有何好处各执一词，但是他们一致认为，平衡计分卡沟通战略和制定目标的过程极大地促进了企业所有员工的行动与战略的结合。

障碍三：未能衔接资源分配的战略

战略实施的第三个障碍是行动方案和资源分配没有同长期战略中的轻重缓急相结合。目前，许多企业的长期战略规划和短期（年度）预算编制是两个分开的流程。结果是酌量性费用和资本分配往往与优先考虑的战略问题相互脱节。像企业再造这样的重大行动方案很少考虑战略的轻重缓急，月度和季度分析会议仍旧围绕着实际结果与预算的差异打转，而忽略了战略目标的进展。这个过失，恐怕战略规划副总裁和财务副总裁难辞其咎，因为他们只知自扫门前雪，没有看到彼此的工作有整合的必要。

在第十章，我们将描述一个全方位的流程，它以平衡计分卡为中心，把规划、资源分配和预算编制等流程整合在一起。我们将特别地描述一个化战略为行动方案的关键要素：

- 为平衡计分卡指标建立长期的、定量的和挑战性的，而且管理者和员工认为可以实现的目标值
- 确定行动方案（投资和行动计划）以及这些方案所需的资源，确保平衡计分卡中的长期战略指标得以实现
- 协调跨部门的计划与行动方案

- 建立短期里程碑，连结长期计分卡指标和短期预算指标

障碍四：战术性而非战略性的反馈

战略实施的最后一个障碍是缺乏对战略实施情况以及成效的反馈。今天绝大多数管理系统只能提供短期经营业绩的反馈，而且其中的大多数是财务衡量，通常是实际结果与月度、季度预算的比较。企业很少、甚至完全不花时间审查战略实施与成效的指标。我们的调查显示，45%的公司的定期业绩分析会议完全不检查战略或制定任何有关战略的决策。造成这项失误的原因，一方面可能是信息不足——负责信息系统的副总裁难辞其咎；另一方面可能是局限于流程本身的战术性质——主导这个流程的财务副总裁自然不能推卸责任。结果是企业无法获得战略的反馈。没有反馈，自然也就无法进行战略检验和战略学习了。

当企业开始进行定期战略分析而不是只分析营运业绩时，把平衡计分卡作为战略管理系统就开始有了成效。基于平衡计分卡的战略反馈和学习过程，有三个基本要素：

1. 共享的战略框架：它沟通战略，让所有员工明白个人的工作如何对整体战略做出贡献。
2. 反馈流程：它收集有关战略的业绩资料，检验关于战略目标与行动计划之间关系的假设。
3. 团队解决问题的流程：它分析业绩资料，汲取教训，并顺应最新的形势和问题而调整战略。

在第十一章，我们将解释企业如何利用平衡计分卡开发这样的战略反馈和学习流程。目前，这个流程是第二部分讨论的四个主要管理流程中发展最不完善的一个。据我们所知，只有少数几家企业进步到实施战略分析流程的地步，但凡是实施这个流程的企业都认识到它是一个强大的新管理工具。这种循环的战略更新把企业带回第一个管理流程：明晰愿景和战略并达成共识，它允许战略随着竞争、市场和技术的变化而不断调整。

建立综合的管理系统

本书的最后一章，即第十二章，将描述国家保险公司和凯尼恩商店如何花

了24个月的功夫，逐步建成一个全新的战略管理系统（见图Ⅱ-2）。第十二章也会说明一些企业在开发平衡计分卡并以其作为新管理系统的核心框架时，曾经遇到的困难。在本书的附录部分，我们会就平衡计分卡方案的开发和实施阶段提出建议。

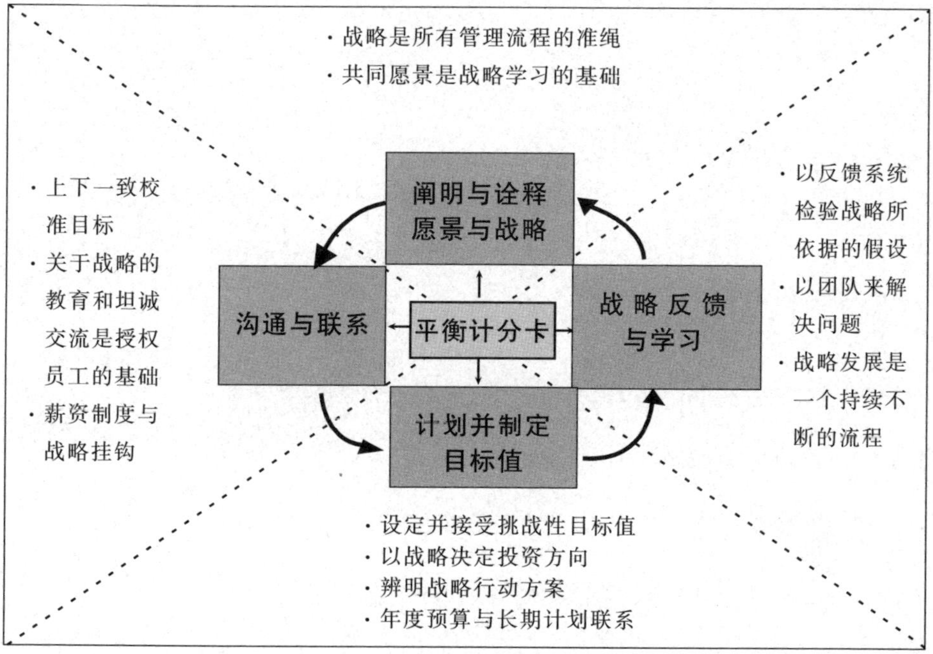

图Ⅱ-2　战略实施的另类管理系统

第九章

上下一致　战略协同

实施战略之际，需要先行培训负责执行战略的人，使其参与其中。有些企业视战略为机密，只让高层管理者知道，这些人通过中央控制和指挥来实施战略。尽管这是20世纪流行最久和使用最广的方式，但是在当今科技主导和客户导向的企业中，绝大多数管理者都已意识到，他们再也无法通过控制下属所有行动的方式来决定和贯彻实施某项成功的战略。如果企业希望所有员工都为战略的实施做出贡献，就必须与员工分享平衡计分卡所体现的企业愿景和长期战略，并积极鼓励员工提出实现愿景和战略的方法。也只有这样的反馈和建议，才能使员工和企业的前途结合在一起，鼓励员工成为战略制定和执行的一分子。

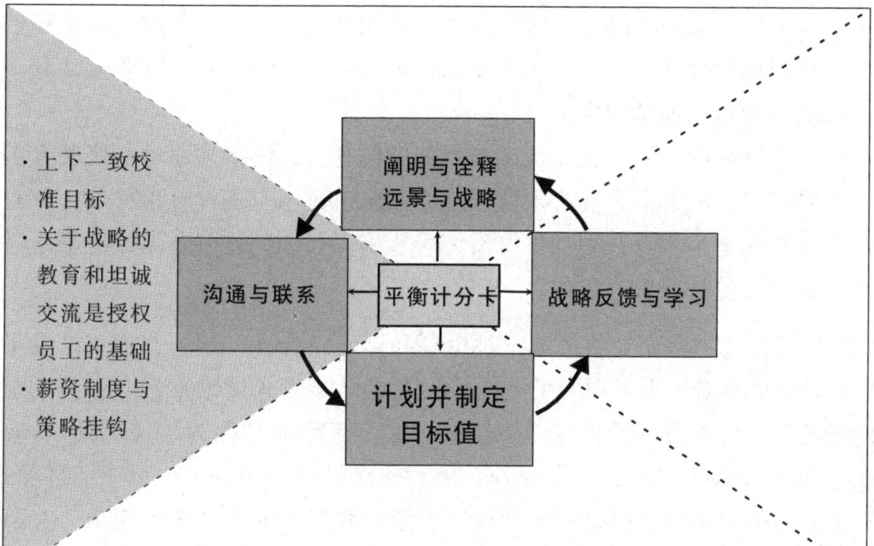

图9-1　另类管理系统——沟通与联系

理想的状态是，企业中的每一个人，上至董事会成员，下至普通员工，都理解战略，并知道自己的行动是如何支持企业“宏图（big picture）”的。平衡计分卡使这种上下协同梦想成真。开发平衡计分卡应从管理团队着手（见本书附录）。管理团队的建立和承诺，是实现平衡计分卡优势的基本条件。但是，这只不过是第一步而已，要想最大限度地发挥平衡计分卡的优势，管理团队必须与整个企业及主要的外部利害关系人共同分享他们的愿景和战略。平衡计分卡通过沟通战略并将战略与个人目标连结，使所有员工建立了共识并承担相应的责任。当所有员工了解了各自业务单元的目标以及实现这些目标的战略，一切的努力和行动方案也就都能配合必要的转型，而每个人也就能深切了解自己的行动如何对实现业务单元的目标做出贡献（见图9-1）。

协调配合企业共同的愿景和方向，是一个庞大而复杂的流程。我们曾经见过一些企业在协调配合流程中涉及了5000多名员工。对于大型企业而言，仅靠一种方案或行动是不可能协调这么多人的，他们要运用多个相互联系的机制，才能把战略和平衡计分卡转变成局部的目标与衡量方法，成为个人和团队的优先任务。他们通常采用三种机制：

1. 沟通与教育计划。实施战略的先决条件是，所有的员工、高层管理者和董事会成员都了解战略和实现战略目标的必要行动。
2. 目标制定计划。一旦业务单元中的个人和团队已对战略有了基本理解，应该把高层的战略目标转化为个人和团队的目标。大多数企业使用的传统目标管理法（management-by-objectives，MBO）应该与平衡计分卡的目标和指标连结起来。
3. 与奖励制度挂钩。企业员工与战略的结合，最终必须通过实施奖金与奖励制度来驱动。企业必须谨慎地将激励机制与平衡计分卡挂钩，并且只有在沟通与教育计划到位之后方可实施。目前，许多企业已经从这种做法中受益。

本章将讨论一些企业将上述三种机制和谐地结合在一起，并用来推动员工与战略目标的结合。业务单元的战略协同必须从多个角度来推动。最为明显的一个角度是，自上而下推广到员工层次，这个流程通常称为层层下达（cascading）。它也是最为复杂的一个流程，因为它牵扯的人数众多，后勤工作繁琐。经常被忽略的做法是，以自下而上直至董事会和股东的方式来实现员工和战略的结合。本章将分别讨论这两种战略协同方式。

沟通与教育计划

向员工宣传企业的愿景和战略，应被看做一种内部营销活动。其目标与传统的市场营销一致，都是为了创造意识并影响行为。宣传平衡计分卡，可以增加员工对企业战略的了解，促使他们积极采取行动以实现战略目标。一位管理者将她的企业的教育计划比作“赢得民心和大脑的行动”。她认为，战略实施成功的因素是使战略执行者具有共同愿景。她说：“如果他们不了解愿景，他们就无法共享愿景或将之付诸行动。”

实施平衡计分卡的业务单元，可能有1万到1.5万名员工。牵涉这么多人必然需要一个持续和周详的计划。然而，有些企业却把平衡计分卡当作一次性的活动。他们花费了几个月的时间开发平衡计分卡，并在高级管理层形成共识，然后匆匆忙忙地让他们的员工分享这些新想法。但是，声势浩大地搞完一次活动之后，却没有任何下文，于是员工把平衡计分卡当作另一个“本月活动”，将之束之高阁，直至完全遗忘。

企业的沟通和教育计划不仅应是全面的，而且必须定期举行。企业可以利用各种不同形式的宣传工具宣布平衡计分卡，例如由管理者宣布、录像、员工大会、宣传册、简讯等。宣布之后应该有后续工作，不断地在布告栏、简讯、群组软件（groupware）和电子网络上报道计分卡的指标与结果。

有些公司已将他们的战略印成小册子向员工宣传。例如，欧洲的一家航空公司就采取了这种做法。图9－2显示了该公司印制的宣传册。这份宣传册上确立了七项重要的公司主旨，并公布了公司希望达到的成果，以及实现这些成果的驱动因素。宣传册上没有空泛的声明，而是描述了管理层以哪些特定的指标来监控战略的成功。该公司定期更新宣传册，以报道七项目标的执行情况和发展趋势，以及公司为了实现目标而采取的行动方案。我们一般都会鼓励企业利用这样的宣传册，向整个企业传达平衡计分卡的目标、指标和目标值。

很多企业利用简讯，把平衡计分卡纳入正在进行的沟通计划中。先锋石油公司在每个月的简讯中开辟了平衡计分卡专栏。专栏的作用最初是教育员工，每期讨论一个计分卡层面，解释其重要性，阐述选择特定目标的理由，并描述公司用哪些指标来激励、监控该层面的业绩。经过最初几期，专栏的重点从教育转向了反馈。每期针对一个层面，报道各项指标的最新成绩。除了公布原始数字和发展趋势之外，还叙述一些部门或个人为取得这些成绩做贡献的故事。这种做法向员工解释了部门和个人在完成本职工作的同时如何帮助公司实施战略。此外，简讯中的故事也起到了示范作用，鼓励每一位员工在日常工作中为战略实施做出贡献。

然而，有些企业却刻意避免这种推广平衡计分卡的方式。他们认为，在过

我们的使命

公司目标

安全可靠
成为一个安全可靠的航空公司

对下列人士的意义：

股东	**财务稳健** 提供稳健的财务业绩
客户	**全球领袖** 稳居全球航空旅游业的领先占有率，在所有主要市场拥有显著的地位
内部业务流程	**服务与价值** 在我们竞争的每一个细分市场，提供全面杰出的服务和物超所值的产品
	客户导向 擅长对客户需要和竞争者活动的预测，并迅速采取应对措施
员工	**优良雇主** 维持良好的工作环境，以便吸引、挽留并培养忠诚的、视公司成功为己任的员工
	好邻居 成为一个关怀社区和环境的好邻居

1994(实际)
1995(实际)
1996(实际)

图 9－2 基于平衡计分卡的战略宣传手册

去五到十年，员工已经被各种各样的愿景和变革方案轰炸够了。每次推出热门的管理方案，高层管理者都信誓旦旦地宣称企业将脱胎换骨，获得突飞猛进的业绩，员工早已对此无动于衷了，还不时地冷嘲热讽一番。为了克服员工对知名管理方案的抵制，这些企业的高层管理者在简讯上漫谈计分卡的主旨，却刻

目标值	行动方案
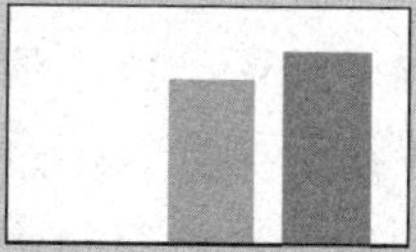 大众公认为一个安全的航空公司	· 在所有营运地区进行安全检查 · 持续改进安全纪录 · 不断提高所有人员的安全意识
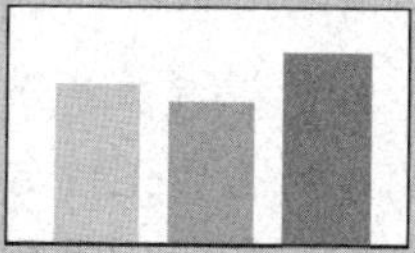 现金流量占营业收入百分比	· 继续降低部门的单位成本并消除差距 · 优化客源组合、利润和第三方的营业收入 · 改善固定资产的业绩
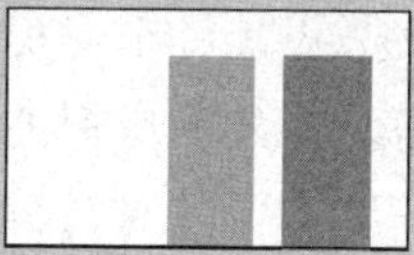 全球市场地位	· 安排飞航北美洲和亚太市场的事宜 · 进行有关扩大欧洲市场的谈判 · 发展主要市场的忠实顾客计划
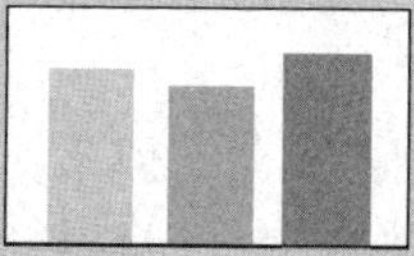 已达标准	· 扩大“经理俱乐部” · 辨认核心客户并追踪其行程 · 持续改进航班的准时性
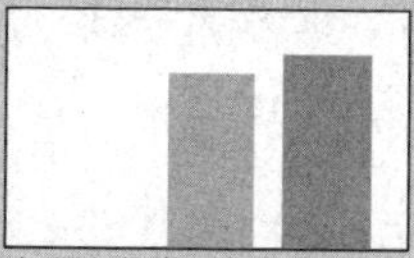 向朋友推荐	· 服务人员识别“经理俱乐部”的会员 · 建立机制以鼓励员工创新及满足顾客
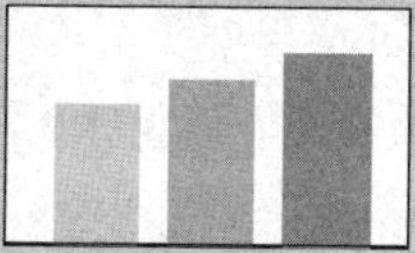 员工满意度	· 半数员工接受“赢取客户”的培训 · 评估培训需求并制定质量方案 · 发展更佳的业绩与职业管理办法
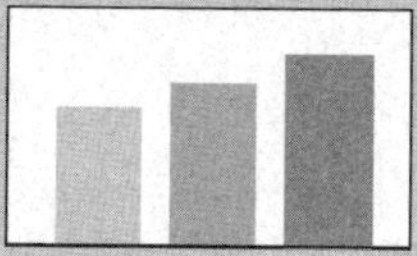 环境业绩指数	· 设定内部环境检查计划的主要指标 · 加强与各地社区的沟通和对话 · 增加对教育、社区与环保活动的参与

意避开将新方案称作计分卡或为这项新方案贴上任何标签。换句话说，管理层畅谈公司客户管理重点，辨别并细分目标客户，讨论企业希望给主要客户哪些形象、质量、时间、产品和服务的属性，却绝口不提这些是“提供给目标客户的价值主张”。在强调了满足主要客户部分的特定偏好的重要性之后，沟通计划就应强调企业必须擅长哪些重要的企业内部流程，才可能令客户满意、获得客户并保留客户。

例如，当访问大都会银行时，我们问及平衡计分卡是否已传达到分行员工层级。一位管理者回答，分行员工恐怕还没有听过平衡计分卡，不过他们一定知道银行有一个新的目标客户重点，也知道他们必须如何努力避免诸如打单错误和自动柜员机失灵之类的营运缺陷。

电子网络和 Lotus Notes 之类的群组软件，提供了进一步宣传平衡计分卡目标并争取员工承诺的机会。我们预见，在不远的将来，企业会把计分卡的一整套目标和指标张贴在电子公告栏上。除了文字描述之外，还可以利用客户、内部流程和员工的录像片段，以及总裁录音解释为什么选择某一个目标和相应指标，以加强宣传效果。通过群组软件和内部电子网络，计分卡指标的实际结果和发展趋势每月都被更新和公布。为了鼓励对话和辩论，可以对计分卡的每项指标建立讨论区，管理者和员工可以在里面发表议论，探讨某项指标超额完成或没有完成的根本原因。

宣传册、简讯和电子公告栏都是沟通与教育计划的工具。但是，为了发挥更大的效果，还需把这些工具有机地结合在一起，组成一个完善的沟通计划，以实现长期的战略协调一致。设计这样的沟通计划时，必须先回答下列几个基本问题：

- 沟通战略的目标是什么
- 沟通的对象是谁
- 每位沟通对象要了解的关键信息是什么
- 最适合每位对象的媒体是什么
- 沟通战略每一阶段的时间框架是什么
- 如何知道沟通目标已实现

表 9－1 是凯尼恩商店的全面沟通计划。

表9－1　全面沟通计划——凯尼恩商店

	沟　通　渠　道					
沟通对象	战略对话	详细月度报表	检查会议	启动/领导人巡回演说	录像带	定期更新宣传册/简讯
总公司	√		每半年		√	每季
SBU 领导团队	每半年	√	月会和年终	启动	√	每月
主任	每半年	√	月会	启动主管	√	每月
商店		视需要而定	视需要而定	启动集团领导人	√	每月
配送中心		视需要而定	视需要而定	√	√	每月
支援团体	视需要而定			√	√	视需要而定
· 不动产部		√				
· 商店规划部		√				
· 主要供应商						

凯尼恩的集团公司沟通部主管，在战略规划部主管的配合下，开发了一个根据不同对象需要而裁剪的沟通计划。沟通部主管负责执行沟通流程，战略规划部主管则提供为不同对象制作的信息内容。为了监督沟通计划的效果，两位主管每季度举行一次员工意见调查，征求员工对于这个流程的意见。

公开宣传战略的优先任务，是在基层实施战略的先决条件，但是它也面临着不可轻视的保密要求。正如第七章所述，一个好的战略必须详尽明确，而非含糊笼统；它应该确立特定的客户和细分市场，即企业应积极争取的市场占有率；它也应该确立特定的机制，即企业从竞争者手中抢夺市场的手段。这样的战略，如果一五一十地告诉组织中上上下下几千名员工，难保不会迅速地传到竞争对手的耳中。它可能被某个被解雇或心怀不满的员工故意传出去，也可能是竞争对手派来卧底的管理者或员工干的好事，甚至只是一些不常接触高度敏感资料的员工在闲聊中不小心泄漏出去（就像战时那句保密防谍的口号：嘴不严，要沉船）。时机尚未成熟就宣传新的战略，会让竞争对手有所防范，削弱新战略的威力。

广泛地宣传战略，以及争取所有员工的认可和支持有什么好处？战略曝光和丧失竞争优势的代价又有多大？这是每一个业务单元都必须权衡利弊得失的问题。有一个办法，就是只公布一般性的成果指标（市场占有率、客户满意度、保持率和获得率）和一般性的业绩驱动因素（质量、反应时间和成本）。至于战略中涉及特定客户和竞争者，则由管理层严加控制，只透露给有必要知道的人。此外，也可以考虑在公开的信息中以指数代替实际的数字。

与董事会和外部股东进行沟通

平衡计分卡既然是业务单元战略的体现，就应该让企业的总部和董事会充分了解。有一种陈词滥调，声称董事会的主要责任是监督企业和业务单位的战略。实际上，董事会往往将大量的时间用于审议和分析季度财务报表，而很少用于详细审议和分析战略。集团公司的高级管理层和董事会之间的沟通，也多着重于短期的财务指标的讨论，难怪董事会会议的重点一向集中于短期的经营成果，而非长期的战略愿景。

杰伊·洛斯奇和其他人一样，主张董事会应在监督企业战略和业绩方面发挥更积极的作用。他说：

> ……外部董事（必须）有能力和独立性，监督管理层和公司的业绩；如果公司的表现不能满足董事会的期望，董事会就应该向管理层施加影响，督促他们改变战略方向；在极为特别的情况下，撤换公司的领导人……如果董事会希望有效地评价CEO的表现并批准公司的战略，光是知道财务结果是不够的，因为财务结果只能反映公司过去的业绩，他们还需要知道公司在实施战略方面的进展。这就意味着，他们需要了解公司在开发新技术、新产品和服务，以及进入新市场等各方面的进展。也意味着，他们需要了解客户需求的变化和竞争者的动向。同样的，他们也需要掌握有关数据，了解公司是否健康地运转。总而言之，他们需要一份董事会版本的“平衡计分卡”。[1]

平衡计分卡能够、而且也应该成为高层管理者向董事会报告公司和业务单元战略的机制。这种交流不仅可以向董事会成员具体说明获得竞争成功的长期战略，同时也提供了一个寻求董事会的反馈和向董事会负责的依据。

根本的问题是，平衡计分卡是否应向外部股东公布。传统上，除了监管部门要求披露的信息之外，公司一般不愿意提供其他信息，原因如下：第一，管理层认为，除了法规要求的最低限度资料之外，其他资料对股东的帮助不大，反而使得竞争者从中得利。尤其是平衡计分卡清晰地阐述了企业和事业单位的战略，如果公开披露，竞争对手可能设法破坏这些经过精心设计的战略执行工作。第二个顾虑与法律责任有关，特别是在当今这种爱打官司的环境中。管理者担心，计分卡主动公布后，万一在实现或改进“额外”指标方面有偏差，就可能变成投资者控告公司的口实。证券业的群体诉讼常常是因为预计目标出现了轻微的偏差而引起的。第三个原因是，许多投资者对非财务信息漠不关心，尤其是长期目标信息（对许多财务分析师来讲，任何比下一季度利润久远的事，都是长期目标）。某位最早实施平衡计分卡的公司总裁曾讲过一个与财务分析师打交道的经历：

> 有一次我到一家重要的共同基金公司向一群分析师做报告。这家公司所管理的各种基金加起来，总共拥有我们公司40%的股票。当我说到下期利润计划和预测时，这些分析师各个竖耳倾听，生怕漏掉我说的每一个字。等我开始谈我们改善质量和客户反应时间的方案时，90%的分析师都溜出去打电话了。

只要财务分析师仍旧对公司的长期战略指标漠不关心，对于平衡计分卡将成为公司与外部股东沟通计划的组成部分这一问题，我们就不会感到乐观。

向股东公布平衡计分卡：斯堪的亚公司案例

斯堪的亚（Skandia）是瑞典一家保险和金融服务公司，它向投资者公布关键业绩指标的做法，称得上是走在时代前列。斯堪的亚公司的年度报告上有一份叫做业务导航器（Business Navigator）的附录，上面描述了公司的战略，以及公司用来沟通、激励、评价战略的指标和这些指标在过去一年的表现。该公司在1994年年报附录中，以“斯堪的亚公司知识资本透视”为题，向股东介绍了业务导航器：

> 对营利企业的评价，历来以财务资产和营业收入、拥有的不动产或其他有形资产作为评价指标。尽管实际环境早在几十年前就发生了变化，但是这些工业时代的观念至今仍左右着我们对企业的认知。今天，最能够展现活力和创新能力的产业是服务业……可是，服务业只有很少的有形资产。我们如何估算创造力、服务标准或独特的计算机系统的价值呢？长期以来，审计师、分析师和会计师一直缺乏衡量手段和一套公认的准则，来帮助他们精确地评估服务业及其智力资本的价值。

附录中列出了八项主要业务线的业务导航器。[2] 图9－3显示了其中一条业务线的导航器。

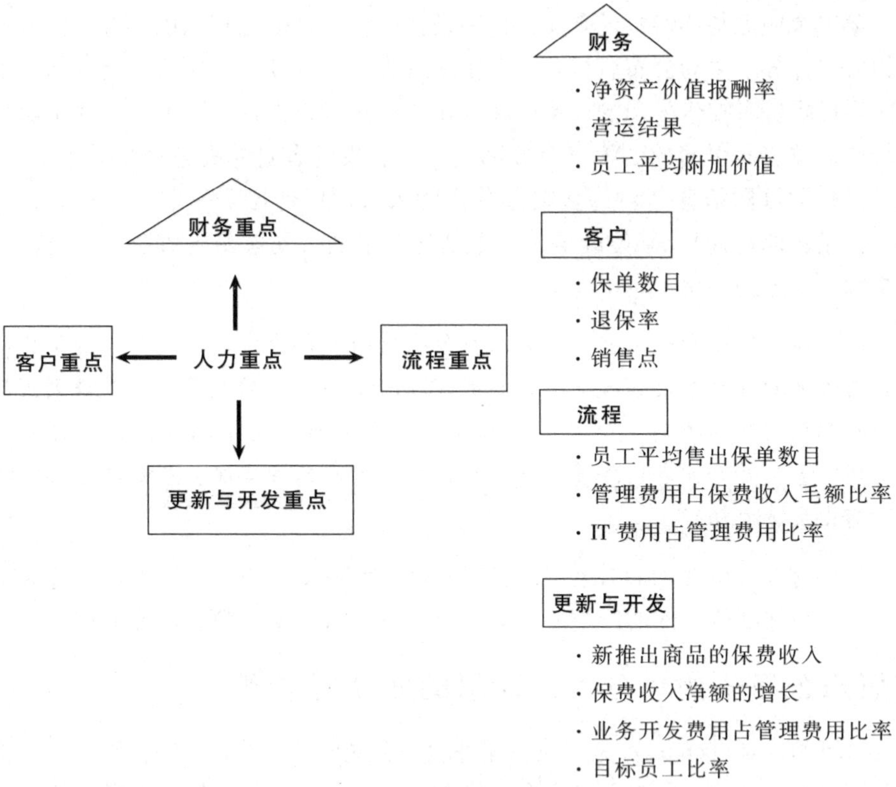

图 9－3　斯堪的亚的业务导航器

斯堪的亚公司无疑是向金融界主动公布其业务单元平衡计分卡目标和指标的带头人。这样做的目的是希望吸引那些看重长期投资结果的股东。这些关系投资者一向采取长期的投资策略，他们比较关心企业创造长期经济效益的管理方式。早期迹象表明，斯堪的亚公司的这种做法前景良好，因为现在关于斯堪的亚公司的投资分析，已经不仅局限于财务预测，而开始讨论它的产品、技术、客户和员工能力。

将平衡计分卡与团队和个人目标挂钩

沟通平衡计分卡的目标和指标，是争取个人对业务单元战略做出承诺的第一步。但是，仅有认知尚不足以改变行为，企业还需要把高层的战略目标与指标，转化为个人的行动，如此一来，个人才能对企业的目标做出具体贡献。例如，业务单元计分卡的客户层面有一个按时交货的目标，这个目标可以被转化

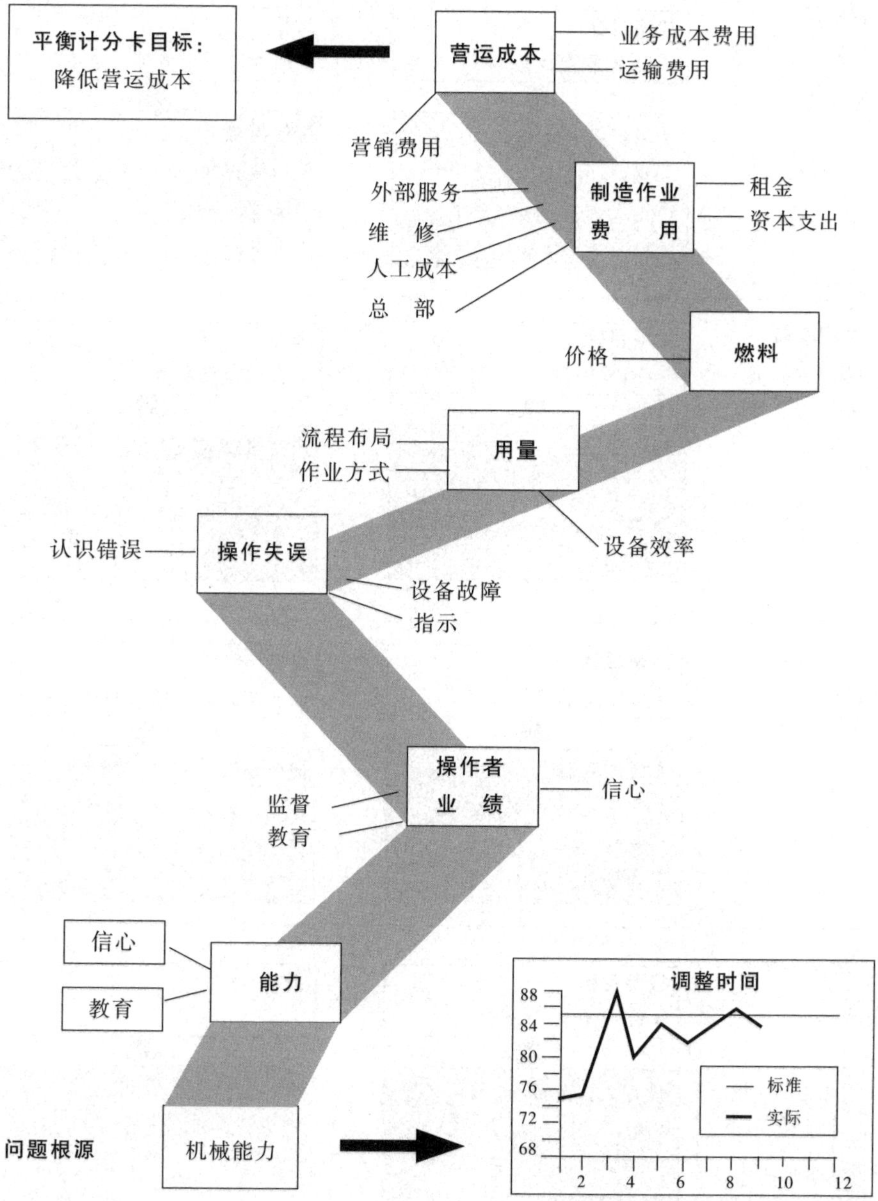

图 9－4　向下层层分解计分卡

成减少某台生产瓶颈机器的调整时间，也可以转化为迅速把订单从一个流程转移到下一个流程的时间。以这种方式，基层单位的改进努力就同整个企业的成

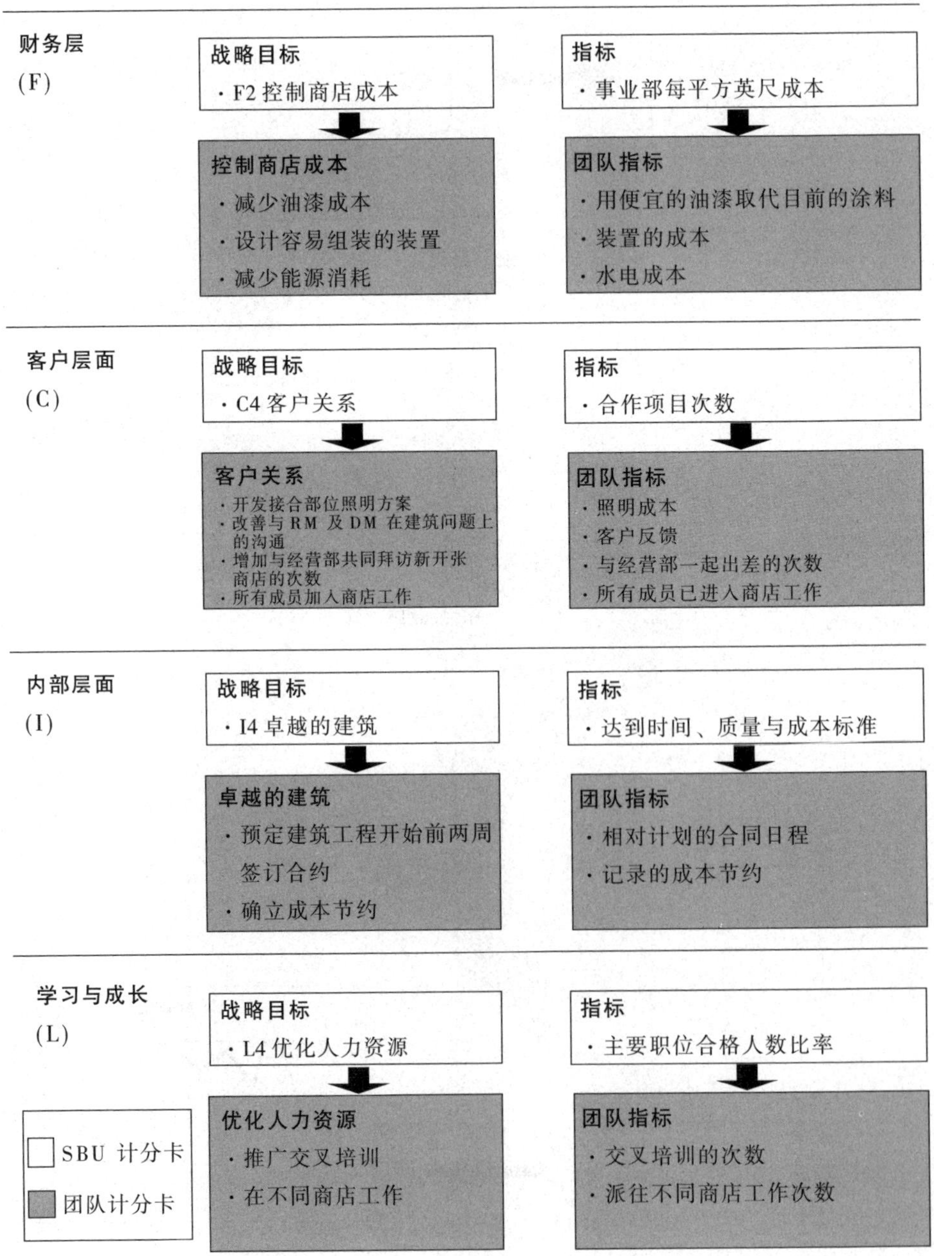

图 9-5　把事业部目标向下分解为特定的团队目标

功因素协调一致了。

但是，许多企业发现很难把高层的战略指标，尤其是非财务指标，分解成为局部的、营运层面的指标。过去，管理者仅凭由上而下的财务控制，就可以完美无缺地将一个合计的指标，分解为一组局部的指标，例如，把投资报酬率或经济增加值分解成存货周转率、应收账款天数、经营费用和毛利。不幸的是，像客户满意度和信息系统可用性之类的非财务指标，却不是那么容易分解。平衡计分卡对此有独特的贡献，因为它基于一种业绩模式，能够辨别最高层战略的驱动因素。计分卡的因果关系构成框架，可以用来指点如何选择低层级的目标和指标，使之符合高层级的战略。如图 9－4 所示，计分卡所反映的高层级业绩模式，是一个分解流程的起点，它把高层级的指标分解到基层。

这里有一个中心思想，即一个集成的业绩模式，既已界定了企业各层级的战略业绩驱动因素，自然可以成为制定企业所有层级目标的中心框架。于是，SBU 层级的平衡计分卡，可以变成一组连接部门、团队及个人层级的计分卡。下面几个例子从不同角度说明了如何运用这一思想。

某家公司希望中层管理者对战略有深入了解并全面认可，于是，高层管理者只制定了平衡计分卡的财务和客户层面，包括公司希望竞争的细分客户，以及提供给这些客户的价值主张。然后，由中层管理者参与制定企业内部流程及学习与成长目标，以确保实现财务和客户目标。

某家大型零售公司的不动产事业部，希望把 SBU 层级的计分卡分解到下一层的部门和团队。如图 9－5 所示，每一个团队都把 SBU 计分卡当作参考标准，从中寻找自己可以发挥影响力的目标与指标，接着由团队负责人设计团队的计分卡，把高层级的战略目标与指标，转变成团队影响所及的行动方案和指标。

上述两个例子，都是利用中层管理者的参与，使他们能够发挥各自的专门知识，使各个业务单元的关键战略因素纳入到日常运作之中。这样一来，中层管理者由于亲自参与而对战略和企业的整体目标更加投入。在审查完各个团队的计分卡之后，不动产事业部的 CEO 是这样评述的："当我知道我的高利润增长目标已经变成向油漆和涂料之类的营运细节之后，我可以高枕无忧了。所谓上下一致，战略协同，意义尽在于此了。"

第三个例子来自一家大型石油公司的勘探小组，它采用了一种新的方法促进个人目标与小组整体目标一致。这个小组为每位员工设计了一种小型折叠式的平衡计分卡，如表 9－2 所示。个人计分卡很小，可以被放进衬衫口袋或钱包随身携带，它包含了三个层次的信息：第一层在计分卡的左边，是事先印好的集团公司的目标和指标。第二层在计分卡的中间，预留空格让业务单位填写他们如何将集团公司的目标转化成单元的特定目标。第三层，也是最重要的部分，则留给个人和团队确定自己的业绩目标，以及近期内为了实现个人目标而采取的行动步骤。每一个人可以为自己的目标确定至多五个个人业绩指标，以及使这些个人业绩指标符合业务单元和公司目标的目标值。这种机制可以使业务单元和集团公司层级的目标层层下达，并且转化成所有员工和团队内在的个人目标。这种个人计分卡的设计，使所有员工能够随时随地把三个层次的目标、指标和行动谨记在心。

表 9－2　个人计分卡

总公司目标

- 公司价值在七年内翻一番
- 每年营业收入平均增长 20%
- 达到内部报酬率超过资本成本增长率 2%
- 产量和储备量在未来十年内增加 20%

	总公司目标*			计分卡指标	业务单位目标值			团队或个人目标与行动
	1997 年	1998 年	1999 年		1997 年	1998 年	1999 年	
财务	160	180	250	收入（百万美元）				1.
	200	210	225	净现金流量				
	80	75	70	间接费用与经营费用				2.
	73	70	64	每桶油的生产成本				
营运	93	90	82	每桶油的开发成本				
	108	108	110	全年总产量				3.
团队或个人的指标					目标值			
1.								
2.								4.
3.								
4.								
5.								5.

姓名：
地点：
* ■1995 年水平 = 100

资料来源：摘自本书作者发表于《哈佛商业评论》1996 年 1～2 月号《平衡计分卡在战略管理系统的应用》一文，已获转载授权。

虽然构建SBU层级的平衡计分卡，往往会触发一连串设定低层目标来衔接高层战略的方案，但是，许多企业早已有了一个正规的流程，通常被称之为目标管理。显然，一个公司应该只用一个流程来设定部门、团队及个人的目标。好在大多数目标管理方案与计分卡架构大体一致，业务单元只需把现有的目标管理流程与制定团队和个人计分卡的流程衔接，便可以维持所有层级计分卡的一致性，推动战略目标和指标的实现。

与奖金制度挂钩

令所有公司大伤脑筋的一个问题是，是否以及如何将平衡计分卡指标与正式的薪酬制度挂钩。对于薪酬制度需不需要马上与计分卡指标挂钩，目前各个公司采取了不同的做法。如果希望通过平衡计分卡来改造公司的文化，奖金终归要与实现计分卡中的目标相挂钩。问题不在于这两者是否应该挂钩，而是什么时候，以何种方式来挂钩。

因为财务薪酬是一个如此强有力的杠杆，所以有些公司希望把高层管理者的薪酬制度与计分卡的指标联系起来，并且越快越好。有一家公司改变了高层管理者的奖金计算方法。以前是以年度占用资本报酬率指标来计算，现在改为50%的奖金与三年经济增加值挂钩，另外50%的奖金与计分卡中三个层面的非财务指标的计算结果相挂钩。这个做法有一个明显的优点，就是把业务单元的战略目标完成情况与高层管理者的薪酬联系在一起。

先锋石油公司转变得更迅速，它将平衡计分卡指标作为计算高层管理者奖金的唯一基础。如表9－3所示，管理层60%的奖金与财务业绩挂钩。不过，先锋石油公司计算这部分奖金并非只根据一个数字，而是根据五个指标的加权平均值。这些指标是：相对于竞争标准的营业利润和资本报酬率，相对于计划的成本降低，已有市场和新市场的增长率。与另外40%的奖金相挂钩的是：客户、内部流程和学习与成长层面的指标，包括一个涉及社区与环境责任的重要指标。先锋石油公司的CEO掩饰不住内心的喜悦，他说："如今我们的企业已实现了战略的协同一致。据我所知，没有哪个竞争对手能够达到这种程度的协同一致。这种方法确实带来了效果。"

把奖金与计分卡指标结合在一起的做法，显然具有很大的吸引力，但也会带来一些风险。计分卡选择的指标是否正确？这些指标依据的数据是否可靠？追求目标的手段会不会违背指标设计的初衷，或者产生意料之外的后果？如果最初的计分卡指标不能忠实地代表战略目标，或者改善短期指标的行动与实现长期目标有所抵触，那么奖金与计分卡指标挂钩的缺点就会暴露无遗。

表 9-3 基于平衡计分卡的奖金制度

类别	指标	比重
财务（60%）	相对于竞争者的利润	18.0%
	相对于竞争者的资本报酬率	18.0%
	相对于计划的成本下降	18.0%
	新市场的增长率	3.0%
	已有市场的增长率	3.0%
客户（10%）	市场占有率	2.5%
	客户满意度调查	2.5%
	经销商满意度调查	2.5%
	经销商获利率	2.5%
内部（10%）	社区和环境指数	10.0%
学习与成长（20%）	员工士气调查	10.0%
	战略技术评级	7.0%
	战略性信息可用度	3.0%

有些公司对这些问题有所顾虑，同时也意识到薪酬是一个强有力的杠杆，于是不希望在刚实施平衡计分卡的时候就草率地更改薪酬制度。对这些公司来说，起初阶段的计分卡代表一个试探性的业务单元战略声明。计分卡是他们为了创造杰出的长期财务业绩，而对指标之间的因果关系所做的一系列假设。当管理者把战略转化为指标，并阐明了这些指标之间的因果关系时，他们可能对已选的正确指标还拿不准。因此这些公司不愿意让一群主动性高（且待遇好）的管理者竭尽全力地去追求这些试探性指标的最高分。出于这个原因，许多公司采取了谨慎的态度，不轻易地把薪酬制度中的计算公式建立在计分卡指标基础上。当然，如果不把薪酬明确地与计分卡指标挂钩，就应该先停止传统的以短期财务结果为计算依据的奖励制度。否则，就会出现一方面要求业务单元的高层管理者专心追求一套平衡的战略目标，另一方面又以实现短期财务业绩来

奖励他们的矛盾现象。

第二个顾虑与传统机制处理薪酬功能中的多重目标有关。从先锋石油公司的例子可以看到，这个机制给每一个个人目标分配了一个权重，奖金根据每个目标完成的百分比来计算。因此，即使业绩表现不平衡，仍然可以拿到一大笔奖金；换句话说，业务单元可能只超额完成了少数几个目标，其他目标可能完成得一塌糊涂，而管理者一样可以照拿奖金。

至于何种情况下发放奖金，平衡计分卡提供了另外一种选择。集团公司的管理者可以制定所有战略指标，或其中一组关键指标，在下一期的最低门槛，作为发放奖金的关卡。如果其中任何一个指标的实际结果未能达到门槛，管理者就拿不到任何奖金。这一限制手段对财务、客户、内部业务流程以及学习与成长四个层面目标的平衡进行激励。同时，门槛限制也应该平衡短期结果指标和未来经济价值的业绩驱动因素。如果所有指标都达到了最低门槛的要求时，则可以把奖金与其中一小部分指标的卓越业绩挂钩。这组用来决定奖金数额多少的指标，应该是从四个层面中挑选出来的，被认为是企业在下个时期最需要表现卓越的指标。

有些企业允许业务单元管理者亲自制定计分卡指标的目标值，然后由集团公司的高级管理层来判断这些指标的困难程度。就像跳水比赛的计分一样，当管理者完成了自己定下的目标值之后，指标本身的困难程度可以影响奖金的多少。高层管理者可以综合外部标准和本身主观判断，评价业务单元目标值的难易程度。

这种以主观判断决定奖金多寡的做法，反映了一种理念：基于结果的薪酬制度未必是激励管理者的理想方案。许多不受管理者控制或不在其影响范围内的因素，也会影响业绩报告。此外，许多管理行为创造（或毁灭）经济价值，但是未必能够衡量出来。理想的做法应该是，根据管理者的能力、努力以及他们的决策和行动质量，计算他们的薪酬。但是正式的薪酬计划通常不会把能力、努力和决策质量考虑在内，因为这些因素难以观察和衡量。因此，按业绩付酬可以说是在不得已的情况下比较可行的做法，也是被普遍使用的方法。

令人感兴趣的是，相对于传统的概括性财务指标，积极使用平衡计分卡可以更有效地透视管理者的能力、努力和决策质量。已经抛弃或至少在短期内搁置公式化奖金制度的公司往往会发现，管理层与执行层之间关于计分卡的对话，不论是讨论目标、指标、目标值的制定，还是解释目标与实际执行结果之间的差异，都能提供许多观察管理者表现和能力的机会。因此，即使是主观决定的奖金制度，这时也变得更易于执行和更便于解释。同时，主观评价也能较少地遭受公式化的游戏规则的不利影响。

进一步来讲，奖金是一种典型的外在激励制度。外在激励要求员工奉命行事，因为他们完成一些清晰明确的目标值后，将会得到奖金。外在激励是重要的。奖金与认可应该与业务单元和企业的目标实现情况相联系。但是，仅靠外在激励，不足以鼓励有创造性的问题解决方法和有新意的决策方案。一些研究发现，内在激励可以促使员工根据个人偏好和信念采取行动，因而产生更大的创造力和创新精神。从平衡计分卡的角度来看，当员工个人目标和行动与业务单元的目标和指标相一致时，内在激励就发生了。凡是受内在激励的员工，早已把企业的目标化为自己的目标。即使奖励制度不能清晰地与这些目标联系，他们也会全力以赴地完成这些目标。实际上，外在的奖金反而会削弱或排斥内在激励。

在一些企业中，由于平衡计分卡阐明了业务单元的战略目标，并将这些目标与相关的业绩驱动因素相联系，从而使许多员工茅塞顿开，明白了自己的行动与企业长期目标之间的关系。过去他们像机器人一样，只求做好本职工作，领到奖金，现在他们深刻地认识到自己应该在什么地方表现卓越，以自己的才能帮助企业实现战略目标。明确地阐述个人工作如何与业务单元的整体目标协调一致，已为大批员工创造了内在激励。即使没有明显的奖金酬劳，他们的创新和解决问题的能量也已释放出来了。但外在激励仍然重要，如果企业实现或超额完成了战略指标的挑战性目标值，就应该好好地表扬和奖励有贡献的员工。例如，先锋石油公司已经对所有非工会员工实施变动薪酬方案，使个人报酬同业务单元和企业的业绩挂钩。该公司相信，把员工薪酬与业务单元的计分卡指标结合在一起，能使公司上下更加投身于公司战略目标的实现。

虽然我们认为在正式薪酬制度中使用平衡计分卡的做法应采取谨慎的态度，但并不表示我们反对这种做法。计分卡在决定外在奖励方面扮演什么角色，至今仍无定论。显而易见，如果红利和奖金制度仍然跟着短期财务结果走，恐怕很难促使企业全身心地追求由一整套领先指标与滞后指标反映的平衡业绩。至少，企业应减少对短期目标的强调。

几种有吸引力的方法是值得探索的。在短期内，把所有高层管理者的奖金与一套平衡的业务单元计分卡指标挂钩，有助于他们全力投身于企业的整体目标，避免职能部门的次优化行为。管理层和执行层之间就如何规划目标和行动的对话，往往会彰显管理者的能力和努力，因此在奖金的计算中，不妨将主观判断与定量的结果指标结合起来。进一步的试验和经验可以提供更多的证据，帮助企业在外在、客观的公式与主观的评价之间，找到奖金制度与实现计分卡目标之间的平衡点。

本章小结

构建一份平衡计分卡，把业务单元的使命和战略与清晰的目标和指标相挂钩，只是将计分卡作为管理工具的开端。企业还需要在各方面沟通平衡计分卡，尤其是员工、集团公司的管理层和董事会。沟通流程的目的，是促使所有员工及业务单元的负责人（包括集团公司的管理层和董事会）与战略协调一致。这些参与者的认知和配合，使局部的目标制定、反馈和责任，能够符合业务单元的战略方向。

当个人对计分卡目标的贡献与表扬、提升和薪酬制度相挂钩时，显然可以强化战略的协调一致以及责任的归属。至于如何挂钩，是基于明显的、事先决定的公式，还是采取主观判断，从简述、讨论和审议计分卡目标和指标中获得显著的可见度和可观察性，不同的公司有不同的做法。毫无疑问，今后人们对于这种明确挂钩的得失将有更深的体会和了解。

注释：

〔1〕Jay W. Lorsch, "Empowering the Board," *Harvard Business Review* (January-February 1995): 107, 115 - 116.

〔2〕斯堪的亚公司把这个描述人、结构和客户资本的系统叫做“斯堪的亚导航器”，因为它是“一个指引我们飞向未来，激发我们更新和发展的仪器”。

第十章

目标值、资源分配、行动方案与预算

企业的管理层应该利用平衡计分卡来实施一个整合的战略和预算流程。我们在第九章描述的企业、团队与员工的流程，使人力资源与业务单元的战略协调一致。但仅有人力资源的协调一致还不够，业务单元还需要把财务和实物资源与战略结合起来。长期资本预算、战略行动方案以及年度酌量性支出，都必须向计分卡目标与指标的挑战性目标值迈进。

以计分卡来整合长期战略规划及运营预算编制的流程，需要经过四个步骤，如图 10－1 所示。

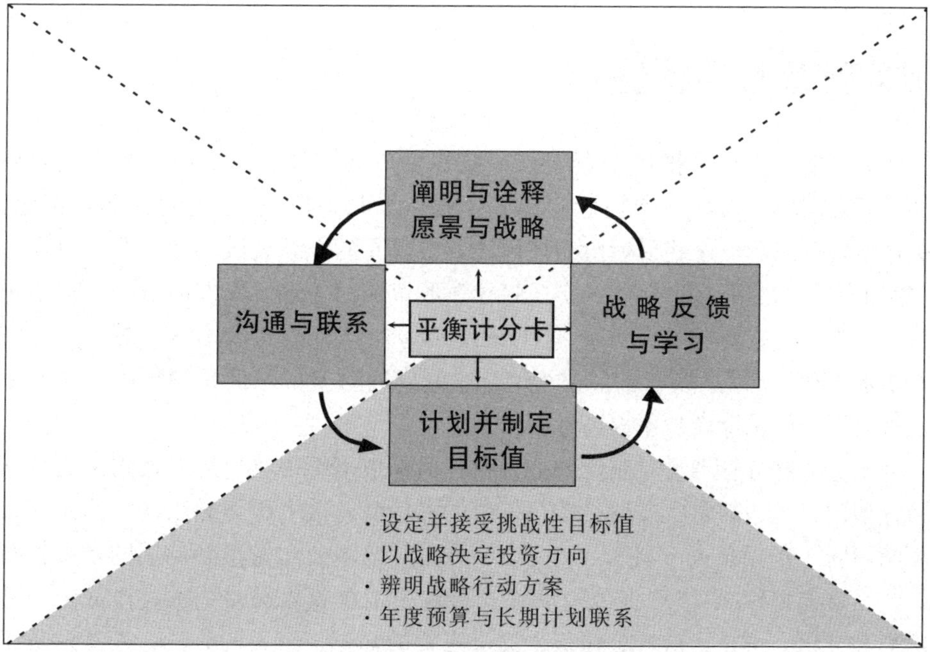

图 10－1　另类管理系统——计划与制定目标值

1. 制定挑战性目标值。管理层应该为计分卡指标制定挑战性目标值，挑战性目标值必须是所有员工都能够接受和信服的。从计分卡的因果关系中，可以识别出关键的驱动因素来推进重要的成果指标（尤其是财务和客户层面的指标）以取得突破性的业绩。
2. 确定及合理化战略行动方案。计分卡指标的当前业绩与挑战性目标值之间的差距，使管理层能够定出资本投资和行动方案的优先顺序以缩小现实和期望的差距。对于那些与计分卡目标关系不大的行动方案，则予以撤销或降温。
3. 确定关键性的跨业务单元行动方案。管理层确定对其他业务单元或集团公司的战略目标有所裨益（协同）的行动方案。
4. 将年度资源分配与预算挂钩。管理层把3~5年的战略计划与下一年度的酌量性支出和预算业绩（里程碑）挂钩。这些里程碑有助于他们跟踪业务单元战略实施的进展。

这四个步骤，首先确定企业希望取得的长期成果。成果不仅包括企业希望改进的指标，而且包括了这些指标明确的挑战性目标值。其次，它确定了实现这些成果的机制。最后，这个统一的规划和预算编制流程，为计分卡的财务和非财务指标建立了短期的里程碑。

制定挑战性目标值

以平衡计分卡来推动企业变革，最能发挥其功效。为了宣传变革的必要性，管理层应该为计分卡指标制定3~5年的目标值，一旦达到这些目标值，企业便转型成功。这些目标值应该代表业务单元的业绩突破。如果业务单元是一家上市公司，那么目标值的实现将导致股价成倍上涨。典型的财务目标值包括五年之内的投资资本报酬率（return on invested capital）增加一倍或者销售收入增加150%。以某家电子公司为例，它制定的财务目标值是销售收入增长率比现有客户的预计增长率提高近一倍。

虽然大部分管理者对制定挑战性财务目标值毫无惧色，可是被迫追逐这些目标值的员工，却常常质疑这些目标值的可信度。被人称为通用电气公司“首席学习官”的斯蒂夫·科尔（Steve Kerr），对许多公司做不到他们的挑战性指标，是这样解释的：“许多公司动辄要求员工销售收入翻番，或将产品上市速度提高三倍。可是，这些公司很少提供必要的知识、工具和方法，来帮助员工达到如此宏伟的目标。”[1]

大部分挑战性目标值的问题，在于它们采取各个击破的方式，企图为孤立的问题或指标建立起宏伟的目标。业界最佳的标杆法是其中一个典型，它的做法是先努力研究其他企业在某一方面的业绩，把这些企业的业绩水平当作自己的目标，然后制订一个计划来追求同样的业绩水平。标杆法的概念颇具吸引力，但即使企业在各个孤立的业务流程层面实现了宏伟的目标，也未必能导致财务业绩的突破。

事实证明平衡计分卡是一个争取人人接受富有进取心目标的强大工具，因为它强调通过若干相关的，而不是孤立的指标来实现杰出的业绩。以某家高科技工程公司为例，这家公司的高级管理层刚制定完第一份平衡计分卡，准备展开一个目标制定流程。CEO 要求管理层制定一套富有进取心的目标，他说："如果完成这些目标，将令我们感到自豪，也会使我们的兄弟单位嫉妒不已。"管理层在公司外举行了一次研讨会，他们分成四个小组，每个小组负责一个计分卡层面。客户和业务开发小组在营销副总裁的领导下，拟定了新客户获得率、每笔交易平均收入、客户保持率等雄心勃勃的目标值。小组一致同意这些目标值，因为他们已规划好了一个建立客户合作关系的新战略。服务和送货小组在营运副总裁的领导下，拟定了准时和准确交货、减少返工次数、提高质量和安全等挑战性指标。这些目标的前提是大幅改进项目管理流程。学习与成长小组则在人力资源副总裁的领导下，拟定了员工革新次数、成本降低和客户合作项目数量等富有进取心的目标，他们希望以扩大授权来激发员工的创新力量，而用员工技能提高和公开沟通来驱动授权员工。然而，由首席财务官（CFO）领导的财务小组，却表现得不够积极进取。这个小组觉得盈利率可以提高，但最多只能增加 20% 左右。CFO 抵制更高的目标值，因为他不愿陷他的同事于不义，让大家追逐一个高标准的业绩。他认为，与其制定更高的、无法实现的目标值，还不如制定较低的、能够完成的目标值。

随后，四个小组开会，轮流报告各组的情况。CEO 听完各组汇报之后，宣布财务小组建议的温和目标值不可接受，其他小组成员也纷纷同意 CEO 的看法。营运副总裁的评论充分表达了众人的意见："如果我们能够完成营销、创新、客户服务层面的目标值，盈利率自然会提高，而且增幅是巨大的。既然我们已经下定决心达到这些目标值，我个人愿意承诺利润应增长一倍。"管理层一致同意重定一个盈利率的挑战性目标值，这个盈利率确保该公司在同行中独占鳌头。如果当初他们各自为政制定目标值，就不可能出现这种共识。现在，管理层的每位成员看到驱动未来财务业绩的各项因素已是准备就绪，整个管理层已有同舟共济的气氛。他们一致同意，凭着集体努力，突破性的财务业绩将指日可待。

计分卡包含的业绩驱动因素和领先指标，使管理者能够确定实现突破性财

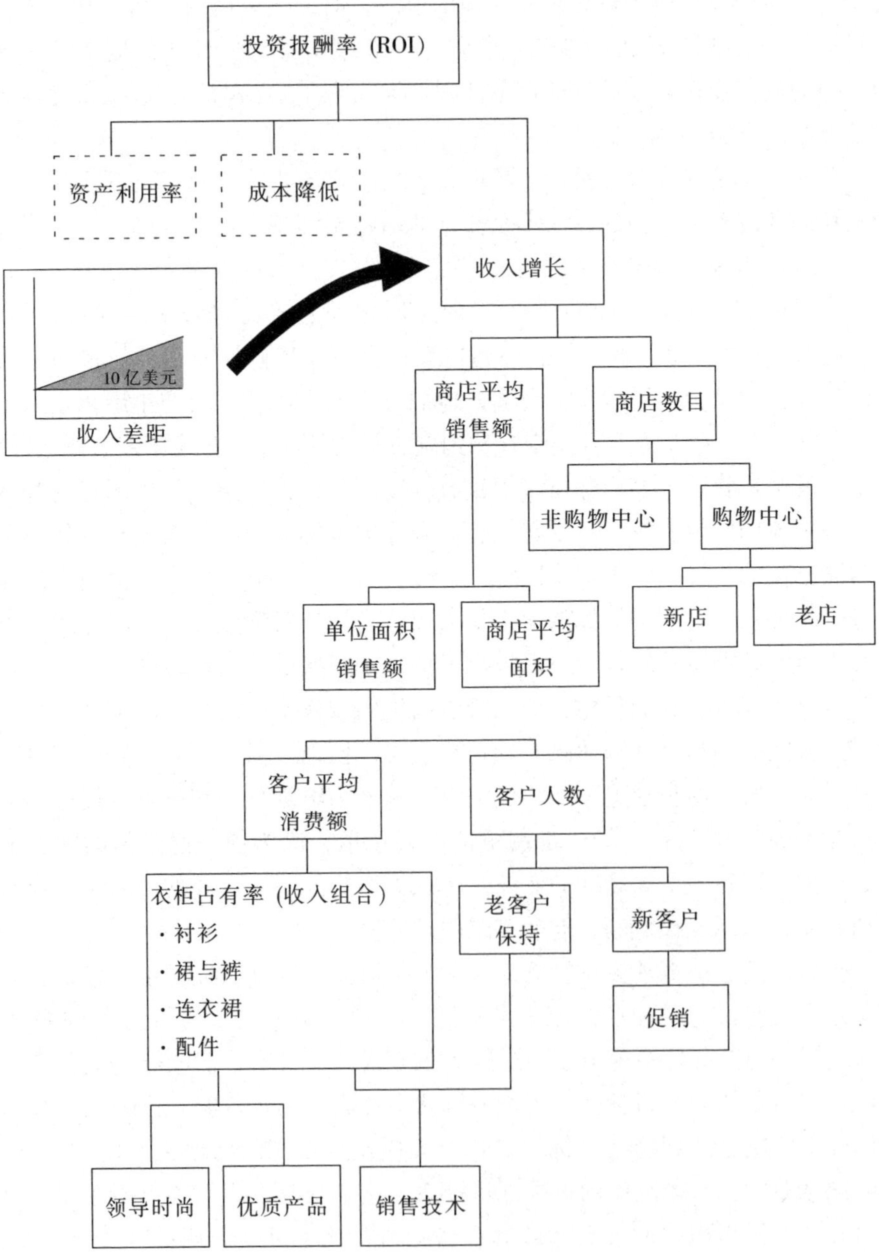

图 10-2　凯尼恩商店基于因果关系而制定挑战性目标值

务业绩的营运因素，例如战略性投资、市场研究、创新的产品和服务、改进员工技能、加强信息系统等。根据我们的经验，只要保证有足够的投资、资源和时间来执行一项长期计划，营运部门的管理者通常会同意挑战性目标值，有时候他们甚至会超越上级管理者的要求。

CEO 可以为高层级财务目标制定明显的业绩差异，借此促进平衡计分卡指标的挑战性目标值得以实现。图 10 - 2 显示了凯尼恩商店的一个分店如何运用计分卡逻辑，把一个原以为不可能的目标值，变成大家都可以接受的目标值。这个不可能的目标值是五年内使收入增加一倍，目前的计划距离这个目标甚远，产生了一个 10 亿美元的收入差距。起初，凯尼恩连锁店的营运经理认为无法弥补这一差距。但是，CEO 带领管理层，以平衡计分卡涵盖的因果关系业绩模式（见第 7 章）进行了一次情境规划。情景规划法（scenario - planning）可以使管理层为不同战略提出建议并测试战略的可行性，然后才达成一组最终的目标值。管理层把收入增长目标值系统地分解为以下增长指标：

- 新商店数量
- 每家商店招徕的新客户人数
- 每家商店将闲逛者转变成真正购买者的比率
- 老客户的保持率
- 每位客户的平均销售额

他们假设了几种情景进行评价。其中之一是假设保持现有的以购物中心为基础的不动产战略。在这种情景下，除非每平方英尺（1 英尺 =0.3048 米）销售收入能提高 50% 以上，否则不可能实现收入增长目标值。但是，没有哪位员工愿意做出这样的承诺。另一种方案是在非传统的商业区建立一种新型的商店。经过一番深思熟虑，管理层发现这一方案是可行的，于是以此为基础修订了战略。在会议结束之际，管理层终于欣然允诺收入增长一倍的目标值。

情景规划法把一个遥不可及的目标分解成一连串较小的目标，小目标积少成多，从而使收入增长目标值成为一个可以实现的目标值。通过确定收入增长目标的关键驱动因素，并对每个驱动因素的目标值和行动方案做出承诺，在计分卡这一监控战略实施的工具之下，管理层向挑战性收入增长目标值冲刺，并没有想象中那样困难。

确定战略行动方案

管理层为财务、客户、内部流程、学习与成长指标制定了目标值之后，接着是评估目前的行动方案是否能够帮助他们实现这些目标值，以及是否需要新的行动方案来配合。目前，许多企业都在执行数不清的行动方案，例如，全面质量管理、时间竞争法、员工授权和流程再造，等等。

不幸的是，这些行动方案往往与实现既定的战略目标改进毫无联系。每个部门自行其是，而且互相争夺有限的资源，包括所有资源中最为稀缺的一种：高级管理层的时间和注意力。如果以平衡计分卡作为企业管理系统的基石，不同的行动方案就可以聚集于追求企业的目标、指标和目标值。

为实现挑战性目标值而制定和部署行动方案在很大程度上是一项创造性的过程，有三种方法可以在使用平衡计分卡的基础上提高这种创造性：

1. “衡量指标缺失”（missing measurement）方案。
2. 持续改进方案与变革比率挂钩。
3. 战略行动方案，例如：再造和转型方案与关键业绩驱动因素的根本改进挂钩。

“衡量指标缺失”方案

平衡计分卡设计完毕后，立刻会冒出一大堆业绩改进的机会。我们常常发现，平衡计分卡的指标中，起码有20%缺乏相关数据。记得我们在第六章曾经讨论员工发展和再培训的指标不足的问题，这里的情形也一样，衡量指标缺失，通常不是数据的问题，它其实也暴露了一个管理问题：“如果你无法衡量它，就无法管理它。”如果一个指标缺乏支持数据，问题可能是某个关键战略目标的管理流程不完善或根本不存在。

这方面的例子不胜枚举。国家保险公司欠缺的指标包括遵守法规、理赔效率、投保人满意度和技能水平。大都会银行欠缺的指标包括存款服务成本、目标细分市场份额、服务差错率和技能水平。先锋石油公司欠缺的指标包括客户保持率、经销商质量、服务质量和技术能力。对于这些企业来说，指标的缺失表明管理层至今无法管理一些攸关战略成功的关键流程。

例如，大都会银行不能衡量存款服务成本，表明它的营销经理不能判断某个客户关系是否有利可图。开发这个指标将扩展它的作业成本会计模型，从仅仅衡量产品成本到还能衡量客户赢利性。这个行动方案最终使大都会银行能够针对特定的细分市场调整它的价格和服务项目。国家保险公司不能衡量理赔效率，表明它无法使理赔管理流程适应自己亟欲开拓的特定市场，缺乏客制化的理赔管理流程，对国家保险公司的整体战略而言是一个障碍。为了弥补这一缺陷，国家保险公司开发了一个新的理赔流程，可以适应个别客户的要求。先锋石油公司不能衡量客户保持率，表明它的营销经理不能有效地管理市场细分方案。在开发这一指标时，先锋石油公司的管理者也获得了新的机制，从此他们能够收集并监测目标客户偏好的信息。

以上这些例子证明了指标缺失只是冰山之一角。制定流程来收集指标所需数据，会导致企业推出战略行动方案，结果不但收集了相关信息，同时也有助于更好地管理关键内部流程，而这两者均是卓越业绩不可或缺的因素。

持续改进方案与改进比率挂钩

管理层必须决定以何种方式实现他们的挑战性目标值。比如，是以业务流程的全面质量管理这样的持续改进方式，还是以再造或转型方案这样的突变式改进方式。全面质量管理（TQM）从既有流程入手，以系统化解决问题的方法来减少流程中的缺陷（例如延迟交货、流程周期中的非增值时间、产品缺陷、加工误差、员工素质不高等）。突变式改进或再造方式，则发展了一个全新的方法来运转流程。它假设既有的流程存在根深蒂固的缺陷，需要彻底重新设计才能纠正过来。

如果管理层决定采用持续改进方式，那么就该使用改进比率，来追踪近期的努力是否有助于实现富有进取心的长远目标值。模拟设备公司（见第六章）开发的半程量尺就是一个很好的例子。半程量尺衡量减少50%的流程缺陷所需要的时间，它假设全面质量管理小组成功地实施正式的质量改进流程，必能以一个固定的速率减少缺陷（每减少50%的缺陷所需的时间相同）。管理层一旦设定了消除系统缺陷的速率，便可有效地掌握持续改进流程能否在规定的时间内产生预期的业绩。

某家生产工业原料的公司曾利用半程量尺的概念，开发了一个创新指标，即持续改进指数。该指标综合了5个重要的战略性业务流程指标，包括：

- 客户投诉频率
- 解决问题所需时间
- 安全事故率
- 废物量
- 首次检验不合格的产品比率

基于半程理论，该公司为这5个指标分别制定了一个改进速率，以及对应的行动方案。持续改进指数衡量5个战略指标已达到或超过预定改进速率的百分比。

战略行动方案指引业绩驱动因素的根本性改进

管理层常常发现，持续改进关键流程的局部问题解决方法不足以实现3~5年的挑战性目标值。这个缺陷说明他们需要开发和部署全新的方法来完成这些流程。因此，计分卡方法为企业的改造和转型方案提供了依据和着眼点，它促使管理层放弃重新设计任何局部流程，转为能使企业战略成功的流程再造。计分卡的再造或转型与传统的再造方案不同，传统的再造方案以大幅削减成本为目标（刀耕火种原理），计分卡的再造或转型方案却不一定以成本节约额为衡量指标。战略行动方案的目标值可能是大幅缩短订单履约流程的周期，也可能是缩短产品开发流程的上市时间，或者是加强员工的能力等。这些非财务目标值，可以成为推出战略行动方案的理由及监督其成功的准绳，因为平衡计分卡已建立了这些衡量指标与未来财务业绩大幅改善之间的联系。

更为重要的是，如果运用平衡计分卡的力量来驱动再造与转型方案，也可以把注意力集中在创造成长的议题上，而不是一味关心如何减低成本和增加效率。此外，平衡计分卡中蕴涵的因果关系，已成为再造方案优先顺序的决定因素。还记得国家保险公司的例子吧（见第七章），该公司开发计分卡的目的是明晰它的新愿景，也就是将公司转型成一个专业的保险公司。平衡计分卡已成为该公司再造承保、理赔管理和代理人管理等业务流程的起点。

图10-3显示了国家保险公司如何从高层级的计分卡指标，发展成一个详细的承保流程业绩模型。

业绩模式确立了承保流程中有哪些因素对于平衡计分卡期望的成果贡献最大。例如，亏损率是计分卡上的一个成果指标，它受到三个因素的影响：客户选择、正确定价、减少理赔。这三个因素又受到企业是否有能力认识特定危机和风险的影响。图10-4显示了国家保险公司在承保业绩模型的基础上，设计了一个桌面电脑系统，支持各地承保作业。从业绩模型确定的每一个成果，产生了信息和工作系统的设计规格。系统设计规格则确定了更详细的知识和经验分享细节，而成为新流程的设计基础。这个与平衡计分卡密不可分的业绩模型，使国家保险公司能够开发出一个信息技术平台，达到改善承保流程的战略目标。计分卡目标，使国家保险公司的管理层能够投资于长期的驱动因素，包括对数据采集和信息技术的大量投资，最终为企业创造财务上的成功。

另一方面，公司也应该审查目前所有的行动方案，看看它们是否对计分卡的一些目标有所贡献。例如，通过兼并成立的大都会银行，在刚成立之后，就推出了70多个行动方案。每个行动方案都在促使银行更具竞争力并获得更大的成功，但它们都没有与整体战略整合在一起。在构建平衡计分卡的时候，大

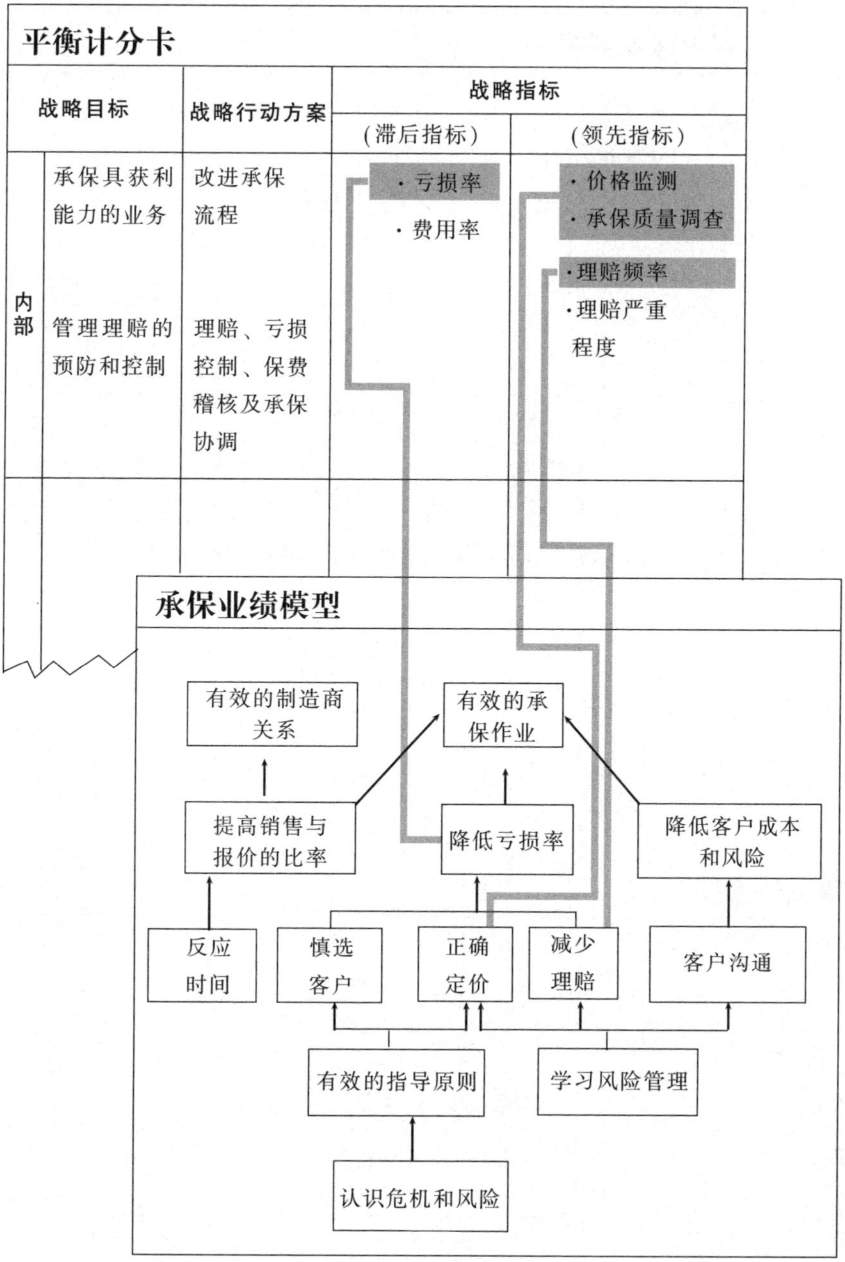

图10－3　国家保险公司的绩效指标反映了复杂的企业流程

都会银行的管理者中止或合并了其中许多个方案。例如，被撤销的方案中，包括一个针对高收入人士的营销计划，以及一个加强现有低水平销售技术的业务

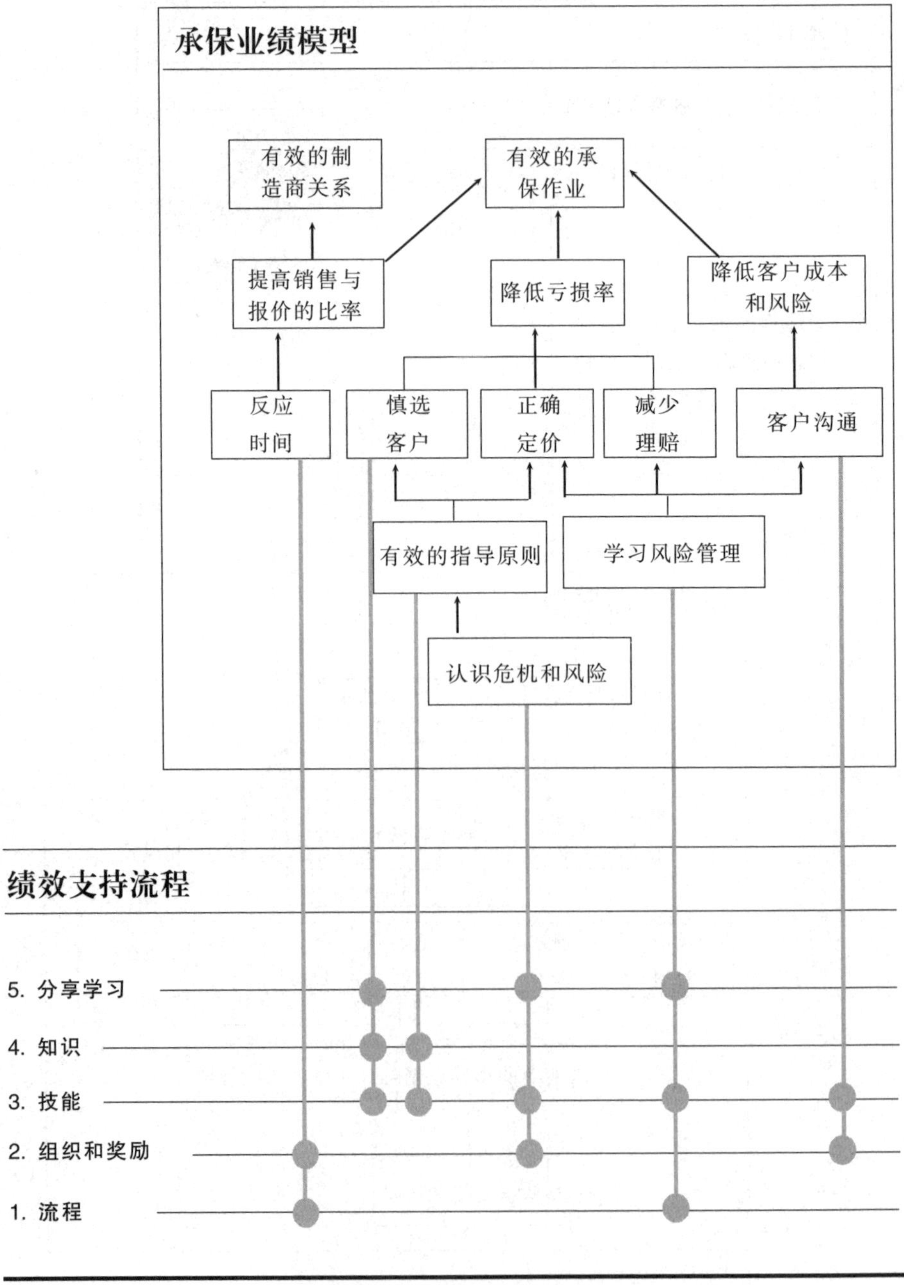

图 10-4　国家保险公司利用结构化设计流程进行企业转型

员作业改进方案。管理者推出了一个重大的技术再造计划取代后者，新计划更符合公司的战略目标，也就是将业务转型为“值得信赖、能够销售各种新产品

平衡计分卡

	战略目标	战略行动方案	战略指标（落后指标）	战略指标（领先指标）
内部	承保具获利能力的业务	改进承保流程	·亏损率 ·费用率	·价格监测 ·承保质量调查
	管理理赔的预防和控制	理赔、亏损控制、保费稽核及承保配合		·理赔频率 ·理赔严重程度

桌面电脑系统设计

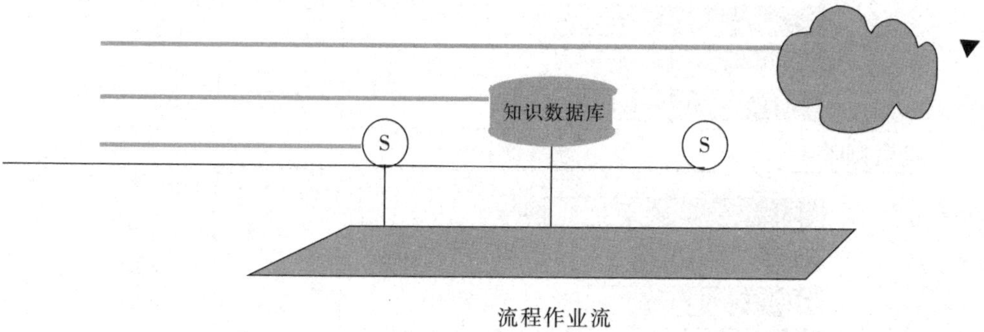

的金融顾问”。

显然，企业也应该把投资决策和战略计划联系起来。尽管这一目标显而易见，而且大部分战略计划皆以此自许，实际上，很少企业把投资与长期战略的优先要务联系起来。[2]大多数资本投资的判断标准仍停留在狭义的财务指标上，如回收期和贴现现金流量，这些财务指标未必与发展战略能力有任何关系，甚至谈不上战术性地改进非财务指标，如质量、客户满意度，以及组织和员工的技术等。[3]

高层管理者否认他们仅依赖财务指标来进行投资决策。他们认为，正式的贴现现金流量分析只是复杂的资源分配流程的一部分而已。他们宣称自己了解竞争者、企业和资本市场对投资的影响可能比贴现现金流量计算更为重要。[4]然而，大多数企业仍然继续沿用增量的、战术性的资本预算机制来分配资源，仍然强调定量的短期现金流量等财务指标。他们并没有把长期的能力发展正式纳入资源分配流程和决策之中。平衡计分卡正好可以弥补这个缺陷，它提供了一个把战略考虑纳入资源分配流程的机制。

例如，某家企业现在以计分卡指标来评价每一个潜在投资项目的影响（见图 10-5）。它给每个指标分配了一个相对权重，资本报酬率和盈利率等财务指标分配的权重较大，质量、服务和客户保留率等未来财务业绩的驱动因素也分配了较高的权重。用计分卡公式计算出来的每一个投资项目的整体影响力，决定了它们的排名顺序。名列前茅的投资项目，只要符合资本预算，便会中选。

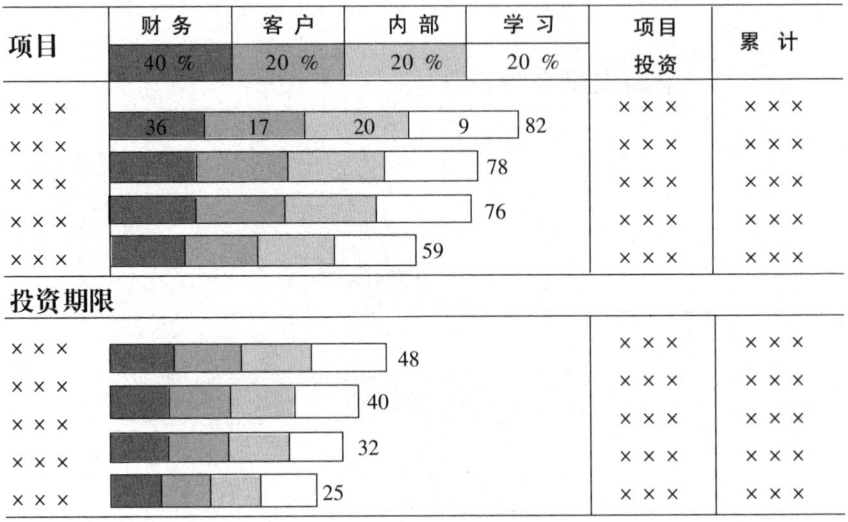

图 10-5　利用平衡计分卡标准的资本预算流程

化宝（Chem-Pro）是一家生产聚合类工业产品的公司，它以上述措施的变通方法来合理化它的战略性投资。化宝公司的高层管理者认为，投资机会不应是一系列独立的、互不相关的项目，必须以传统的财务标准逐个进行评估。反之，他们认为若要实现战略目标，就必须同时推出几个相互联系的计划，每个计划着眼于不同但又彼此相关的方面。化宝公司的平衡计分卡确定了执行战略必需的五个行动方案（见图 10 – 6）。图 10 – 7 显示了其中一项战略行动方案——增加销售和营销效率，这个方案包括九个行动计划，每个行动计划针对一个增加销售和营销效率的驱动因素。传统的资本预算方案将单独评价这些行动计划。其中很多行动计划可能会被视为酌量性支出，资金来源是该年度的运营预算，而不是致力于实现长期战略目标的预算。在传统评价流程下，管理者不大可能看到同时投资于这套行动方案所产生的累积影响，实际上，许多单个行动计划在运营预算和资本预算审议过程中就会夭折。

化宝公司制定战略行动方案的方法，确保各项行动计划的全面实施，以实现大幅改善公司未来业绩的目的。制定计划的第一步是确定所有的资本预算和酌量性费用计划。只有那些支持战略行动方案的计划才有可能获得批准。化宝公司的管理者起初提出了许多与战略目标无关的开支项目。第一次筛选过程就淘汰了逾 40% 的建议。第二道筛选过程，评估剩余项目对战略目标的影响，结果又淘汰了 10% 的建议。这个流程也发现了一些疏漏之处，即有些投资项目对于实现平衡计分卡的挑战性目标值极为重要，却未被提出来。发现这些漏洞之后，一些新的行动方案得到预算资助。化宝公司以计分卡作为所有酌量性预算和资本投资决策的核心因素。在初次看到这个流程发挥作用之后，一位执委会成员说："过去，我们到处是重点不清的活动，好像'星光闪烁'一样。这些活动或许对我们有一些帮助，但使许多努力的效果适得其反，花费的工夫也多半不能起到积少成多的效果。平衡计分卡就像棱镜一样，透过它，我们所有的投资都聚焦了。现在我们有了一束激光，不再星光闪烁了。我们所有的精力都得以集中在少数几个关键的指标上。"

一旦平衡计分卡阐明了战略并确定了战略驱动因素，企业便可以进行下列工作，以缩小计分卡重要指标 3 ~ 5 年的挑战性目标值与当前业绩水平的差距：

- 确定新的战略行动计划
- 专注于许多战略行动方案，例如：持续改进、再造和转型方案
- 使投资和酌量性开支计划挂钩

计分卡化战略为行动的威力，在这个流程上表现得淋漓尽致。

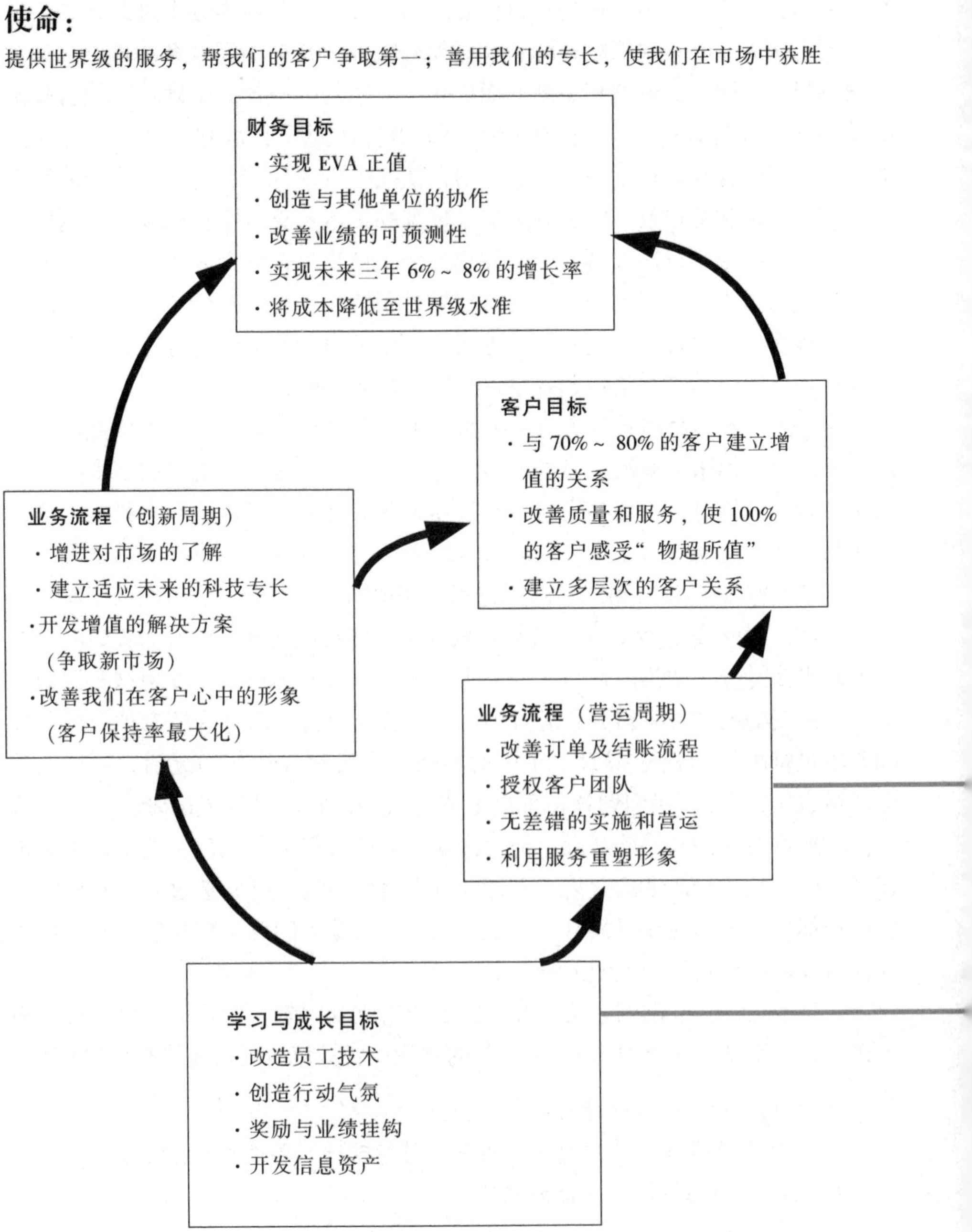

图 10－6 化宝的计分卡与战略行动方案

战略行动方案

1. 开发周期

改善业务开发周期，在 1998 年实现 75% 的收入来自增值的合伙关系，以及 15% 的年收入成长率

2. 客户管理与销售

大幅改善销售与营销流程，在 1998 年实现销售收入增长率超过市场增长率 2%，利润率增长 5%

3. 订单与结账管理

开发一个可靠的订单追踪与结账流程，减少收入损失率至 1%，减少误差率至 1%，降低 50% 的订单平均成本，以大幅度提高客户满意度

4.员工技术

培养员工技术，100%地实现 1998 年的战略需求

5. 信息资产

开发必要的客户和业绩数据库来支持战略

战略行动方案:

大幅改进销售与营销流程,在 1998 年实现销售额增长率超过市场增长 2%,利润率增加 5%

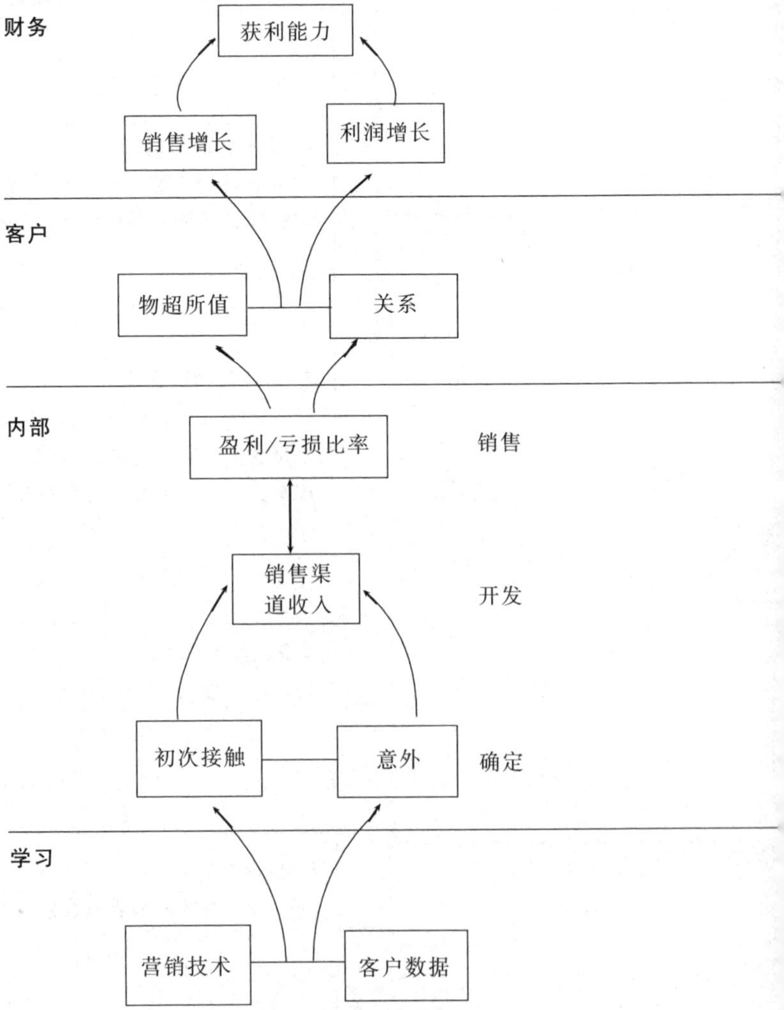

图 10-7 化宝的客户管理与销售战略行动方案

目标	指标	目标值	行动计划
· 超过市场增长率 · 获利性增长	· 销售额增长 · 利润增长	· 比市场增长率高 2% · 三年内高 5%	
· 客户认为物超所值 · 多层次关系	· 客户调查 · 与目标赞助商接触次数	· 75% 的客户评为第 1 名 · 100%	· 重点团体计划 · 客户渗透计划
·客户保持率最大化 ·发展地区性市场 ·确定获利性的新市场	· 盈/ 亏比率 · 销售渠道的潜在营收 · 初次接触的潜在客户数目 · 意外次数	· 在目标细分市场超过 60% · 增加 30% · 两年内增加 1 倍 · 两年内减少 50%	· 重要机会的销售支持 · 参考式销售计划 · 拉力式促销与形象计划 · 目标营销计划
· 培养营销技术 · 开发客户数据	· 可用战略性技术的百分比 · 已知客户主要属性的百分比	· 两年内达到 100% · 两年内达到 80%	· 销售技术计划 · 客户数据 · 销售学习系统

确定重大的跨业务和跨公司行动方案

规划流程的一个重要内容是确定企业中不同战略业务单元（SBU）之间，以及 SBU 与集团公司层级的职能活动之间的联系。战略业务单元之间的联系可以提供相互支持并分享最佳实践的机会，这些机会包括开发和分享关键技术和核心能力，协调对共同客户的营销活动，以及分享生产和分销资源，以获得规模经济或范围经济的效应。集团公司的一个重要职能，就是提供必要的机制，确定并利用 SBU 之间的协同效应，而平衡计分卡提供了这样的机制。

例如，图 10－8 显示了凯尼恩商店使用计分卡来协调旗下各营运公司的战略计划和行动。集团公司的计分卡首先规定了所有营运公司的共同战略要点。然后，每个 SBU 根据自己的特殊情况，制定了各自的战略和平衡计分卡。凯尼恩的中央支持作用于是可以建立在各营运公司的计分卡之上，制定服务于各 SBU 目标的战略计划和行动方案，也实现了资源集中的规模经济运作。例如，所有的 SBU 均在全国各地的购物中心租赁房地产。因为房地产并非 SBU 的业务专长，所以集团公司成立了房地产部，负责寻找最佳开店地点，以及跟房地产开发商和购物中心管理集团谈判租约。房地产部发挥自己积累的经验，为每

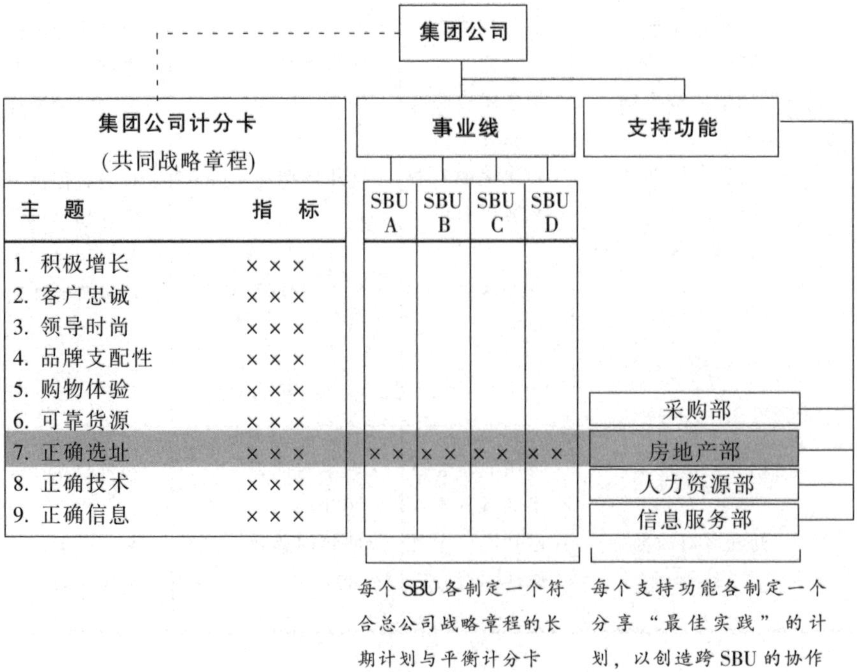

图 10－8　以平衡计分卡管理跨业务单位的协作

一个 SBU 造福，并满足他们的个别需求。

通过集团公司、SBU 和支持部门的平衡计分卡信息交流，房地产部可以发挥协调作用，在各 SBU 间进行必要的租赁合同转让。例如，某个 SBU 在某个地区租赁了一些店铺，而另一个 SBU 在同一地区的业务量大增。从理论上讲，过去两个 SBU 可以进行协调，但实际上，各个 SBU 的战略信息共享不充分，以至于无法实现这种跨业务部门的协调。如今，由于平衡计分卡清晰地阐明了多年的目标和行动计划，所以，集团公司的支持部门能够大幅度改善他们对 SBU 的服务。

其他公司也利用平衡计分卡来促使集团公司级的职能变得更有效率和关注客户。如第八章所述，FMC 公司的拉里·布雷迪（Larry Brady）质疑各个职能部门的战略。这些单元之所以存在的原因是什么？是比外部服务提供商的成本低呢，还是与各营运公司成立的小规模职能部门密切相关呢？或者是他们能够提供外部服务提供商和各营运公司职能部门无法提供的独特或卓越的服务呢？如果集中提供服务不能提供低成本、独特的产品或卓越的服务，那么由集团公司级的部门来提供这种服务的理论就站不住脚。

类似地，先锋石油公司采取了一种结构化的方法来实现跨职能的协作。先锋公司知道，他必须打破传统上由总部职能部门为主导的文化。他也意识到，规模经济的重要作用来自于某些领域的资源和管理的共享，例如特许经营、广告、环保和安全计划。问题是，总部的职能部门早已与市场脱节，变得既昂贵又无效率。为了重整总部职能部门，先锋公司要求每个部门制定一个“服务协议”，来界定自己和客户，即营运 SBU 之间的关系。协议必须列明他们为 SBU 提供哪些服务，以及这些服务的成本、反应时间和质量水平。服务协议被列入总部职能部门的平衡计分卡之中。

计分卡为总部职能部门制定计划的过程提供了一个共同的框架。计分卡使这些部门能够了解公司及各 SBU 的战略，因此他们能够开发并提供更好的服务，帮助各营运单元和集团公司实现战略目标。

将年度资源分配与预算挂钩

目前大部分企业的战略规划和运营预算是两个分开的流程，各由不同的部门负责。战略计划流程，即本章前面叙述的界定长期计划、目标值、战略行动方案的流程，向来是一年一个周期。每个财政年度中间，高级管理层就会移师到公司外某地，热热烈烈的开几天讨论会。由于计划与发展部经理的努力，有时再加上外部咨询师的参与，讨论会变得十分轻松。会议成果是一份战略计划书，描绘公司预期（或希望，或祈祷）自己在未来3年、5年和10年的蓝图。典型地，这些蓝图被编制成档案之后，通常被搁置在经理的书架上，一搁就是12个月。

在全年当中，有一个持续进行的、由财务部门负责的预算编制流程，流程的作用是制定下个财年的收入、费用、利润和投资等财务目标值。每年的10月或11月，随着下年预算的批准，这个流程达到了高峰。预算内容几乎完全是财务数字，通常与正在冬眠的战略计划书中所列的5年目标值没有多大关系。

到了下个年度，当业务单元和集团公司的管理者每个月和每个季度开碰头会时，他们讨论的是哪些文件呢？通常只有预算文件，因为定期研讨的重点是实际与预算结果的逐项比较，以及对重大差异的解释。他们什么时候讨论战略计划呢？可能要等到下个年度在外地举行的战略计划会议，届时将制定新的3年、5年或10年的计划。

战略计划和运营预算非常重要，不能作为两个独立的流程来对待。如果企业希望行动与愿景结合在一起，那么战略计划就必须与运营预算相挂钩。本章前面描述的制定目标值的流程，确定了业务单元必须实现计分卡4个层面指标突破性业绩的宏伟抱负。资源分配和行动计划部署意味着这一流程的启动，也将缩小当前业绩与未来3～5年挑战性目标值的差距。但是，管理者不能等上3～5年来判断他们的战略和经营理论是否奏效。他们需要不断地检验战略所依据的理论，以及战略的实施情况。这样的检验有一个必要条件，就是制定计分卡指标的短期目标值。这些短期目标值，或里程碑，体现了管理者对目前行动方案的进展速度，以及它们对战略指标的影响所持的信念。

实际上，这个流程拓展了传统的预算编制流程，将战略性和运营性目标值纳入进来。传统的年度预算编制流程为财务指标制定了详细的短期目标值，例如：销售收入、经营费用、毛利、管理费用、营业利润、净利润、现金流量和投资报酬率。它也制定并批准资本投资、研究与开发、营销和促销活动的开支水平。尽管这些详细的、短期的财务计划仍很重要，但是预算编制流程也应包括计分卡另外三个层面的战略目标和指标的预期短期业绩。也就是说，管理层应该在一个整合的计划与预算编制流程中，制定短期的非财务目标值，也就是他们期待的月度或季度客户和消费者、创新、作业流程、员工、系统和组织协调等方面的成果和业绩驱动因素指标。这些里程碑，建立了对企业长期战略规划中各阶段短期业绩的预期。

如果适当地运用这个长期计划制定目标值的流程，短期预算编制流程的任务，只是把5年计划中的第一年，转换成计分卡4个层面的战略目标和指标的经营预算而已。

本章小结

如果希望把崇高的、雄心勃勃的战略目标转化成行动与现实，本章所讨论的各种流程是至关重要的。这些流程包括制定计划、确定目标值、协调资源分配和战略行动方案以及预算编制。对许多公司来讲，计分卡流程强调了新管理流程的初级阶段，把愿景与战略转化为目标与指标，与企业内外的参与者进行沟通。然而，除非真正把资源用在追求这些目标上，否则这些目标将永远遥不可及，不能成为企业全力以赴的具体目标。通过制定战略指标的长期目标值，指引战略行动方案并分配重要资源来实现它们，以及详细制定沿着战略路线的短期里程碑，管理层将以坚定和负责的态度来实现企业的愿景。

注释：

〔1〕S. Sherman, "Stretch Goals: The Dark Side of Asking for Miracles," *Fortune* (November 13, 1995), 231 -232.

〔2〕C. Y. Baldwin and K. B. Clark, "Capital-Budgeting System and Capabilities Investments in U. S. Companies after the Second World War," *Business History Review* (Spring 1994): 73 -109.

〔3〕同〔2〕。另可参考 R. S. Kaplan, "Must CIM Be Justified by Faith Alone," *Harvard Business Review* (March-April 1986): 87 - 97; R. L. Hayes and D. A. Garvin, "Managing as If Tomorrow Mattered," Harvard Business Review (May-June 1982): 71 -79.

〔4〕G. Donaldson, *Managing Corporate Wealth: The Operation of a Comprehensive Financial Goals System* (New York: Basic Book, 1984).

第十一章

反馈与战略学习流程

在前面几章，我们讨论了：

- 如何以平衡计分卡指标将企业战略阐述为一套因果关系假设（第七章）
- 当全体员工全力以赴地配合战略时，如何来加强战略的实施（第九章）
- 如何将企业的战略行动方案和财务实物资源与战略挂钩（第十章）

上述行动同明确制定战略并将其付诸实施是完全一致的。但是，一个完整战略管理系统尚需一个反馈、分析和反思的流程，检验并调整战略以适应将会出现的各种情况。

从命令与控制到战略学习

许多企业仍然沿用工业时代层级森严的计划与控制系统。战略是由最高层决定的，高层管理者制定长期目标、政策并分配资源。[1]然后，他们命令基层管理者和员工照章行事。依据战略计划，管理者以一套管理控制系统来监督资源的获得与使用。而对基层的管理，则以运营控制系统来监督具体作业流程和一线员工的短期业绩。

当高层管理者对企业的目标以及实现这一目标应采取的行动有了清晰的认识时，层级式的战略制定与实施方式才是完全有效的。这是一种单循环反馈流程，目标早已确定并且一成不变。如果实际结果偏离了计划，对于目标的追求以及手段运用的适当与否并不至于招致质疑。任何对既定轨道的偏离，会被认为是偏差，必须采取纠正措施，使企业回到既定的轨道上来。

但是，当今信息时代的企业战略不可能如此一以贯之或稳定不变。战略越来越复杂，竞争环境越来越多变，高层管理者需要更多的信息反馈。一个规划好的战略，可能有着最好的初衷和完善的信息，也可能会变得不合时宜或者无法适应当前的环境。

企业需要双循环的学习能力。当管理者对他们的假设提出质疑并且对他们采用的理论是否符合当前的迹象、观察和经验进行反省时，这种学习就出现了。[2]有时管理者需要设计新的战略，去捕捉新的机遇或者对抗始料未及的新威胁。如何捕捉新的机遇，企业的基层管理者常常有一套自己的想法。明茨伯格（H. Mintzberg）和西蒙（R. Simons）认为这种新兴的战略观有如下几个重要方面：[3]

- 战略随着时间推移而产生并逐步完善
- 既定战略可以被取代
- 战略制定和实施是相互联系的
- 战略思想可能出自企业中的任何角落
- 战略是一个过程

实际上，层级式的和新兴的战略制定和实施观念是并存的。企业全体员工日复一日地执行既定的战略。但是他们应该保持警惕，随时捕捉客户、市场、技术和竞争者的变化所可能带来的机遇。以平衡计分卡阐释的战略构建的管理流程，必须经常提供双循环学习的机会，即收集战略资料、检验战略、反思战略是否符合最近的发展，并就新的战略机遇和方向在企业内广泛征求意见。

走向战略学习流程

目前许多企业正在进行一些重要的业务流程再造，再造的对象通常是运营流程，例如产品开发、客户服务和产品交货。他们也在运营层面进行个人或团队的学习。[4]改善现有的运营以实现预定的战略目标，是一种典型的单循环学习流程。不过，有些公司已经开始采用平衡计分卡，把他们的运营和管理研讨流程，拓展为战略学习流程，这使他们能够从单循环的运营学习，走向管理层和 SBU 层面的双循环战略学习（见图 11－1）。

一个有效的战略学习流程有三个基本要素：

1. 共享的战略架构。它传达战略，并使每个员工均能明了个人的活动对整体战略的贡献。
2. 反馈流程。它收集有关战略的业绩资料，并检验根据战略目标和行动方案之间的关系所作的假设。
3. 团队解决问题流程。它分析业绩资料，从中汲取经验教训，然后调整战略以适应新的形势和问题。

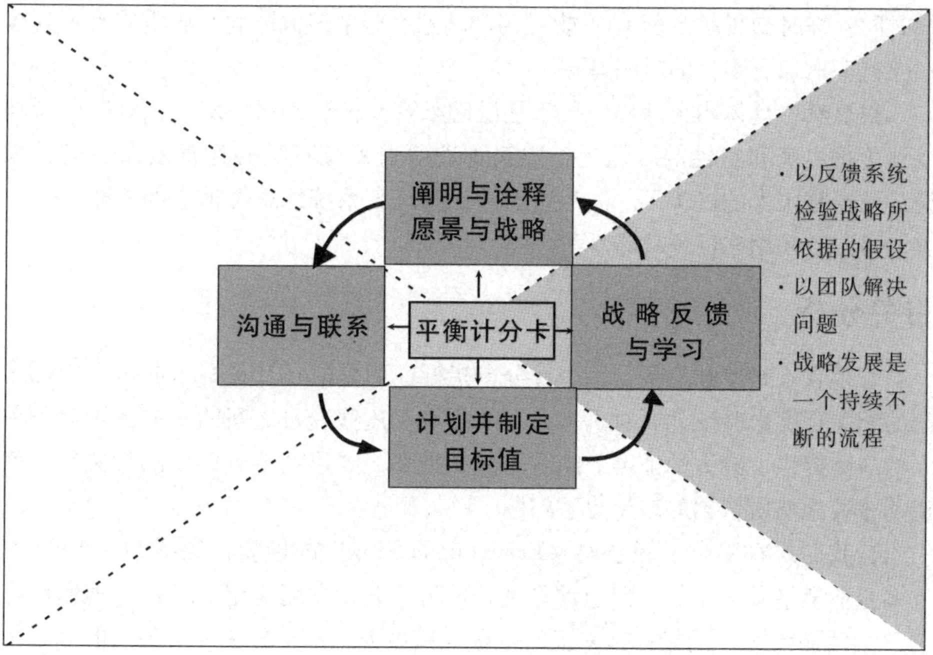

图 11－1　另类管理系统——战略反馈与学习

共享的战略架构

正如本书所述，平衡计分卡代表了企业的共同愿景。计分卡的目标与指标，明晰并宣传了这种愿景，从而调动企业的积极性并凝聚力量。共同愿景是战略学习流程的基本出发点，因为它以清晰和运营性的语言，界定了整个企业追求的目标。除了共同愿景外，平衡计分卡也建立了一个共同的业绩模式，提供了一个全面的方法，使个人的努力能够与业务单元的目标结合起来。以平衡计分卡为中心构造的共同愿景和共享业绩模式，是战略学习流程的首要因素。

战略反馈

设计战略反馈系统的目的在于检验、证实和修正业务单元的战略假设。平衡计分卡包含的因果关系，使管理者能够制定短期目标值，反映他们对滞后指标的最佳预测，以及业绩驱动因素对结果指标的影响。例如，改进员工培训和信息系统可用性，从而使员工能够向更多客户交叉销售多种金融产品，需要多长时间？按时交货率改善10%能对客户满意度产生多大影响？从质量改善到客户保持率增加有多长的时间差？

很显然，具体指出这样的关系是说起来容易做起来难。起初，对这些影响的评价是主观和定性的。但是，比起管理研讨系统只关心运营层面的流程来说，已经是很大的进步了。因为这能够让管理者系统地思考他们的战略，下列方法可以被采用来促进战略学习。

相关分析

管理者不是单独地报告每个计分卡指标，而是通过计量两个或多个指标之间的相关程度来验证他们对因果关系的假设。这些变量之间的相关性为业务单元的战略提供了有力的证据。随着时间的推移，如果找不到假设的相关性，就说明企业战略所依据的理论出了问题。

让我们看看回声工程公司（Echo Engineering）的经验，如图 11－2 所示。许多企业衡量员工士气，但通常只是表现为“政治立场坚定”而已，他们用这个“温暖而模糊”的指标，来证明企业规模虽大，却十分关怀员工。但如果想长期对员工能力、技能和个人目标协调进行投资的话，那么员工类指标必须更“温暖而模糊”一点。这类指标应该产生更多实实在在的好处。实际上，经过相关分析，回声工程公司发现它最满意的客户，经常是由士气最高的员工提供服务的。因此，员工士气的重要性，不用找其他理由来证明，它是回声公司获得战略成功的必要因素。

但是，玩世不恭的人会说，找到员工士气和客户满意度之间的相关性，只不过是证明内部的“温暖模糊”和外部的“温暖模糊”相关而已。他们认为，公司真正需要的是利润和资本报酬率，而非快乐的员工和满意的客户。毕竟，只要肯付出比市场行情高的工资，企业就可以拥有忠诚的员工；而且只要愿意提供低到谷底的价格，以及有价值而免费的送货和支持服务，这些员工就可以令客户感到愉快。

计分卡要求所有指标最终与财务业绩挂钩，在这里发挥了重要的决定性作用。回声工程公司发现了更多的相关性，即客户满意度和应收账款周转期之间存在着负相关关系。最满意的客户往往在15天之内就结清账单，而不满意的客户则要拖欠120天才会付款。该公司已经找出了各种关系的先后顺序（如图11－2所示）：

员工士气改善　→客户满意度增加
　　　　　　　→应收账款减少
　　　　　　　→资本报酬率提高

因此，员工士气不需被证明为一个高贵的和家长式作风的公司目标，它是实现未来卓越财务回报的必要因素。计分卡中的联系，证明了改善软指标（员工士气和客户满意度）将带来硬利益（资本报酬率的提高）。这类分析显然可以帮助企业从战略角度集中精力思考必要的业绩驱动因素，以获得更高的财务回报。

再举一个例子来说明计分卡四个层面的相关性。通过对几个服务企业取得成功的因素进行广泛的研究，得出了服务利润链。[5]这几家服务企业包括前进

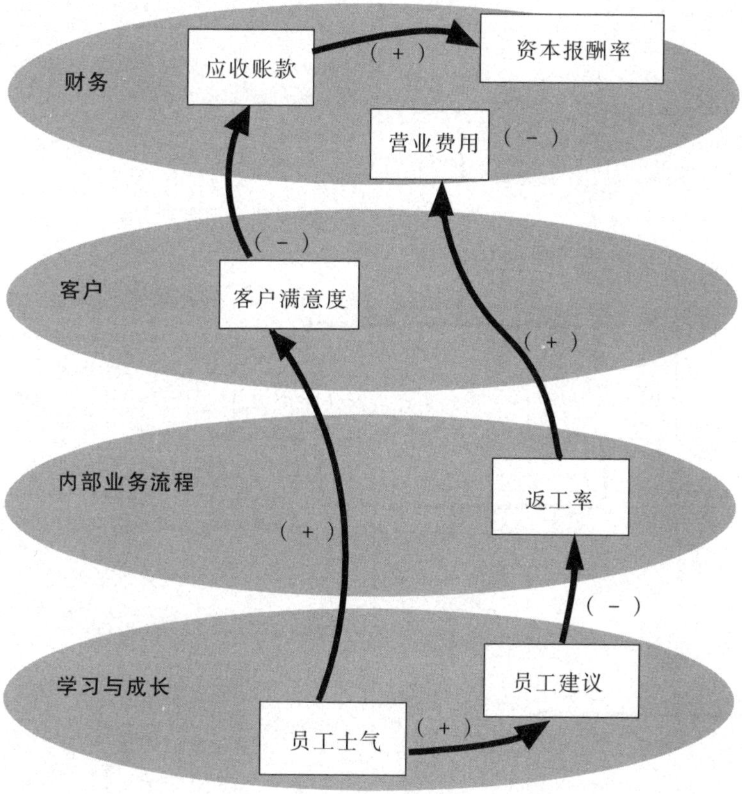

资料来源：摘自本书作者发表于《哈佛商业评论》1996年1～2月号《平衡计分卡在战略管理系统中的应用》一文，已获授权转载。

图11-2　回声工程公司——连结四个层面的指标

保险公司（Progressive Corporation）、西南航空公司（Southwest Airlines）、MCI公司、Taco Bell公司。如图11－3所示，服务利润链可以被看作一个通用的平衡计分卡。它清晰地显示了员工类指标与内外部服务质量的联系，而员工和服务质量指标（内部业务流程）又驱动了客户满意和客户忠诚的改善，满意和忠

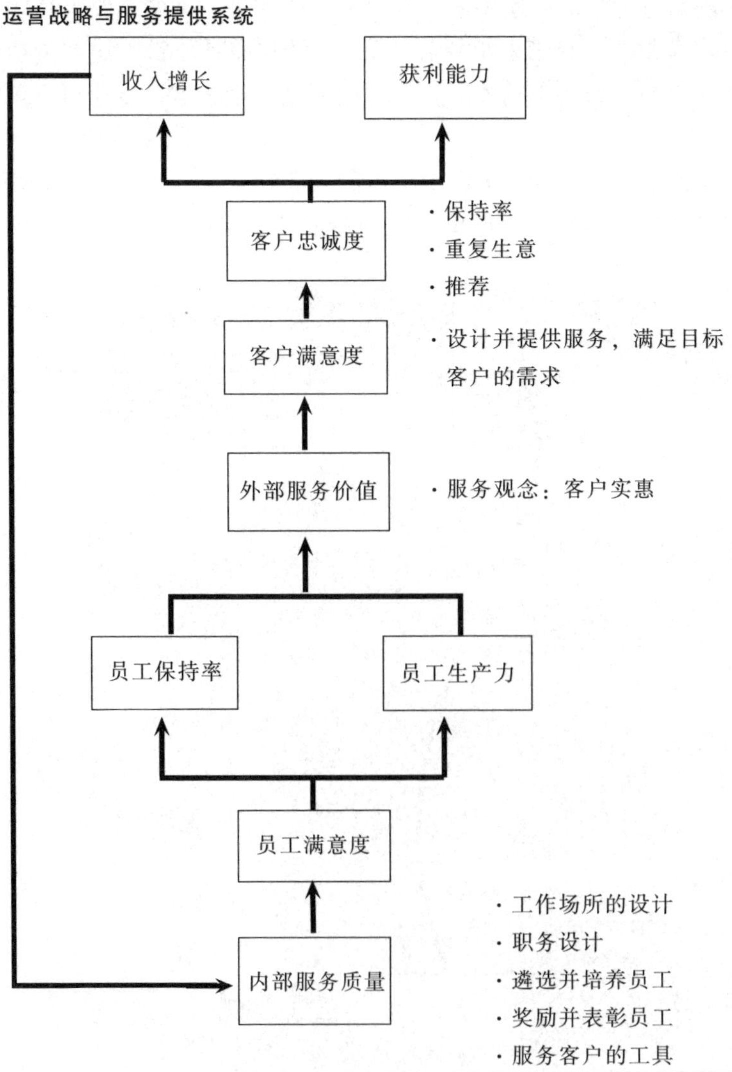

资料来源：《哈佛商业评论》，<Putting the Service-Profit Chain to Work>,1994年3～4月号，作者为James L. Heskett, Thomsa O. Jones, Gary W. Loveman, W. Earl Sasser, 以及Leonard A. Schlesinger，已获授权转载。

图11－3 服务利润链

诚的客户进而驱动了财务业绩的改善（收入增长和获利能力），这种反馈循环又促使公司对员工和系统增加投资。对高业绩服务公司的研究，确定了在服务利润链的各种因素之间，存在着强烈的、具有统计意义的相关性：

员工满意度和员工能力　⟷卓越的内部流程
⟷满意和忠诚的客户
⟶更高的财务业绩

管理游戏与情景分析

某公司的高层管理者曾以假设的计分卡联系作为创新方法，来促进企业的战略学习。计分卡实施一周年，在尚未替下个年度更新模式之前，管理层移师外地举行了两天的会议。根据平衡计分卡的联系模型，分析师已经设计了一个管理游戏。他们把第一年的统计数据汇编起来，并强调关键变量之间的相关性。首先，管理层被要求评价第一年的战略，并找出战略中的任何致命缺陷。如果某个计分卡指标没有实现，管理者必须找出可能的原因。例如，外部环境是否与制定战略时的预期有所不同？模型中是否遗漏了重要的驱动因素。在分析的基础上，管理层被要求做出未来的改进战略。平衡计分卡是这个管理游戏模拟的基础，模拟的结果则量化了新的战略情景。会后，管理层认为，模拟分析更新并刺激了他们对战略成功驱动因素的思考。

轶事报道

分析计分卡指标之间的相关性和因果关系，往往需要漫长的时间，等积累到足够的数据和证据，才能获得具有统计意义的结论，而且在大企业尤为如此。业绩可能必须深入到企业的核心，或许还需要持续相当长的时间，才会具有统计意义。虽然统计意义和统计有效性非常重要，但是战略学习系统仍应提供战略是否有效的早期指标。从一些细微的、或许是孤立的事件中，可以发现这种早期指标。

例如，当石水公司试图将营销战略转向第一级的客户伙伴关系，而不是第二级的价格导向的客户，管理者不断报道一些新客户战略关系的故事，例如，如何建立这种关系，从中学到什么经验教训，来补充定量的业绩报告。当大都会银行将营销战略转向对目标细分客户交叉销售新的金融产品，每个月的公司新闻简报均引述某个销售人员如何成功地建立一个新的客户关系，并强调用了哪些销售技巧并取得了哪些利益。国家保险公司经常用一些保险经纪人如何成为专家的故事来补充业绩报告。通过讲述数字背后的故事，这些公司获得了战略是否有效的非正式反馈，对于企业战略的目的和具体细节也有了新的启发。通过这种方法，企业能够利用过去的经验来改变未来的业绩。

行动方案研讨

第十章讨论了确定和拨款给战略行动方案，对于实现计分卡指标的挑战性目标值的重要性。这些行动方案必须经过战略学习流程的研讨。定期和广泛的研讨向所有管理者发出了信号，即公司将会持续评价行动方案的进度。这种认识有助于使企业集中精力实施行动方案，并评价它们是否正朝着雄心勃勃的目标值前进。

例如，表 11 - 1 显示了一组典型的战略行动方案，以及它们试图改进的指标。总的来说，行动方案和指标之间并不存在一一对应关系。反之，通常需要一组方案才能实现一组成果。在这个例子中，企业需要综合媒体广告、争取新信用卡客户和扩大信用卡使用率三个行动方案，以增加新账户数量和活跃账户比率这两个成果指标。当选定行动方案后，管理者挑选那些他们认为对成果指标影响最大的行动方案，摒弃那些他们认为潜在影响较弱的行动方案。当评价行动方案的影响时，也需要做出类似的判断决策。典型地，轶事报道提供了投资方案硕果累累的第一印象。通过持续地评价行动方案对指标的影响，管理者可以进一步提高对经营战略中因果关系的了解。

表 11 - 1　挑战性目标值、行动方案与责任

战略目标	指标	目标值	行动方案	负责人
树立形象： 扩张我们的形象，从成功的私营企业变成客户欢迎的成熟品牌	新账户数量	97 ~ 100 98 ~ 115 99 ~ 150	媒体促销计划 信用卡扩张使用计划	RMN DPK
	活跃账户（%）	97 ~ 100 98 ~ 105 99 ~ 115	信用卡使用计划	MSF

同行研讨

学习的另一种行之有效的机制是了解外人的观点。电子元件制造商 Hi-Tek 公司，运用计分卡方案来改善企业的协调程度。一年后，大部分问题得以解

决，每个月的计分卡研讨会已成为正常管理流程的一部分。可是该公司的 CEO 却担心每个月的研讨会正失去战略意义。为了防止计分卡研讨会渐渐沦为研讨经营目标的例行公事，他决定采用同行研讨流程，这个流程是公司当初为了申请美国国家质量奖（Baldrige Award）而引进的。同行研讨流程每六个月举行一次，由 3 ~5 位其他分公司经理组成的研讨小组对该公司的平衡计分卡进行研讨。该小组每次都重新回顾战略、目标、指标和战略行动方案。他们也在企业各处随机访问员工，了解计分卡方案在企业中的认知水平和渗透性。最后，小组提出一份独立客观的计分卡结构和流程的评价报告。

同行研讨流程使 Hi-Tek 公司的管理者能够摆脱每天、每月的例行公事，专心反思企业的战略问题。同行研讨会的刺激也使计分卡研讨流程更加专业化和正式化。此外，研讨也使最佳实践的经验从一个部门传播到另一个部门。尽管同行研讨方式未必适合每个企业，但是 Hi-Tek 公司过去已有同行研讨和反馈经验，从而为这种做法更加顺利地实行提供了良好的基础。

上述这些机制，即相关分析、管理游戏和情景分析、轶事报道、战略行动方案研讨和同行研讨，使一个组织能够定期研讨并思考战略方向。定期管理研讨的重点从解释过去转变成学习未来。如果业绩偏离了计划，不会成为相互指责的口实，或用来追究责任。反之，偏差可以成为学习的机会。实际业绩与计划业绩的偏差，可以鼓励管理者展开辩论：他们的战略假设，在目前的经营中是否有效？他们提供给目标客户的价值主张是否带来了客户和财务成果的改善？企业从事活动及开发目标客户所重视的新产品和服务的进度，是否足够快？平衡计分卡与其他特别的业绩评价系统的不同之处，就在于它阐述了“经营理论”。[6]通过计分卡指标之间的一套清晰的联系，管理者可以使用非统计的简便方法来检验他们假设的经营理论中战略行动方案、业绩驱动因素和成果之间的因果关系。

团队解决问题

战略学习的第三个因素是一个行之有效的团队解决问题流程。[7]这里的重点是“团队”。当我们描述如果明晰战略并达成共识，然后依此共识来设计平衡计分卡的时候，曾一再强调建立团队的重要性。在实施和评价过程中，也应该保持同样的团队导向。

跨职能团队

保持一个跨职能的观点是学习流程的一个重要因素。企业应该避免落入职能专业化的俗套。例如，由财务副总裁负责财务层面的目标与指标；由营销和销售副总裁负责客户层面；由运营、研发和后勤副总裁负责内部业务流程层面；由人力资源和信息系统副总裁负责管理学习与成长层面的目标与指标，似乎是顺理成章的事情。但是这种职能划分并不符合团队责任制和团队解决问题的原则。完成指标和动员行动方案的责任，应当由整个管理层共同承担。

回声工程公司以内部业务流程价值链，建立了五个跨职能团队来管理战略的不同方面（见图11－4）。确定客户需求，是一个典型的营销职能，可是负责这个任务的团队却来自运营、工程和质量部门。每个团队成员带来了不同角度的客户需求观点。把这些过去分散的知识汇集在一起，可以极大地增加流程的效率。

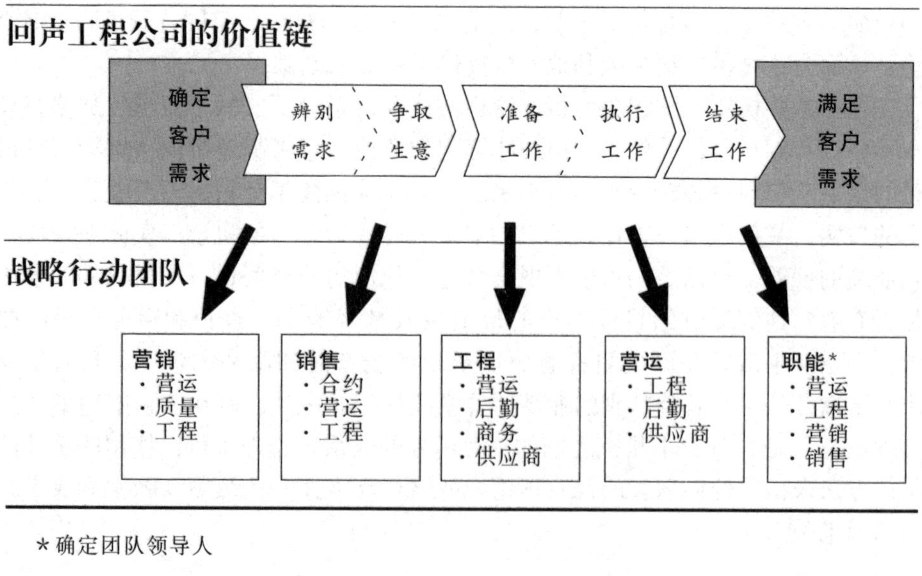

图 11－4 利用跨职能团队协助管理者解决问题

战略研讨会

正式和定期的战略研讨会，在管理团队的战略学习流程中发挥着重要的作用。不幸的是，大多数管理会议强调运营性而非战略性问题。以凯尼恩商店为例，它的管理团队每个月开会一次，研讨上个月的业绩。会议尽量安排在接近月底结账的日子，而且通常安排在周六上午，避免受到干扰。

会议议程是按照责任中心安排的。主计长（controller）到了会上才分发月度报表，所以与会者不可能在会前做任何准备工作。会议一开始，先由主计长报告财务业绩，然后由三位销售经理和一位零售店负责人轮流报告，每位经理分别回顾各自部门的业绩。这种单项式的沟通战略占65%的会议时间。剩下的35%则是分组讨论时间，所有的管理者都觉得这段时间是整个会议最有价值的部分。但是，这段互动时间多半花在讨论运营报告中出现的短期问题（例如，如何确保商店布置的“新鲜感”，如何让采购人员更为及时地提供更好的商品，等等）。只有10%的时间用在讨论长期的、具有战略意义的问题上，例如，如何使企业全力以赴提高质量。因为会议主要是对广泛的、平衡的业绩进行研讨，所以每个非财务问题在分组讨论中所占时间都不超过五分钟。在会议结束时，与会者就改善短期业绩的七点事项做出结论。

显然，这种会议是讨论运营问题的，至多再讨论一些管理、控制问题。它的目的是监督业绩是否符合计划，以及在发现偏差时采取短期行动，把企业拉回到计划的轨道。按照这种标准，会议可以说是成功的。它在管理层中培养了团队解决问题的氛围。来自企业不同部门，拥有不同职能专长和责任的管理者互相研讨对方的计划和成果，从而产生了很多跨职能的学习。此外，2/3的会议时间专门用于讨论非财务问题。但是，反过来看，会议的大部分时间是在听报告，团队解决问题的时间很少。会议日程安排完全围绕着职能部门的责任，而不是以需要多个部门群策群力的战略议题为中心。

每月的管理例会对于运营和管理控制问题十分有效。但因为它是凯尼恩公司管理层研讨业绩的唯一会议，局限性在所难免。它忽略了学习流程，即企业的战略是否发挥作用和战略实施是否有效。

大多数企业的情形与凯尼恩公司差不多。在采用平衡计分卡作为管理系统之前，FMC公司的集团公司管理层和各业务单元的管理者每个季度举行一次会议，会议的重点是分析最近一期的财务结果。几十个业务单元的管理者都来参加这个盛会，他们中的绝大多数都是坐在会议室的墙边，以防他们被点名去解释季报中一百多个项目出现的任何偏差。讨论集中在过去的业绩上面，并要说明没有实现财务目标的原因。

总的来说，大多数企业的定期研讨会议都是评价最近的业绩是否符合年度预算中确定的短期运营计划。他们在会议上研讨每月或每季的财务和运营统计数字，讨论短期的、战术的结果和流程。实际上，几乎没有时间用来反思战略的进展，竞争、市场和技术环境是否仍然符合战略计划，以及是否能持续投入足够的资源来实现战略计划。据我们所知，大多数企业都忽略了战略学习的机会。

反之，自从将平衡计分卡作为管理系统的基石后，FMC 公司的季度研讨会议可谓是旧貌换新颜，发生了彻底的改变。公司总裁提前告知集团公司管理层

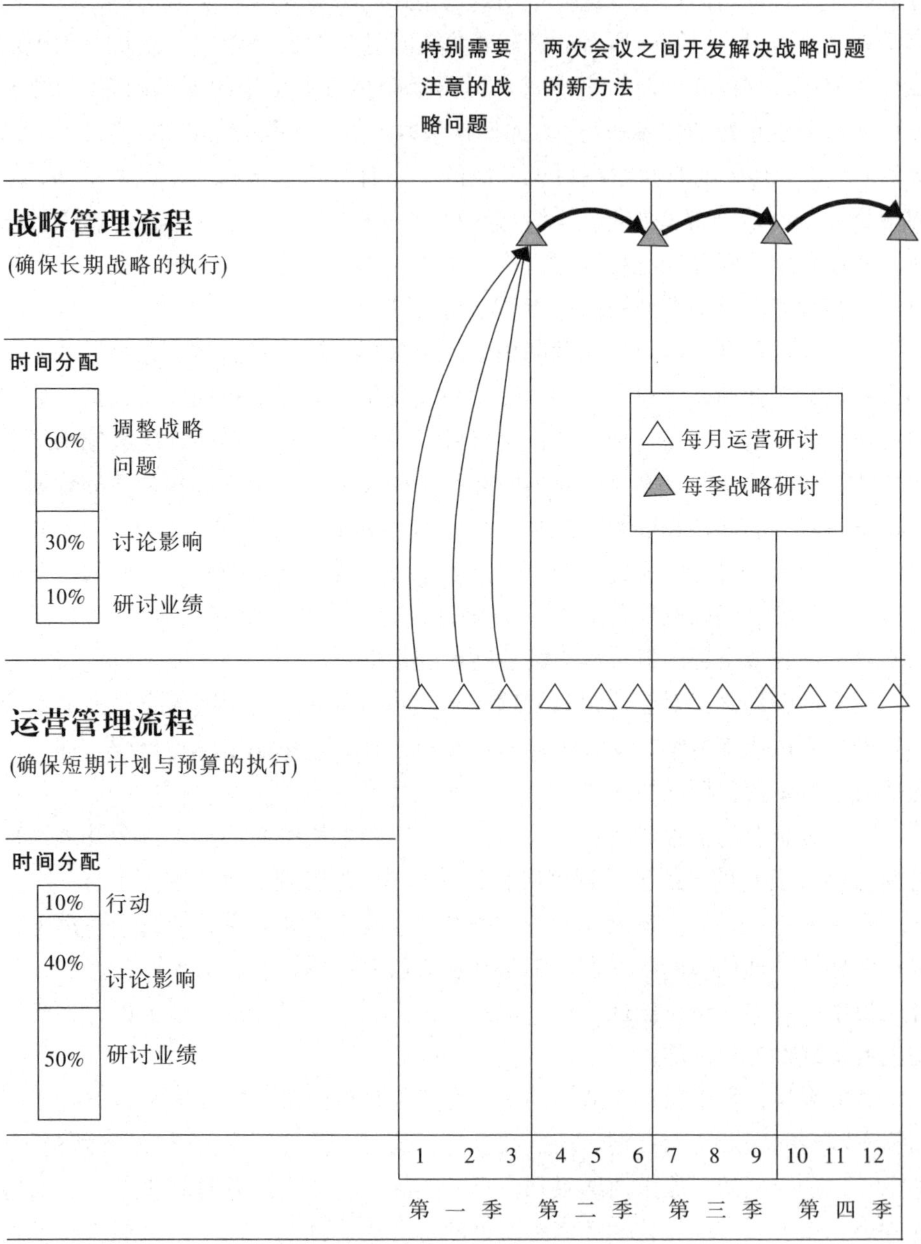

图 11－5　运营管理流程与战略管理流程独立而相关

财务计划的任何重大偏差。通常，这些问题在会前就解决了。到了面对面的会议时，只有三位集团公司的人员以及三四位业务单元的经理需要出席。每次会议讨论的重点都是战略，例如：公司是否实现了近期的目标，长期目标能否实现，是否有必要对战略做出调整。

为了使战略研讨会议富有成效，就应该在时间和地点上与运营研讨会议分开。运营研讨会不妨每月召开一次，而战略研讨会议却适合每季举行一次。因为市场占有率、客户满意度、新产品引入和员工能力等战略因素，不可能每个月都发生显著的变化。季度研讨会也可以使管理层更多地思考发展趋势、战略驱动因素及其与成果的相关性。每季的战略研讨会应重点讨论战略问题，而不是职能部门的业绩，它的目的是战略的改进与实施。

对需要进一步探讨和明晰的战略问题的确定，结束了战略学习流程循环。每季的研讨，成为学习战略有效性及其执行情况的机会。例如，大都会银行在一次战略研讨会上发现，客户对质量的投诉激增。但是，内部质量统计数据却没有证实这个问题。于是，公司组建了一个跨职能小组来分析这个问题并提出解决方案。结果是，战略的一部分是有效的，一部分得以改进。一般来说，在季度战略研讨会上，管理层修正当前的战略，而不会大刀阔斧地推出新方法。

将运营研讨会与战略研讨会挂钩，可以进一步加强战略学习的效果。如图11－5所示，尽管运营研讨流程着眼于短期问题，却常常能辨认出一些影响深远的问题。凯尼恩商店在一次运营业绩研讨会上发现，三位销售经理对同一家供应商的质量和可靠性都极为不满。由于公司与主要供应商的关系更为重要，超过了每月运营研讨会议能够有效处理的范围，所以这个问题被列入季度战略研讨会的议程上。同样的，战略研讨会中也不时冒出一些比较适合在运营层次执行的问题。这些问题被列入每月运营研讨会的议程上，从而使公司能够迅速做出反应。运营研讨会议和战略研讨会议挂钩，使许多这类问题一出现时就被发现并得到解决，进而使战略和运营流程共同发展。

对战略进行持续的双循环学习

战略研讨会上的面对面接触，显然是战略学习所需要的建立团队和解决问题流程的一个重要因素。但是，这类会议还是有大约一半的时间被耗费在研讨和解释数字上面。新科技可以把事件导向（event-driven）的学习流程（在季度研讨会上），转变成一个不断学习的流程，从而加强战略学习的效果。Lotus Notes 等群件技术，允许限定一群人持续不断地就共同关心和负责的话题开展工作。有些管理团队已经把这种技术方式运用到管理工作之中。如图11－6所示，平衡计分卡为这种技术的应用提供了完美机会。

用这种持续学习的方法，团队会议就可以删除单向的数字报告。报表可以任人随意在线取阅。网络允许大家对数字及其牵涉的问题进行持续的对话，因此管理层在开会时，可以集中精力于战略问题及其说明上。

我们深知可以预见未来会出现一个更正式的流程，在季度战略研讨会上利用证据来检验、学习和修正战略。例如，假设在一次季度会议上，大都会银行的管理层发现一个重要客户层面指标：新产品和服务的销售增长率，比预期的结果低。根据平衡计分卡中确定的因果关系，管理者首先回顾这个成果指标的业绩驱动因素是否达到了它们的目标值。预期的新产品和服务是否已经提供给了客户？员工是否获得了推销这些新产品和服务的培训？信息系统是否就绪，

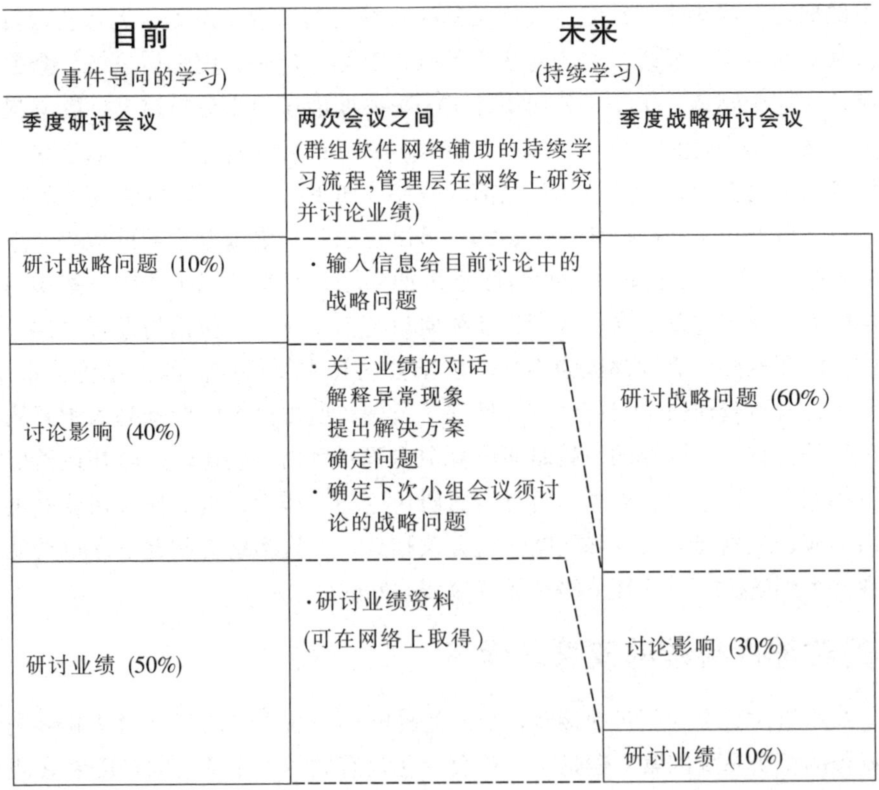

图 11－6 未来的战略研讨流程

能够协助员工确定新产品与服务的潜在客户，能够提供客户与银行的现有关系及客户对新金融产品需求的信息？如果这些业绩驱动因素中有一个或多个未能达到目标值，便可将成果指标未能实现预期业绩归因于执行不力。于是管理层可以制定计划，在下期纠正这些缺陷。这是一个很好的单循环学习例子。管理者发现预定计划出现偏差，于是立即采取行动使企业回到预计的战略轨道上。

但是，假设各种数据表明员工和管理者已经完成了业绩驱动因素指标，员工已被再培训，信息系统已经就位，新的金融产品和服务已经开发完毕并如期上市。现在，无法实现预期的成果，提高多种产品的销售额，是一个重要的信号：大都会银行目标客户战略所依据的理论可能不起作用。管理者应该认真地看待这些被证明不成立的证据，必须及时推出一个双循环的学习流程。他们应该进行深入细致的对话，研讨他们对市场情况、目标客户的价值主张、竞争者行为和内部能力所做的假设。对话的结果，可能重新肯定当前的战略，但需要调整里程碑，这些里程碑代表了平衡计分卡指标的定量关系。在这个例子里，管理者维持他们对现有经营理论的信念，但建立了一套不同的动态关系。另一个可能出现的结果，而且可能是更为严重的结果，则是深入细致的战略研讨显示出业务单元的战略是错误的，必须根据对市场情况、客户偏好和内部能力的认识来修正战略。根据我们的经验，这个收集资料、验证假设、反省、战略学习和调整的过程，是经营战略成功实施的根本。正是这种推动管理层开展战略学习的能力，使平衡计分卡成为战略管理系统的基石。

无论管理层是肯定现有的战略，但调整他们对因果关系速度和大小的判断，还是修订或采取全新的战略，计分卡都成功地刺激了主要管理者对战略持久性和有效性的（双循环）学习过程。管理者可以利用这种学习来回顾最初的平衡计分卡实施流程，为下个年度更新愿景与战略，并将更新后的战略化为一套修正过的目标和指标。

本章小结

管理层的学习能力，我们称之为战略学习，可能是平衡计分卡最创新之处。对于那些想学习如何将平衡计分卡作为战略管理系统的人来说，战略学习是最值得做的工作。战略学习流程以明晰整个企业追求的共同愿景为出发点。以衡量指标作为阐释愿景的语言，可以把复杂而模糊的概念转变成精确的理念，从而协调和调动所有员工采取行动实现企业的目标。计分卡强调的因果关系，为企业带来了动态的系统思维，它使企业中不同部门的员工，都能够看清楚个人与全局的关系，并了解每个角色之间的相互影响。因果关系协助企业确定业绩驱动因素和相关行动方案，从而衡量变革并鼓励变革。最后，计分卡方法促进了团队学习。管理层应该开发计分卡并使用它监督经营业绩。因为计分卡详细说明了战略所依据的经营理论，所以监督业绩可以采取验证假设和双循环学习的办法。我们认为这个战略学习和调整的过程，是成功实施企业战略的基础。

注释：

〔1〕可参考：R. N. Anthony，Planning and Control System：A Framework for Analysis（Boston：Harvard Business School，1965）.

〔2〕关于管理流程中的单循环学习和双循环学习，下列文献有深入的探讨：C. Argyris，Reasoning，Learning，and Action（San Francisco：Jossey-Bass，1982）；Strategy，Change and Defensive Routines（New York：Harper & Row，1985）；和"Teaching Smart People How to Learn，" Harvard Business Review（May-June 1991）：99－109.

〔3〕可参考：H. Mintzberg，"Crafting Strategy，" Harvard Business Review（July-August 1987）：66－75；和"The Design School：Reconsidering the Basic Premises of Strategic Management，" Strategic Management Journal（November-December 1990）：171－195；Robert Simons，Levers of Control：How Managers Use Innovative Control Systems to Drive Strategic Renewal（Boston：Harvard Business School Press，1995），18－21.

〔4〕David Garvin，"Building a Learning Organization，" Harvard Business Review（July-August 1993）：78－91.

〔5〕James L. Heskett，Thomas O. Jones，Gary W. Loveman，W. Earl Sasser，Jr.，and Leonard A. Schlesinger，"Putting the Service-Profit Chain to Work，" Harvard Business Review（March-April 1994）：164－174.

〔6〕Peter F. Drucker，"The Theory of the Business，" Harvard Business Review（September-October 1994）：95－104.

〔7〕Jon R. Katzenbach and Douglas K. Smith，The Wisdom of Teams：Creating the Hign-Performance Organization（Boston：Harvard Business School Press，1993）.

第十二章

实施平衡计分卡管理方案

“我曾努力让我的老板知道，平衡计分卡是管理而不是衡量。”

这位经理的 CEO 要求他领导一个由中层经理组成的工作小组，为分公司开发一份平衡计分卡。该经理感觉这项工作注定会失败，因为 CEO 认为平衡计分卡只是一个狭隘的改善业绩衡量系统的工具，而不是一种管理企业经营的新方法。

我们的经验也证实了这位经理的担忧。平衡计分卡项目的目的，不是去开发一套新的衡量指标。描述结果和目标值的衡量指标，的确是一个强大的激励和评价工具，但是平衡计分卡的衡量框架应该用于构建一套新的管理体系。衡量系统和管理系统之间存在着细微但极为重要的差异。衡量系统应该只是一个追求更为重要目标的手段——一套协助管理层实施战略并取得战略反馈的战略管理系统。我们曾目睹高级管理层利用平衡计分卡衡量框架的力量来创造长期的企业变革。

管理流程和计划都是围绕各种框架而建立的。传统的管理系统围绕财务框架而构建，这种投资报酬率模式为核心的体系早在本世纪初就由杜邦公司发展出来了。只要财务指标能抓住季度和年度中发生的绝大部分增值（或减值）活动，财务框架就能很好地发挥作用。但是，随着企业活动越来越多的涉及对关系、技术和能力的投资时，这些投资利用历史成本的财务模式无法予以衡量，此时，财务框架的价值就大打折扣了。企业采用平衡计分卡制度，是因为平衡计分卡不但保留了对短期财务结果的关注，而且还认识到了建立无形资产和竞争能力的价值。

平衡计分卡为管理层提供了一个新的工具，使他们能够把注意力放到争取长期成功的战略上，这一重要任务迄今为止一直难以实现。通过确定一个企业应该全神贯注和集中资源的最重要目标，平衡计分卡为将企业事务、信息和各种重大的管理流程组织起来的战略管理系统提供了一个框架（见图 12－1）。如

第二部分所述，这个战略管理体系的每个部分都能与战略目标相连结；客户、内部业务流程、客户和系统目标，都与实现长期财务业绩息息相关；部门、团队和个人的目标也都与实现战略业绩相一致；同时，这种战略也决定着资源分配、战略行动方案和年度预算；管理回顾则成为反馈和学习战略的机会。平衡计分卡并没抹杀财务指标在管理体系中的作用，但是它把财务指标纳入一套更为平衡的管理体系，从而把短期运营业绩同长期战略目标连接起来。

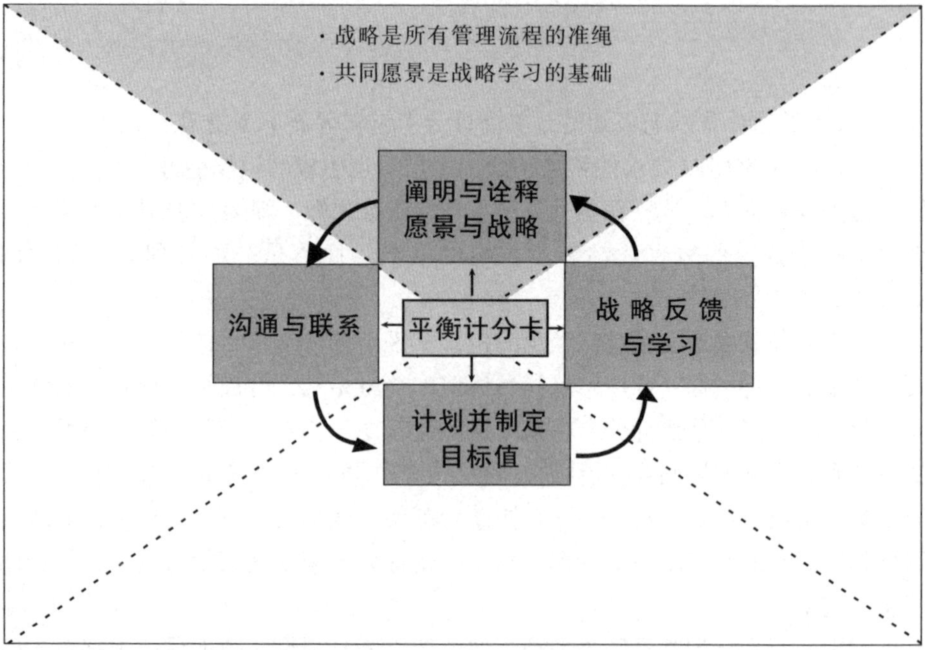

图 12－1　以平衡计分卡作为行动的战略框架

推出平衡计分卡方案

企业推出平衡计分卡方案的原因很多（见图 12－2）。本书的附录中描述了一些我们熟悉的公司当初推出平衡计分卡方案的动机。注意在图 12－2 列出的原因中，没有一个纯粹是为了改善衡量系统，它们都是在追求一个广泛的、凌驾一切的目标——使企业向着新的战略方向发展。

根据我们的经验，CEO 当初都是基于某一特定的战略目的而采用平衡计分卡的，而且往往一举奏效。但是，没有一家公司让平衡计分卡一直服务于最初的目的。相反，第一份平衡计分卡似乎启动了一个远远超过建立平衡计分卡这一最初目的的变革流程。实施平衡计分卡方案一年内，所有企业都把平衡计分卡作为其管理体系的基石。

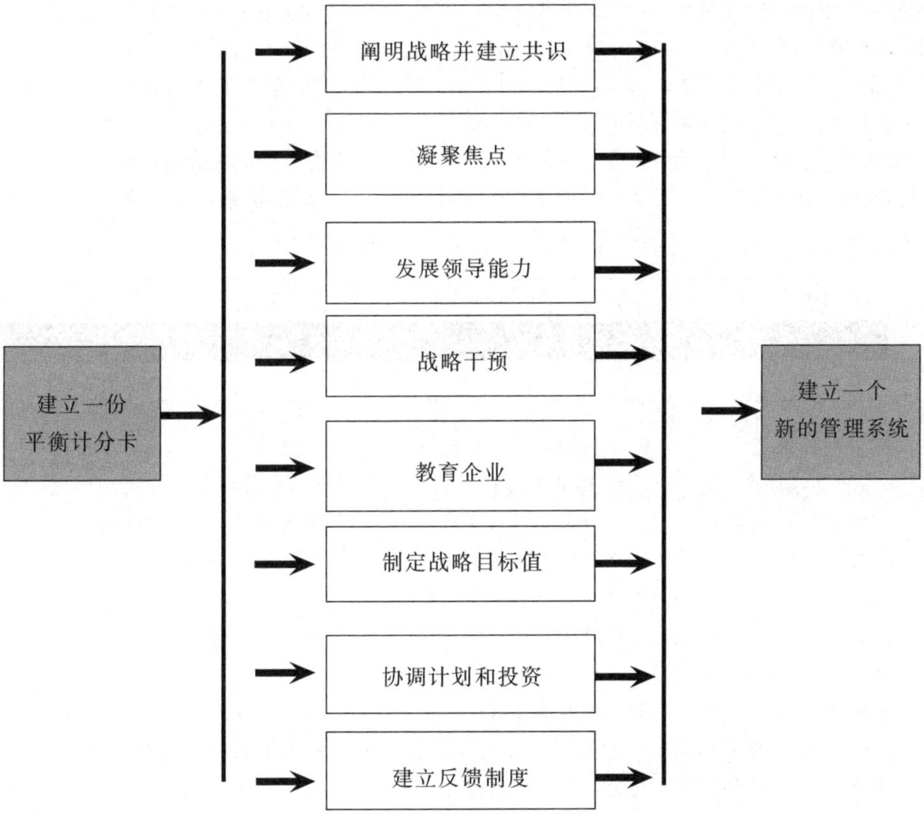

图 12－2　多数企业引进计分卡驱动局部管理流程

动力：动员企业

管理体系不可能一夕生变，因为其范围广、复杂性和影响力强的关系，推出一套新的管理体系必须采取循序渐进的方法。这种方法比较理想，因为随着管理体系中各项因素的逐渐改变，CEO 有机会把企业从旧的流程中摆脱出来，并传达他对新流程的意图。如果每项改变都服务于一个固定的意图（如为企业制定新战略)，那么每项改变都可以强化和巩固前一个改变。当平衡计分卡成为新的管理体系的中心组织框架时，一切改变都将承前启后而且密切相关，其结果就像国家保险公司所表明的，将是十分引人注目的。

2A．与中层管理者沟通（第4~5个月）

召集上面三级管理层（100人），学习并讨论新的战略。平衡计分卡是沟通的工具。

2B．发展业务单位计分卡（第6~9个月）

以总公司的计分卡为样板，每一个业务单位把自己的战略演绎成自己的计分卡。

4．研讨业务单位计分卡（第9~11个月）

CEO及管理团队研讨各业务单位的计分卡。研讨工作使CEO能够知性的参与塑造业务单位的战略。

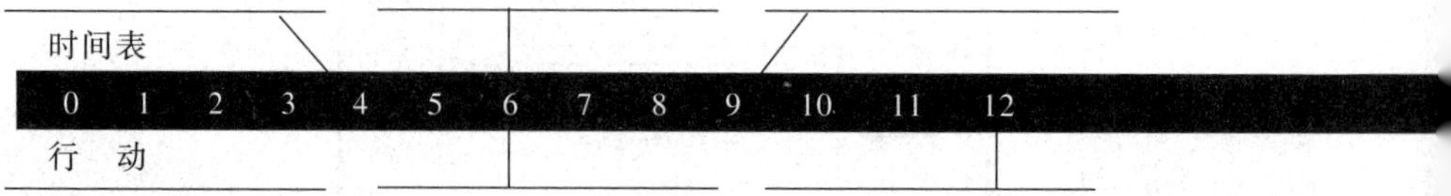

1．阐明远景

新成立管理团队的十名成员努力了三个月，开发出一份平衡计分卡，把空泛的远景诠释成一个易于理解便于沟通的战略，这个流程有助于他们建立对战略的共识和承诺。

3A．撤销非战略性投资（第6个月）

由于总公司计分卡确立了战略的优先顺位，因此发现许多行动方案对战略毫无贡献。

3B．推出总公司变革方案（第6个月）

总公司计分卡确立了需要跨业务单位的变革方案。趁业务单位筹备自己的计分卡之际，推出这些变革方案。

5．调整愿景（第12个月）

研讨业务单位计分卡的过程中，发现了一些总公司的战略未曾考虑到的跨业务问题，总公司计分卡因此而做了修正。

6A．向全公司推广平衡计分卡（第12个月起持续进行）

一个月之后，管理团队已熟悉这个战略措施，开始向整个企业宣传计分卡。

图12-3　以管理系统指挥变革

我们曾在第七章首先讨论国家保险公司的例子。回忆一下，国家保险公司的母公司为了扭转长期亏损局面而任命了一个新的管理团队。新团队采用的措施包括把重心放在那些现有员工拥有专业知识和竞争优势的领域。但是，管理团队试图向全公司传达这种战略变化时，却没有带来多少收效。大多数员工不能理解这个新愿景，他们自认为自己已是专家了。管理团队于是决定推出平衡

6B. 制定个人业绩目标
（第 13~14 个月）
上面三级管理层的个人目标和奖金与计分卡挂钩。

9. 举行年度战略研讨
（第 25~ 26 个月）
第三年开始之际，最初的战略目标已完成，需要修订总公司战略。执行委员会拟定了十条战略议题，各业务单位针对每一个设计师建立自己的立场，做为修订单位的战略与计分卡的序幕。

7. 修订长期计划与预算
（第 15~ 17 个月）
制定每一个指数的五年目标，确立并拨款给达到这些目标所需的投资。五年计划的第一年变成年度预算。

8. 月报、季报研讨
（自第 18 个月起持续至今）
总公司核准业务单位的计分卡之后，开始举行每月的研讨流程，并以战略议题进行季报研讨。

10. 业绩与计分卡挂钩
（第 25~ 26 个月）
要求所有员工把个人目标与平衡计分卡连结起来，整个企业的奖金制度也与计分卡挂钩。

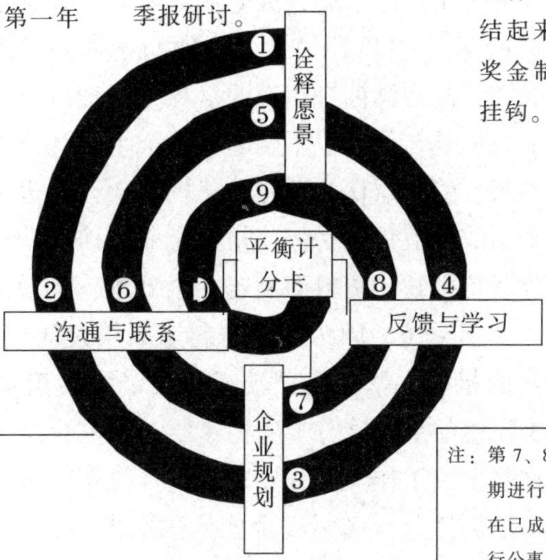

注：第 7、8、9、10 步乃定期进行，平衡计分卡现在已成为管理流程的例行公事。

资料来源：摘自本书作者发表于《哈佛商业评论》1996 年 1~ 2 月号的《平衡计分卡在战略管理系统的应用》一文，已获授权转载。

计分卡，这一行为顺理成章的并以无可抵御之势引出了一系列行动（见图12－3），终于成功地使国家保险公司扭亏为盈。

国家保险公司平衡计分卡实施流程的前几个步骤是：

- 诠释公司愿景和战略
- 传达公司战略
- 采取跨业务的战略行动方案
- 引导每个战略业务单元以集团公司战略为基础制定自己的战略

这些步骤都要在第一年完成。

集团公司研讨战略业务单元的流程（图 12－3 的第五步），带来了一些意料之外的好处。当战略业务单元分别开发自己的战略时，他们发现了一些集团公司平衡计分卡中没有考虑到的跨业务的问题。例如，许多战略业务单元意识到他们必须加强对客户的了解，并获得对客户度的反馈。既然许多战略业务单元的销售对象是相同的客户，就应该寻找机会去开发一个新的业务流程、一个向目标客户群销售的一体化销售方法。这个经验有力地证明了明茨伯格和西蒙所提出的战略源自于企业的理论（请参考第十一章）。在集团公司的大方向下，战略业务单元的自下而上的战略制定过程，引发了一个为完成战略业务单元战略的全新方法。类似这种由集团公司发起的战略行动方案还有一些，它们后来都被纳入了集团公司新修订的平衡计分卡中。

集团公司核准平衡计分卡后，战略业务单元就开始了每月的研讨流程（见图 12－3 中的第 8 步）。月度研讨之外，他们还举办以战略议题为中心的季度研讨。起初只有 2/3 的指标拥有相应的信息，管理研讨会议重点就放在这些拥有数据的指标上，但是，他们也不会因为某个平衡计分卡指标资料不全而对其相关问题避而不谈。管理层认为即使缺乏资料，讨论也可以帮助他们关注战略议题，这比对某一战略流程、目标或指标避而不谈收获要多。衡量指标的差距也激励管理层为获得欠缺的资料而制定一个计划。一般而言，这一计划往往需要一个更基本的管理系统，因为缺乏资料表明管理流程未尽完善。[1] 例如，缺乏有关承保质量的指标，暴露公司缺乏有关制定、衡量和审计承保质量的流程。因此，一个完整的平衡计分卡的构建要求国家保险公司发展一个更为完善的管理系统，这些发展工作大部分要在六个月内完成。

两年之后，平衡计分卡已经完全融入国家保险公司的常规管理周期中了，此时，企业已经达到它的短期目标——生存。新的管理指标和流程已经使企业的文化发生了变化，即从一个重点模糊的一般战略转变为一个目标明确的专业战略。

第三年初，国家保险公司的 CEO 宣布最初的战略已经完成其短期目标，企业的生存已不是问题。此时，公司开始调整和更新其战略，以便集中精力去实现企业成长和获利的目标。执行委员会列出了十条战略议题，他们以提问的方式来表达这些议题，例如：“我们如何同代理人建立更完美的关系？”

每位战略业务单元主管必须回答每个问题，他们分别同执行委员会的一位成员进行半天的会谈，这些讨论拓展了战略业务单元和公司领导人的思路。会谈的高潮是双方对未来 3 ~5 年的发展方向达成一致，这些方向做成文件之后，将成为制定新的长期计划和修订平衡计分卡的指导原则（见图 12 －3 的第九步）。

国家保险公司一共花了 24 个月的时间完成了这 10 个前后连贯的行动步骤。期间，其 CEO 和高级管理层不仅推出了一个全新的战略，而且彻底修改了企业赖以经营的管理系统。这个方案因为阐明愿景的动机而生，最终却创造了一个全方位的新的管理方法。CEO 预期平衡计分卡将带来革命性的转变，在一封向企业介绍平衡计分卡方案的信中，他宣称：“平衡计分卡及其所代表的哲学，是我们选择的管理方法。”

过去，多数企业试图改变方向并推出新的战略和流程，但却功败垂成，失败的原因是他们的管理系统和流程并没有通过一个中心框架与战略结合起来。由于平衡计分卡提供了一个前后一致的框架，管理层可以把平衡计分卡作为一个日常的管理工具，用来动员和引导企业遵循新的战略方向以完成他们所希望的变革。我们认为，平衡计分卡最重要的作用，就是它填补了大部分管理系统中存在的空白——缺乏实施战略的系统化流程。

建立一体化的管理系统

许多企业都有类似于国家保险公司的经历：引进平衡计分卡从而增加压力，扩大其在管理系统中的作用。一旦平衡计分卡被设计并被推出，如果它没有和预算、战略行动方案的调整和设计个人目标值等管理计划相连结，很快就会有疑虑产生。如果没有这种连结，制定平衡计分卡所作的努力就不可能带来实际的利益。

大多数公司都有一个管理日程安排，列出公司惯用的各种管理流程和每个流程的执行日期。通常，日程表以预算编制和运营研讨流程为中心；而战略的制定与研讨常常与定期的管理流程相脱节。平衡计分卡提供了一个在持续管理流程中引进战略思考的工具，但是，这种连结必须明确，不得含糊。

图 12 –4 是凯尼恩商店的管理日程表，这份日程表是公司的 CEO 把平衡计分卡及其代表的战略层面纳入再造的管理流程后制作的。该管理日程表包含了战略管理系统的四个基本成分：

1. 制定战略和修订战略议题。
2. 连结个人目标和奖励。
3. 连结计划、资源分配和年度预算。
4. 反馈与战略学习。

制定战略和修订战略议题

制定战略和修订战略议题，是分公司的经理进行自上而下指导的手段。高级管理层在这个流程中，可以开发一份平衡计分卡来连结新的长期计划，或修订每年的战略。凯尼恩商店的 CEO 在第一季度末，列出了十个战略议题，这些议题中部分是上年年底举行的战略及平衡计分卡检查会谈的提案，另一部分则来自职能部门管理层的提议。议题范围涉及整个公司，反映公司共同的优先任务和主题，然后 CEO 要求战略业务单元开发一个如何使修订的集团公司主题和优先任务在各业务单元得以实现的计划。业务单元总裁要在与 CEO 进行的 4 小时“战略对话”中提出自己的构想。会议本身不拘形式，但会议目的明确而又具体。CEO 和战略业务单元总裁必须在会议中就这十项议题达成共识，例如：战略业务单元如何维持时尚领导地位？战略业务单元如何培养关键人才？

会后，战略业务单元总裁要与自己的团队一起开发或修订自己的长期计划和平衡计分卡。通常，这个过程发生在会计年度的第二季度，共需三个月时间，同时，把公司和战略业务单元的战略与职能部门的战略相连结，是这一过程的重要延伸。如第八章和第十章所述，像凯尼恩商店这一类的公司，往往会成立一些中央性质、集团公司级的职能部门来支持他们（其他方面）高度自治的战略业务单元。在长期计划及战略业务单元的平衡计分卡开发流程中，集团公司级和战略业务单元的目标必须同时与集团公司级职能部门的目标相连结。

因此，到了年中，职能部门和战略业务单元的主管都已经明确了彼此之间相互关联的长期目标和目标值。该流程伴随着 CEO 和战略业务单元或职能部门总裁在第二季度的最后研讨和核准而告终。在年中便完成长期计划和平衡计分卡，可以使管理流程转向下半年将要发生的运营计划流程。

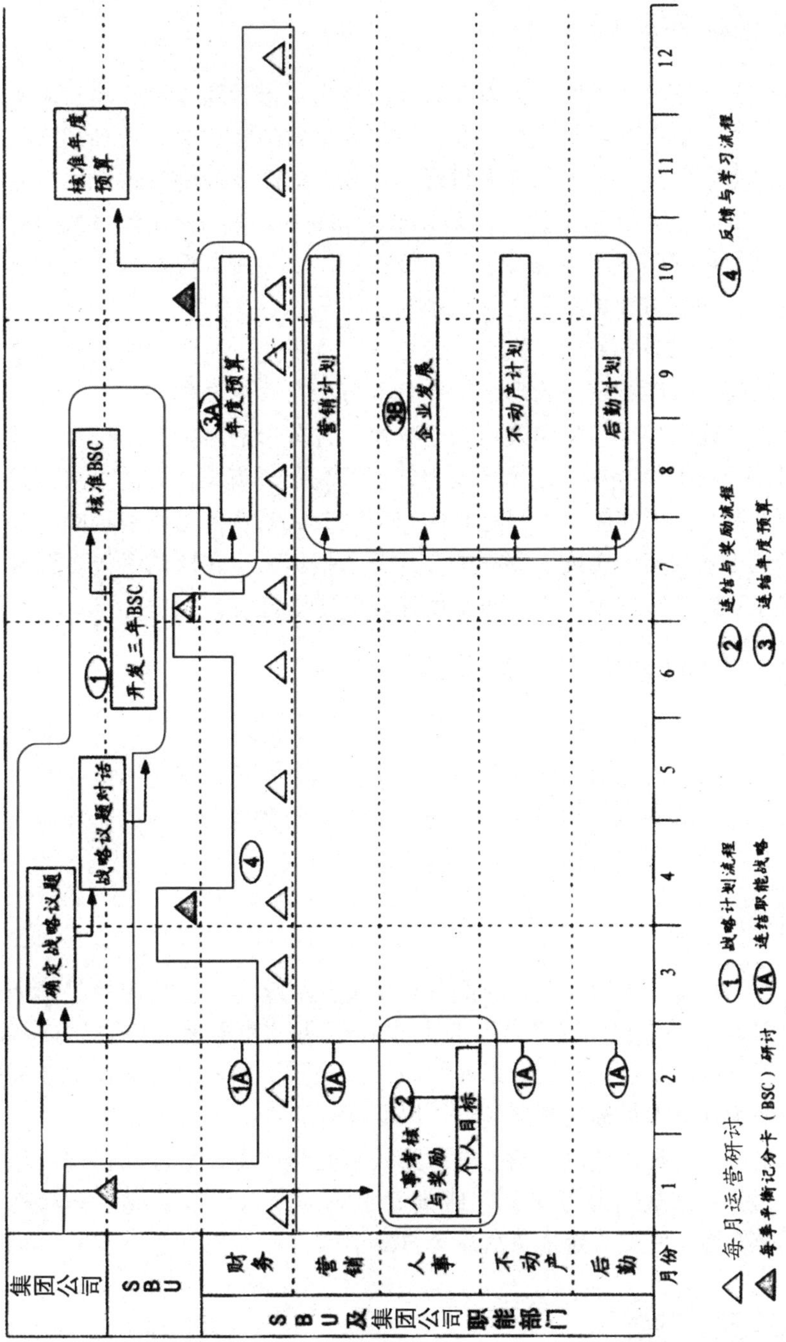

图 12－4　凯尼恩商店的管理月历

连结个人目标和奖励

当企业试图实施建立关系、开发新时尚或技术、接触新客户和消费者等战略时，管理者为了能够学习与成长必须持续不断地冒险和试验。管理层必须通过管理第二个整合实务——连结个人目标和奖励，以此来鼓励管理者的创新行为。只要个人的奖金和奖励仍然只与短期业绩指标——特别是财务指标连结，管理层就将永远也摆脱不了短视心态。高级管理层将发现，保持专一的和坚定的心态去建立长期能力和关系是非常困难的。

显然，奖金可以激励业绩，但是，正如第九章所述，企业在将奖金与平衡计分卡连结之前，可能希望在管理平衡计分卡方面获得更多的经验。然而，除非奖励制度直接或间接地与集团公司和业务单元计分卡的目标、指标和目标值连结在一起，否则平衡计分卡是无法成为管理系统中心组织框架的。凯尼恩商店在早期的平衡计分卡实施中，只是利用它来刺激战略业务单位的战略计划与研讨，并未把正式的奖金制度转移到平衡计分卡指标上。在使用平衡计分卡一年之后，它才开始把管理者的奖金与平衡计分卡连结起来。

连结计划、资源分配和年度预算

凯尼恩的第三个整合步骤——连结年度预算，一般在下半年进行。业务单元和职能部门把第二季度的战略计划与下一个会计年度的预算目标值和开支授权连结起来。如果战略制定和战略议题的修订进行顺利的话，预算流程应该只是将数年（3 ~5 年）计划的第一年改成经营预算即可。

反馈与战略学习

凯尼恩管理系统的最后一个构成部分是反馈与战略学习，采用的是第十一章描述的双向式研讨流程。这个流程将月度运营研讨和季度战略研讨连接起来，月度运营研讨的重点是比较短期业绩与年度预算中制定的指标，季度战略研讨则审查平衡计分卡指标的长期趋势，以便评价战略运行的效果和进展。

自从凯尼恩商店把各种以平衡计分卡为核心的管理流程整合到管理日程表中之后，集团公司和战略业务单元层级的管理者的注意力也从战术转移到战略，现在，他们终于能够有效地化战略为行动了。

注意：知易行难

许多制造业和服务业的管理者都尝试过为他们的业务单元建立平衡计分

卡，但并非每个经验都是成功的。有些管理者给计分卡的评价是："知易行难。"分析他们的经验后，我们发觉有一些因素的确可能造成平衡计分卡方案的失败，这些因素包括：平衡计分卡指标的结构缺陷和选择失误，以及平衡计分卡发展过程中和使用上的组织缺陷。

结构缺陷

许多高层管理者认为，只要以客户满意度和市场占有率等非财务指标来补充财务指标，平衡计分卡就算大功告成了。但是，他们选择的非财务指标本身也带有不少传统财务指标的缺陷。这些指标是滞后指标，报告的是企业战略过去的实施情况。而且，它们是通用性指标，代表了所有企业都试图改进的方面。这些指标用来计分还是不错的，但是用来告诉员工如何在未来的竞争中立于不败之地，却显得力不从心。它们不够具体，无法成为指点未来的向导，也无法成为分配资源、制定战略行动方案、与年度预算和酌量性费用挂钩的可靠依据。

幸运的是，这些结构性的缺陷比较容易纠正。第七章我们曾介绍了如何建立计分卡来反映独特的战略、目标客户和关键的内部流程。源自特定战略的计分卡有一套平衡的指标，包括结果与动因指标、滞后与领先指标，而且所有指标最终都与实现卓越的长期财务业绩相联系。

组织缺陷

有些问题不是由平衡计分卡本身产生的，而是在实施计分卡概念的过程中产生的。我们最怕接到这样的电话：

> 喂，我是约翰·史密斯。我是尖峰工业的助理主计长（或质量部经理），目前在公司负责领导一个改进业绩衡量系统的工作小组。我们已研究了大量文献，感到你们的平衡计分卡方法太吸引人了。现在，我们正在进行标杆研究，很希望与你们见个面，谈谈我们的计分卡最好用哪些业绩指标，顺便了解一下其他公司用得最成功的是哪一类指标。

每次接到这样的电话，我们都会感谢他们对平衡计分卡的兴趣，但婉拒见面的要求，因为见面恐怕只会浪费双方的时间。当他们追问为什么不愿帮忙，我们会指出几个问题。首先，计分卡开发流程不应该委派给中层经理组成的工作小组。要想使平衡计分卡发挥效力，它必须反映高级管理层的战略愿景。仅仅把业绩指标横加给现有的流程，或许可以驱动局部的改进，但不可能为整个企业带来突破性的业绩。此外，如果高级管理层无法亲自领导计分卡开发流程，他们也不太可能把计分卡用在本书第二部分所介绍的重要管理流程上。高级管理层只会继续在运营研讨会上强调短期财务指标，首先就是对计分卡基本原理的忽视和破坏。

更重要的是，建立平衡计分卡不应仿效最佳公司所采用的最佳指标。正如我们所讨论的，如果最佳的平衡计分卡源自为突破性业绩所设计的战略，那么即使最佳公司的战略也未必适合其他企业。因为每个企业面对的是不同的竞争环境、不同的客户和细分市场，而且不同的技术和能力也会产生决定性的影响。当人们说计分卡“知易行难”时，他们是指制定一个适合自己企业的计分卡，以及将计分卡融合到自己的管理流程中，是一件充满艰辛并且深入细致的工作。建立一个切实可行的计分卡，绝没有什么捷径可言。

但是另外一个极端对于有效实施计分卡也一样有害。有些企业为了找到一个完美的计分卡，可谓是绞尽脑汁，花费了太多的时间。当几个重要指标缺乏信息，他们就设法安装一个可靠的信息系统来提供他们想要的数据。这种决策不仅造成了引入平衡计分卡的重大延迟，而且严重伤害了好不容易建立起来的对平衡计分卡概念的热情和冲动。平衡计分卡并非永恒不变的，它应该是动态的，并且应该持续的研讨、评价和更新，以反映新的竞争、市场和技术情况。由于延迟引进计分卡，对于那些信息已经齐全的指标，企业错失了获得反馈的良机。更重要的是，企业还丧失了运用和学习平衡计分卡作为核心管理系统的先机。每当我们发现企业因为不敢肯定是否选对了指标，或因为某些指标的数据不全而踯躅不前时，我们的建议是：“干吧。”先开展学习流程，学会如何以一套平衡的业绩驱动因素和结果指标来管理公司。

平衡计分卡战略管理系统

几乎所有的变革方案都无法避免企业惰性的包围和吸引，引入一个以平衡计分卡为中心的新管理系统也是如此。企业需要两种催化剂，才能有效实施新的管理系统。首先，企业需要过渡领导人，也就是促成计分卡建立并将计分卡融入新管理系统的管理者。其次，企业需要指派一位管理者来负责战略管理系统的持续运行。把平衡计分卡融入战略管理系统的另一个困难（也是“知易行难”的项目之一）是，过渡领导人和管理系统运行的负责人所承担的责任，都不存在于传统的企业框架中。

过渡的管理角色

建立平衡计分卡并将其融入战略管理系统，需要三个重要角色发挥作用：

1. 设计师。
2. 改革者。
3. 沟通者。

设计师负责建立最初的平衡计分卡，并把计分卡引入管理系统。因为计分卡代表管理哲学的巨变，所以设计师必须彻底了解长期战略目标，并且发自内心地为此目标奋斗。他必须有教育管理层的能力，并能指导管理层将战略转化成特定目标与指标。而且教导的方式不可咄咄逼人，以免引起自卫性的反作用。[2]

计分卡方案的成功，有赖于管理层的高度投入和大量的时间，这意味着设计师在实行这种计划时必须一次成功。如果第一次尝试失败，设计师要想在管理层会议上多争取一些时间，恐怕就困难了。根据我们的经验，外部咨询师和知识渊博的内部顾问，可以在推出一个成功的计分卡方案中发挥重要作用。通常，外部咨询师和内部顾问密切合作，先制定一个 SBU 层级的试点方案，该 SBU 的 CEO 已经接受了计分卡概念。试点方案有两个目的：首先是表明平衡计分卡的价值；其次是建立内部顾问组的能力，将来他们才能向企业的其他单位推广。

内部顾问还要支持改革者，改革者负责把计分卡融入到日常管理流程之中。改革者应同 CEO 建立起一种直接汇报的关系，因为在未来的 2～3 年内，当平衡计分卡触发的新管理流程逐步展开时，他必须扮演行政首长的角色，指挥新管理系统的进展。改革者的地位十分重要，因为他代表 CEO 来指挥新管理系统的日常运作。同时，改革者也帮助管理者重新界定他们在新管理体系中的作用。

沟通者则是负责争取所有的企业员工（上至最高管理层，下至一线和后勤的团队和个人）对计分卡方案的认知、接受和支持。平衡计分卡阐明的新战略，通常都要求企业树立新的价值观和方法论，也就是以客户关注点和满意度、质量和响应能力、创新和服务以及重视员工和系统为中心来开展工作。计分卡沟通流程的负责人，应该把这项工作当作内部营销工作。沟通方案应鼓励团队和员工对新战略的可行性和可取性提出反馈意见。尽管传统上沟通部门负责此类教育方案，但是计分卡沟通工作对这个概念的有效贯彻太重要了，因此我们建议指派专人，在沟通部门的大力支持下，管理这项战略沟通工作，直到认知和激励的目标达到为止。

管理持续性的战略管理流程

把平衡计分卡融入企业的日常管理流程，需要24～36个月的时间。一旦该过程完成，企业应该如何维持这个战略管理系统的稳定运行呢？图12－5显示了战略管理系统的各个组成部分如何对管理层一些成员的传统责任产生影响。负责战略规划、人力资源、财务和信息系统的副总裁，传统上是战略管理系统某个环节的“主人”。但是，如今却没有一个人负责整个系统的运行。

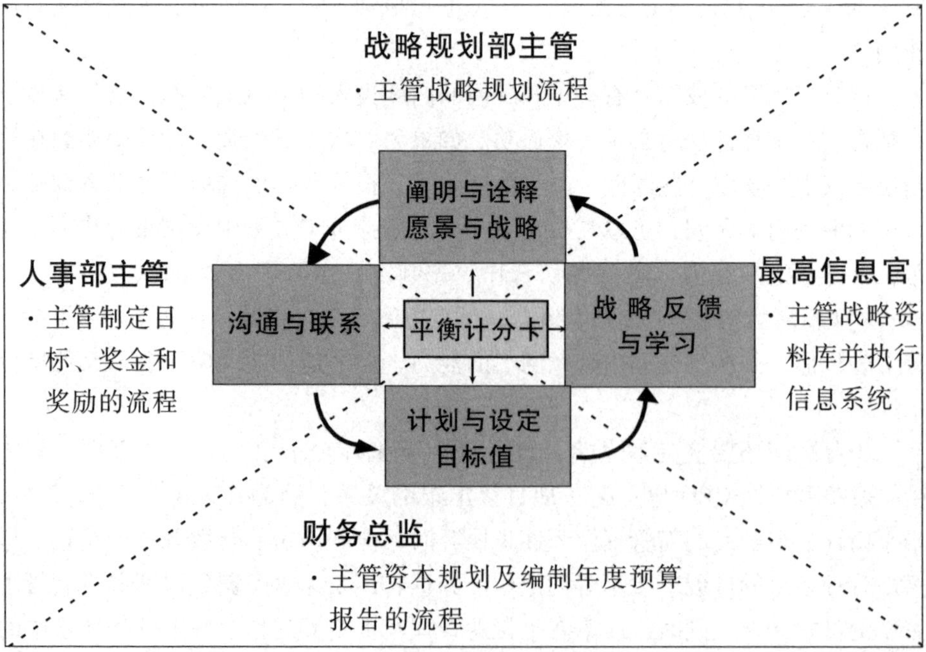

图12－5　谁来负责战略系统

显然，业务单元的CEO是最终的“流程主人”。由于战略管理系统明确规定整个单元的方向和目标，制定业绩目标值并分配资源和行动方案来实现这些目标值、监督结果并奖优罚劣，所以该系统必须由CEO和高级管理层负责。但是系统的日常运行必须指派专人负责，否则难免在衡量、报告和监督上产生偏差。

如图 12 - 5 所示，战略管理系统的运行必须依靠几个传统管理职能的技术、经验和责任。把平衡计分卡战略管理系统的日常运行分解成传统职能，让每个部门做好各自的本职工作，是非常容易的。但是，我们认为该系统的有效维护对它的成功至关重要，就像前面所述的沟通者一样，这项工作应该交到一位能干之人手中。

今天大多数企业都缺乏这方面的领军人物。在传统企业中，没有一位管理者负责战略管理流程或对其有真知灼见，而且也看不出来到底该由谁来负起这个责任。

首席财务官（CFO）合乎逻辑地是新流程的管理者之一。可是，许多 CFO，特别是那些拥有会计、内部控制和审计背景的 CFO，因为他们有能力管理苛刻死板和目的明确的财务系统，从而晋升到目前这个位置。这些特点未必适用于管理一个以客户、内部流程、员工和系统为核心的管理流程，因为这个流程讲究的是整体性、创新性、判断能力和左右逢源的人际关系。

另一个候选人是战略规划部经理，这个职位的特点恰好与 CFO 的特点相反。传统上，战略规划是一年一度的事情，强调的是战略制定，而非战略实施。战略管理系统是一个持续性，而非事件驱动型的流程，它所需要的严格纪律，与目前的财务报告和管理系统所采用的持续报告和研讨日程不分伯仲，而且必须遵守这个日程。如果由战略规划部经理来负责战略管理系统，则必须考虑他有没有这方面领导才干。首席信息官显然具备负责战略管理系统所需的系统背景，可是他通常缺乏同战略的联系，而且可能在业务单元的高级管理层中不起太大的作用。

因此，应该由谁来担任战略管理系统的负责人，目前还不明朗，但如果企业不指派专人担任这个角色，就无法获得一体化系统运行的优势。这个职位将会是企业中一个极其重要且令人瞩目的职位，它为这个职位的负责人提供了学习新知和成长的机会。最终必将由某个人来出任这一重要职位。在过渡期间，改革者可能担任管理日常工作的初期责任，协助企业把计分卡融入到战略管理系统之中。

本章小结：化战略为行动

企业最初采用平衡计分卡出于各种各样的原因，包括：阐明战略并达成共识，重视企业的改革行动方案，开发战略业务单元的领导能力以及获取跨业务单元的协调和经济效益。通常，企业最初建立的平衡计分卡都能达到这些目的。但是，建立平衡计分卡，尤其是建立平衡计分卡的过程（高层管理者确定计分卡的目标、指标和目标值），最终会进一步揭露应用平衡计分卡的机会，从而使计分卡的普遍性和综合性远远超过最初引进它的目的。

平衡计分卡可以成为企业管理系统的里程碑，因为它协调并支持重要的流程，包括：

- 阐明并更新战略
- 在整个企业范围内沟通战略
- 促使部门和个人目标与战略协调一致
- 确定和协调战略行动方案
- 把战略目标与长期目标值和年度预算挂钩
- 协调战略研讨和运营研讨
- 获得反馈以学习和改进战略

通过进一步地将平衡计分卡融入管理日程，所有的管理流程都可以配合并重视企业长期战略的实施。

过去几年，随着我们积累的平衡计分卡方案日益增加，计分卡概念的影响力和普遍性令我们感到（愉快的）吃惊。当年我们寻求改善的业绩衡量系统的出发点，已经发展成为一个解决管理问题的方法，这些问题可能是困扰管理层的最核心问题：如何实施战略，尤其是一个需要做出激进变革的战略。回首往事，现在我们终于认识到，为什么这种行为具有如此的普遍性和一致性。建立一个优异平衡计分卡的过程，往往使企业首次认清自己的前景及实现前景的途径。此外，这个过程也凝聚了整个高级管理层的精力和承诺。清晰的愿景和管理层的共识，创造了巨大的热情和动力，期望也随之升高。于是一个不可回避的问题出现了：我们如何才能确保自己能够实现这个愿景？

当企业做出了从愿景到行动的关键转变，他们就体会了建立平衡计分卡的真正快乐，也实现了计分卡的真正价值。最初的平衡计分卡，一定会引出一系列持续运行的管理流程，从而最终调动了整个企业的积极性，并改变了企业的方向。每个管理流程都与平衡计分卡挂钩，驱动一些长期性、战略性和平衡的行为。

罗伯特·西蒙在他关于管理系统设计的开创性著作中说：“每个熟悉企业的人都模糊地知道，各种各样的控制系统影响着企业的日常运作，可是很少有人系统地了解为什么管理使用这些系统，或者如何以这些系统来实现他们的议程。”[3]在建立一个完整的“系统了解”之前，我们还有很长的路要走，可是我们已经观察到西蒙所说的现象了。管理层以管理系统中的许多因素来指挥企业以实现他们的目标。通过建立以平衡计分卡框架为核心的管理系统，他们就能实现最终的目标——化战略为行动。

注释：

〔1〕这就是第十章所讨论的“衡量指标缺失”方案。

〔2〕关于自卫性心理——如何辨认它并克服它的讨论，请参考：C. Argyris and D. Sch？n，“Defensive Reasoning and the Theoretical Framework That Explains It,” Part Ⅱ, *Organizational Learning* Ⅱ: *Theory*, *Method*, *and Practice* (Reading, Mass. : Addison-Wesley, 1996), 75 – 107.

〔3〕Robert Simons, *Levers of Control*: *How Managers Use Innovative Control Systems to Drive Strategic Renewal* (Boston: Harvard Business School Press, 1995, 11.)

附　录

建立平衡计分卡

建立企业的第一份平衡计分卡，可以通过一个能够在内部达成共识并能诠释如何将业务单元的使命和战略转变为运营目标和指标的系统化流程来实现。这个项目需要一个设计师为该流程制定一个框架并提供便利条件，同时汇集建立平衡计分卡所需的背景资料。但是平衡计分卡应该反映出业务单元高级管理层的集体智慧和精力。如果这个团队不全身心致力于这个流程，那么这个项目就不能获得成功；如果高级管理层不积极倡导和参与，建立平衡计分卡这个方案就没必要进行，也就是说，没有高层领导的参与，平衡计分卡方案注定会徒劳无功。我们知道两个优秀的平衡计分卡失败的例子，在这两个例子中，优秀的平衡计分卡缺乏高级管理层的积极参与，而是由一位高层管理者所建立的。其中一家公司的平衡计分卡是由 CFO 开发出来的，另一家公司的平衡计分卡则是由业务发展副总裁设计的。两位高层管理者在他们任职的公司中，都是高级管理层成员，都积极参与所有战略制定工作和高层管理会议。因为他们谙熟公司战略，所以设计出的平衡计分卡自然能够正确掌握公司的战略、客户关注点和关键的内部流程。这两份平衡计分卡也被公认为企业关键目标和指标的重要代表。但是，这两份平衡计分卡最终并没有促使企业的变革，也没有成为管理流程中不可分割的部分。我们相信，这两个方案之所以产生令人失败的结果，应归咎于设计流程中缺乏高级管理层的介入和缺乏对平衡计分卡作用的共识。这两个企业可能都把平衡计分卡方案作为一个职能部门为改进衡量系统而不是彻底改变企业评价和管理方式的行动方案。

确定平衡计分卡目标

建立一个成功的平衡计分卡，首先必须在高级管理层内部就为什么要建立平衡计分卡的问题达成共识并获得支持。许多管理者一接触到平衡计分卡，就会被它的概念所吸引，他们深知财务指标的局限性，所以无需别人说服他们就会同意开发一套比较平衡的管理方法。但是，平衡计分卡在概念上的吸引力，并不足以作为实施平衡计分卡的充分理由。在推出平衡计分卡之前，高级管理层应该对这个方案的主要目的有所认识并全力支持。制定平衡计分卡方案的目标有助于：

- 指导平衡计分卡目标和指标的构筑
- 取得方案参与者的承诺
- 阐明平衡计分卡构筑之后的实施和管理流程框架

下面几个实例可以说明企业开发平衡计分卡的诸多原因中的部分原因。

获得对战略明确而一致的认识

化宝（Chem-Pro）是一家化学聚合物工业产品的制造商，最近进行了改革，以便更加注重客户目标。该厂商的传统职能部门被一个以业务线（lines-of-business，LOB）和业务流程为中心的部门所代替。另外，高级管理层还确立了四个必须大力改进和表现卓越的业务流程：争取订单、产品管理、完成订单和生产。五个业务线对这四个流程各有不同的要求。例如，销售部通过零售渠道向客户提供大量的标准化产品；精密产品部门同工程师合作，给为数不多的大客户确定新产品的规格。显然，这四个生产流程必须满足每个业务线的具体需要。

化宝的平衡计分卡方案的第一步，是为所有业务线都制定一个可以宣传战略优先任务的公司标准，然后每个业务线开发适应自己特殊情况但符合集团公司优先任务的战略。在这个阶段，业务线的平衡计分卡被传达给四个业务流程的新管理者，以便他们能够设计出满足每个业务线特殊目标的平衡计分卡方案。具体顺序如下：

- 确立集团公司级目标和指标
- 把集团公司的目标和每个业务线的目标与指标挂钩
- 把业务线目标与指标和关键业务流程挂钩

这个顺序使化宝公司能够采用一种人人接受、支持和参与的方式，推动了一个复杂的企业变革，使它能够从职能专业化转变为以客户为基础的业务线和以客户为重心的业务流程。

实现战略重点

大都会银行启动平衡计分卡是为了实现战略重点，大都会银行是两家在同一地区激烈竞争的银行合并之后的产物，两家母公司从来没有一个为共同愿景努力的经营理念。同时，在新的大都会银行还没有对运营风格和战略达成共识时，管理者就匆匆推出了一个大规模的转型计划，旨在使银行更富于创新、更适合于21世纪的发展需要。不幸的是，转型计划犹如脱缰野马，使银行产生了70多种不同的行动方案，每个行动方案都在竞争管理层的时间和资源。

银行的CEO看到平衡计分卡可以作为凝聚企业力量的方法。通过明确战略目标并确立少数几个关键的驱动因素，所有的高层管理者，不论来自于哪家银行或代表哪个职能部门，都能建立起彼此之间的共识和团队意识。此外，平衡计分卡还为设定优先任务、巩固和整合许多正在变革中的计划提供了一种工具。结果是留下了一组更容易管理的战略行动方案，而每个方案都致力于达到具有战略重要性的特定目标。

分权和领导力开发

先锋石油公司的CEO希望下放和分散高度集中的职能部门的权力，它创造了14个新的战略业务单元（SBU），赋予这些单元的使命是客户至上和削减并最终消除所有不必要（非增值）的成本。但是，新的战略业务单元的领导人，都是从旧的、中央集权式的先锋石油公司文化中一路成长上来的，他们习惯于听命行事的作风，没有自己制定战略并管理战略实施流程的经验。先锋石油公司的CEO担心这些战略业务单元的管理者没有足够的经验来实施新的分权战略。

这位CEO在高级管理层中实施了平衡计分卡，以便于这14个SBU的高层管理者发展。管理层开发了一个用来确立战略优先任务的集团公司级样板，这个样板也是集团公司的平衡计分卡。每个SBU以公司级平衡计分卡为准绳，开始构筑独特的战略业务单元级的战略。各SBU的管理者在外地举行了一个研讨会，会上首先诠释了新业务的使命、愿景和价值，而后开发了一个平衡计分卡，送交集团公司审议。平衡计分卡的开发，使14个战略业务单元的管理者开始作为一个团队进行合作。阐明SBU的共同愿景，被证明是建立团队意识和战略发展流程的最佳工具。集团公司的样板也发挥了指点迷津的作用，使SBU的管理者第一次开发战略的风险大为降低。这个做法使SBU的管理团队能够为集团公司战略而发挥最大的创造性和能力。

集团公司的研讨工作也颇具价值，它确保SBU所实施的战略，必须是集团公司所能够接受的。整个流程为CEO提供了一个机会，使他们能够在战略业务单位管理者之间开发出关于怎样构思和管理业务单元战略的新技能。虽然开发领导能力是一个持久的工作，但先锋石油公司的CEO运用的集团公司级和SBU平衡计分卡可以作为有效预演的第一步。

战略性干预

凯尼恩商店与先锋石油公司不同，它实施地方自治已久，市场导向的战略业务单元各自经营不同客户群体的时装，每个战略业务单元都遵循自己的一套关于时尚、目标市场和货源的战略。但是，凯尼恩商店的CEO确信，高度分权使公司丧失了更高的成长和更高的利润率。当企业的规模较小，其使命接近于目标客户群体的流行和时尚需求时，分权是颇为理想的做法；但是，每个战略业务单元目前的规模都已经接近5年前集团公司的规模，这一规模大大地改变了公司的战略方针，要求SBU的总裁应该更像一个战略家而不是一个商人。凯尼恩商店的CEO认为平衡计分卡可以使他能亲自介入SBU总裁的工作，帮助他们成为企业首脑，并协助他们为未来发展而制定战略。

凯尼恩的CEO采用平衡计分卡创造了集团公司级战略方针。他和SBU的总裁一道，为每个业务单元确立了10个战略议题（参见第八章和第十二章），每个战略业务单元必须根据这10个议题，确定自己的具体目标及实现这个目标的机制。

集团公司级和各SBU的管理团队，开始了年度的长期计划流程，该流程围绕SBU如何实现这10个议题而进行讨论。这番对话可以使战略业务单元的总裁根据平衡计分卡的框架制定自己的长期计划，而10项议题为把SBU的战略纳入集团公司的战略方针提供了一个机制。这个流程使CEO能够直接参与制定企业战略，而不仅仅是在事后研讨其结果。更重要的是，这个流程为CEO提供了一个与过去我行我素的SBU总裁共同工作的工具，CEO可以利用这个流程对SBU的总裁进行教育、鞭策和激励。

总而言之，构筑平衡计分卡的原始动机，可能源自于以下需求：

- 对愿景和战略进行诠释并达成共识
- 组建管理团队
- 沟通战略
- 把奖励制度与可实现的战略目标挂钩
- 制定战略目标值

- 使资源和战略行动方案保持一致
- 保持对智力资产和无形资产的投资
- 为战略学习提供基础

平衡计分卡方案目标的最初选择，并不会约束平衡计分卡日后的使用。事实上，如第十二章所述，我们已经看到平衡计分卡的作用在实施过程中的不断成长和扩大。但是，事先设定的一套目标，将可以激励并沟通企业实施平衡计分卡的目的，同时，在方案执行的热忱减退时可以保持这项方案继续下去。

平衡计分卡的主角

一旦对平衡计分卡的目标和未来作用达成共识后，企业就应该遴选适当的人选来担任平衡计分卡设计师或方案领导人一职。设计师全权负责平衡计分卡的设计和开发所需的框架、理念和方法。当然，任何一个优秀的设计师都必须有一个客户，在平衡计分卡开发方案中，客户就是高级管理层。如同任何一个建筑方案，客户必须全心全意地投入开发流程，因为客户才是平衡计分卡的最终主人，而且将来必须领导相关的管理流程。

设计师指导这一过程，负责会议和访问的日程，确保方案小组获得必要的文件、背景资料、市场和竞争的信息，而且，一般来说，必须确保流程按既定的轨道运作和按时完成。在构筑第一份平衡计分卡的期间，设计师不仅需要管理一个认知、分析流程，即把软性的、空洞的战略和意图，转变为明确和可以衡量的目标；还要管理一个人际互动频繁、情绪化的团队，并解决不断发生的冲突。

根据我们的经验，设计师通常是企业的高级行政主管。这些负责平衡计分卡开发流程的管理者可能来自不同的背景，我们见过的有：

- 战略计划和业务发展副总裁
- 质量管理副总裁[1]
- 财务副总裁或分公司的主计长[2]

有些企业可能会聘请外界顾问，协助内部设计师进行平衡计分卡的开发工作。

建立平衡计分卡：流程

每个企业情况不同，因此他们都希望按自己的途径建立平衡计分卡。但是，我们可以根据我们为几十家企业建立平衡计分卡的经验，归纳出一个典型的、系统性的开发计划。如果该计划得到适当的执行，这个四阶段流程就会激发高层和中层管理者对平衡计分卡的极大兴趣，从而制定出有助于这些管理者实现其计划目标的优秀的平衡计分卡。

确定衡量结构

任务之一：选择适当的业务部门

经过与高级管理层商榷之后，设计师必须确定适合建立高水平平衡计分卡的业务单元，大多数公司多元化程度较高，因此很难一开始就建立公司层级的平衡计分卡。第一个平衡计分卡流程应该在一个战略业务单元中进行，最理想的业务单元应能从事跨越整个价值链的创新、经营、营销、销售和服务等活动。该业务单元应该拥有自己的产品和客户、市场和分销渠道、生产设施；也应该比较容易构筑总括性的财务业绩指标，而不涉及与其他业务单元之间复杂的（和争议大的）产品与服务成本分摊和价格转移。

图 A－1 显示了一个金字塔式跨国公司的典型结构。对于这样一个公司来说，平衡计分卡当然应该从第三层来制定。

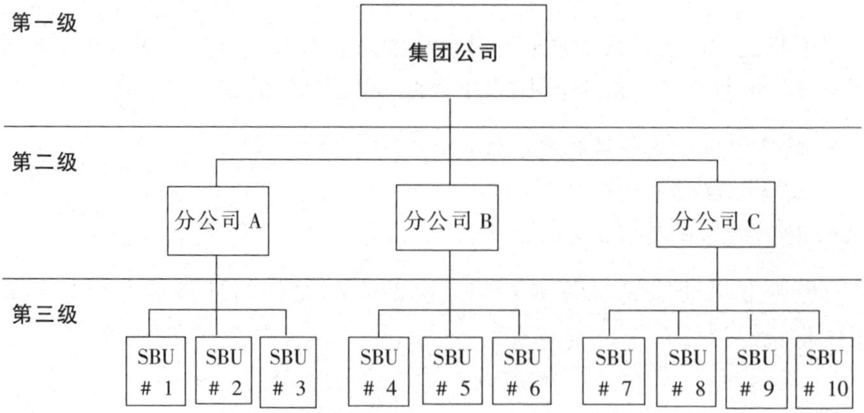

图 A－1　确定和划分业务单位

如果业务单元的定义过于狭隘（例如在图 A－1 的战略业务单元之下），恐怕很难制定出一个协调一致的、独立的战略。例如，如果平衡计分卡的实施单位是单一的职能部门或单一的行动方案，范围可能就过于狭隘，那么一套关键业绩指标可能就绰绰有余了。但是，一些复杂的后勤部门、合资企业和非营利机构也开发了平衡计分卡，关键是这些业务单元是否拥有（或应该拥有）一个战略来完成它的使命。如果答案是正确的，那么这个单位就有充分的理由建立平衡计分卡了。

我们曾经协助一家大型天然气和化学公司运用平衡计分卡，这家公司拥有的业务单元有：

- 一个地方性的、法制管制下的垄断型天然气供应商
- 一个全国性的、不受法制管制的竞争型天然气供应商
- 一家基础化学公司
- 一家天然气服务咨询公司

这家公司最初请我们去，是希望开发集团公司级平衡计分卡，可是不久，我们就发现虽然集团公司为所有的业务单元提供许多资源和服务，但这些业务单元的运营还是分散而又独立。所以，为业务单元分别构筑平衡计分卡要比一开始就试图建立集团公司平衡计分卡合理得多。

任务之二：确定 SBU 与集团公司的联系

确定并选择了 SBU 之后，设计师应该认识该单元同其他业务单元、分公司以及集团公司之间的关系。设计师应访问分公司和集团公司的关键高层管理者，以便了解：

- SBU 的财务目标（成长、获利、现金流量和收益）
- 凌驾一切的集团公司主题（环境、安全、员工政策、社区关系、质量、价格竞争力和创新）
- 与其他 SBU 的联系（共同客户、核心竞争力、对客户一体化销售措施的机会、内部供应商/客户关系）

这些知识对于指导平衡计分卡的制定流程至关重要，因为如果拥有这些知识，SBU 就不会开发出对自己有利而对其他业务单元和集团公司不利的目标和指标。确定 SBU 和集团公司之间的连结关系，也会暴露那些在战略业务单元作为一个完全独立的业务单元时无法洞悉的局限和机会。

建立对战略目标的共识

任务之三：进行第一轮座谈

设计师除了要准备有关平衡计分卡的背景资料，还要准备公司和战略业务单元的愿景、使命和战略等内部文件。然后将这些资料送交业务单元的每位高级管理者（通常为6～12人）。设计师还需要获得战略业务单元的产业和竞争背景资料，包括：市场规模和成长的重大趋势、竞争对手和竞争产品、客户偏好和技术发展等。

在高层管理者有机会读完这些资料后，设计师要对每位管理者进行近90分钟的座谈。座谈期间，设计师收集高层管理者对战略目标的意见以及他们对四个平衡计分卡层面指标的建议。我们为了讨论方便提到设计师时，指的是一个人，事实上，座谈工作和接下来的信息综合过程，最好由2～3人共同组成。作为小组的领导人，设计师应该主持座谈，进行提问并找到答案。小组中可以由一人关注管理者所提出的目标和指标，另一人则试图捕捉能为目标和指标赋予更多意义和内容的言谈。座谈可以随意发挥，但是如果每次座谈用的是同一套问题，并提供同一套可能的答案，则可以使座谈过程和事后收集信息的工作顺利得多。

座谈可以实现几个重要目标，有些显而易见，有些则不那么明显。明晰的目标是向高层管理者介绍平衡计分卡的概念，回答他们对这一问题所提出的问题，以及了解他们对于企业战略的初步构想和如何将战略转变为平衡计分卡的目标和指标。隐含的目标包括：促使管理者思索如何把企业的战略和目标转变为具体的运营性指标，了解关键领导对开发和实现平衡计分卡有哪些顾虑，确定主要参与者之间对战略和目标的看法或他们之间在个人与职能方面所存在的潜在冲突。

任务之四：总结会议

座谈结束之后，设计师和设计小组的其他成员开会讨论座谈的结果，解决存在的问题，并草拟一份可以作为高层管理团队第一次会议的基础的试验性目标和指标。小组成员还要讨论他们所观察到的个人和组织对平衡计分卡以及对引进平衡计分卡后管理流程的变化有哪些抵制情绪。

总结会议的结果，将列表报告四个层面的目标和先后顺序。每个层面及其目标，都应附带匿名管理者的关于解释和支持这一目标的谈话，确认管理层需要解决的问题。小组应该试图确定这份试验性的、按优先顺序排列的目标是否能够代表业务单元的战略，以及四个层面的目标是否连结在因果关系中。小组的观察可以作为随后召开的执行会议的讨论问题。

任务之五：第一阶段执行研讨会

设计师负责安排和主持高层管理会议，开始着手就平衡计分卡达成共识。会议期间，设计师协助团队展开对于使命和战略声明的集体讨论，直到达成共识为止。然后，讨论会就从使命和战略声明转为回答下面的问题："如果我们的愿景和战略获得了成功，那么我们在股东、客户、内部业务流程以及改进与成长的能力等层面的业绩与以前有何不同?"回答这个问题时，应按四个层面的顺序逐一讨论。

设计师向大会呈现建议的目标、它们的排名顺序和座谈中的相关言论。他们也可能放映一些与股东和客户代表座谈的录像，为讨论议题增加一些外部观点。通常情况下，团队为每个层面提出的指标远不止 4 ~ 5 个，每个目标都应单独予以讨论，而不与其他目标进行比较，这样才能对目标的重要性、优点和缺点进行充分的讨论。此时，不要急于缩小选择范围，但不妨进行非正式投票，从而发现团队是否认为某些指标不具有优先性。

在介绍并讨论了所有候选目标之后，团队选出最重要的 3 ~ 4 个目标。选择的方法很多，可以进行投票或举手表决；也可以让每个成员选出三个他认为最重要的目标，并进行排序。对于排名最高的目标，设计师和团队应该为其草拟一句或一段描述文字。如果时间允许，设计师还应让团队为这些目标提出相应的指标。

随后管理团队应分为四个子团队，每个子团队负责一个平衡计分卡层面，同时，每个子团队选出一位管理者，领导子团队在下个阶段的工作。除了高层管理者之外，也应该邀请中低层的管理人员和主要职能部门的管理者代表参加，共组成 5 ~ 6 个子团队，以强化议题和共识的基础。

讨论会结束时，管理团队将就每个层面确立了 3 ~ 4 个战略目标，对每个目标也做了详细的说明，并为每个目标列出一份潜在的指标。会后，设计师应进行归纳整理，将包含有会议成果和四个子团队成员与领导人的总结报告分发给与会者。

选择和设计指标

任务之六：子团队会议

设计师分别与各个子团队举行数次会议，以达到四个主要目的：

1. 修饰战略目标的说明文字，使其符合第一轮管理研讨会的意图。
2. 针对每个目标，确定最能捕捉和传达这种目标意图的指标。
3. 针对每个建议的指标，确定必要信息的来源和为获得这些信息而需要采取的行动。
4. 针对每个层面，确定同一层面内部指标之间的主要连结关系，以及此层面与其他平衡计分卡层面的连结关系，并努力确立各指标之间是如何相互影响的。

在组织会议期间，经验丰富的设计师除了要为本书第一部分所述的四个层面描绘出基本的框架，还要阐明各个层面内部指标与各层面之间的指标的连结关系，因为这些指标说明了对战略具有重要作用的因果关系。

选择和设计指标的艺术

为平衡计分卡选择具体指标的根本目的，是确定哪些指标最能传达战略的真正意图。既然每个战略都是独特的，那么每个平衡计分卡也应该与众不同且包含几个独特的指标。但是，如第七章所述，下面一些核心的结果指标通常都会出现在不同的平衡计分卡上：

核心财务指标

- 投资报酬率/经济增加值
- 获利率
- 收入成长/收入组合
- 成本降低率

核心客户指标

- 市场份额
- 客户获得率
- 客户保持率

- 客户获利率
- 客户满意度

核心学习与成长指标

- 员工满意度
- 员工保持率
- 员工生产率

虽然大部分平衡计分卡都偏重结果指标，但确定平衡计分卡指标的艺术却在于如何选择业绩驱动因素。业绩驱动因素是那些能触发行动并能使核心结果指标达到目标的指标。本书第三章到第七章（包括第四章和第五章的附录）关于目标和指标的讨论，可以帮助设计师和子团队设计平衡计分卡四个层面的传达、实践并监控业务单元的独特战略的业绩驱动因素。

子团队的最后成果应该是分别为每个层面：

- 列出一组指标及对每个目标的详细说明
- 描述每个目标的指标
- 说明如何量化和表现每个指标
- 用图来说明同一个层面内部的指标如何相互连结，以及它们与其他层面的指标或目标如何连结。

完成了这些工作之后，设计师就可以安排第二阶段的执行会议了。

任务之七：第二阶段执行研讨会

出席第二轮执行会议的人员包括高级管理层及其直接下属和中层管理者，他们讨论企业的愿景、战略声明和试验性的目标与指标。子团队的领导应亲自而不应由设计师或内部、外部顾问向大会介绍他们的工作成果，这样做有助于建立他们对目标与指标、对整个平衡计分卡开发流程的责任感。与会者无论在全体会议或在分组讨论中，都应该对建议的指标进行评论，并开始开发一个实施计划。第二阶段会议的目的之一，是力求在会议结束时设计好一个能向所有业务单元员工宣传平衡计分卡意图和内容的手册大样。另外一个目的是鼓励与会者为每个建议的指标构思挑战性目标，包括改进的目标比率。根据指标类型及制定目标值的理念，设计未来 3～5 年要实现的目标值，可以采用标杆法，也可以采用改变率等方法。

制定实施计划

任务之八：开发实施计划

此时，新成立的小组通常由子团队的领导人组成，正式决定挑战性目标值并制定实施计划。实施计划应包括如何把指标与数据库和信息系统相连结，如何向企业传达平衡计分卡，如何鼓励、协助分权单元开发下层的衡量指标。完成这个阶段的工作之后，就可以开发一个能把业务单元的上层衡量指标与工厂车间的具体运营性指标连结起来的全新的执行信息系统。

任务之九：第三阶段执行研讨会

高级管理层的第三次会议，针对前两次研讨会拟定的愿景、目标和指标，取得最后的共识，并核准实施小组建议的挑战性目标值。执行研讨会也确立实现这些目标值的初步行动方案。该过程的结果就是使该业务单元的各种改革计划同平衡计分卡的目标、指标和目标值相一致。研讨会结束时，管理团队应就制定一个向企业员工传达平衡计分卡的实施计划，并把平衡计分卡整合到管理理念中，同时开发一个支持平衡计分卡的信息系统。

任务之十：完成实施计划

如果希望平衡计分卡创造价值，就必须把它融入企业的管理体系中。我们建议管理者应该在 60 天内实行平衡计分卡。很显然，应该制定一个阶段性实施计划，但是应该使用能督促管理议程符合平衡计分卡优先任务的“目前最好”的信息。最后，管理信息系统将会赶上平衡计分卡流程的进度。

实施时间表

典型的平衡计分卡从制定到实施可持续 16 周时间（见图 A－2 的时间表）。当然，这 16 周时间并非都用在平衡计分卡活动中。日常安排取决于高级管理层何时有空进行座谈、出席研讨会和子团队的会议。如果人人有空，随时可以参加，时间表就可以缩短一些，但这常常是不可能的。用 16 周时间完成这个方案有一个好处，即高层管理者在座谈、执行会议和在团队会议之间的空当，可以充分考虑并反省逐步形成的平衡计分卡结构、战略、信息系统和最重要的管理流程。

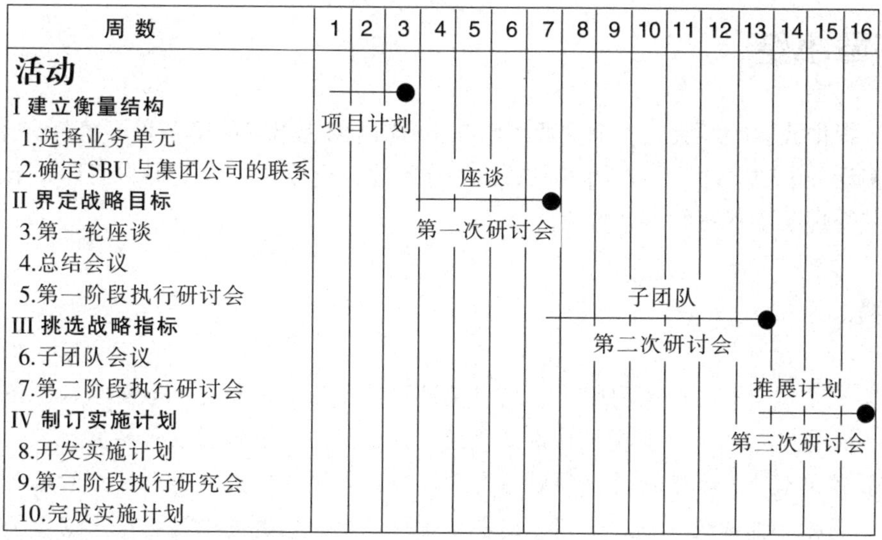

图 A－2　典型的平衡计分卡项目时间表

设计师（和顾问）在这个时间表上的上半部分任务很重，直到第六周末举行第一次执行会议为止。在时间表的下半部分，设计师的客户——管理团队应对平衡计分卡的设计承担更多的责任。随后，设计师的作用转为行政和协助，帮助安排和主持子团队会议。管理团队对子团队会议和以后的执行会议承担的责任越多，平衡计分卡方案最终以新的方式来管理企业的可能性就越大。

这个时间表假定，业务单元已经计划好它的战略，而且已有现成的市场和客户研究，可以决定细分市场及向细分市场提供价值主张。如果业务单元必须进行战略性分析才能做出有关市场、产品和技术战略的基本抉择，或必须进行更详细的市场研究，那么，该时间表则应根据完成这些任务所需的时间进行顺延。

当方案全部结束时，业务单元的高层及中级管理者，应该对把企业战略变为四个层面的具体目标和指标有一个明确的认识并达成共识；对实施平衡计分卡的推进计划达成一致，计划中或许应该包括为收集和报道平衡计分卡资料的新的系统和责任；同时，在平衡计分卡作为企业管理系统核心之后，高层及中层管理者还应该对管理流程的变化有一个更为广泛的了解。

本章小结

根据我们的经验，一个企业可以在16周内创造出它的第一份平衡计分卡。平衡计分卡建立之后，正如本书第二部分所述，企业便进入了把平衡计分卡作为其管理系统基石的实施阶段。

注释：

〔1〕这个职位的称呼差别较大，我们见过的有质量改进和生产率副总裁、持续改进副总裁、企业流程再造（重组）副总裁和流程改进副总裁等。

〔2〕简单而言，我们所见过的财务主管可以分为两类。第一类财务主管认为自己是企业的催化剂，他们知道在竞争环境中，仅用关心过去结果的财务指标来指导企业发展的局限性。因此他们希望财务部门利用自己在数据收集、信息系统、衡量和审计方面的能力，开发并运作新的衡量、沟通和控制系统。这种财务主管的确是可能成为平衡计分卡的设计师，并将成为平衡计分卡流程开发的主人。但是，第二类财务主管却极端保护目前的财务数字的客观性、可审计性和公正性，他们认为在财务部门的责任中增加一些软性的、主观的和难以审计的数字，将会冲淡它的基本使命，将会破坏他根据已建立数十年的高质量标准来衡量和控制财务数字的能力。第二类财务主管，通常具有会计和审计背景，他们不会是平衡计分卡方案设计师的最佳人选，将来也不会把平衡计分卡作为核心管理系统。

〔3〕为了了解战略业务单元的财务目标，设计师应该与CFO（chief financial offiver）进行座谈，或者与CEO（chief executive officer）和COO（chief operating officer）二者之一进行座谈。

词汇表

ABC systems，ABC 系统。见 Activity-based cost systems
Accounting model，会计模式。见 Financial measures
Activity-based cost（ABC）systems，作业成本系统
Advanced Micro Devices（AMD），AMD 公司
Alliances，联盟
AMD，见 Advanced Micro Devices
American Institute of Certified Pubic Accountants，美国注册会计师协会
Analog Devices，模拟设备公司
Anecdotal reporting，轶闻报告
Architect of scorecard，平衡计分卡构造
Asset utilization，资产利用率
Balanced Scorecard（BSC）framework，平衡计分卡框架
Baldrige Award，鲍德里奇国家质量奖
Benchmarking，标杆
Board of directors，董事会
Brand image，品牌形象
Break-even time（BET），收支平衡时间
Brown & Root Energy Services，布朗陆特能源服务公司
Budgeting process，预算流程
Business Intelligence，商务智能
Business units，业务单元
Canon，佳能公司
Capital management，资本管理
Cascading，向下层层分解

Cash-to-cash cycle，现金周转期
Cause-and-effect relationships，因果关系
Change agent，改革者
Channel mix，渠道组合
Charlotte，North Carolina，city scorecard，夏洛特，北卡罗莱纳州，城市计分卡
Chem-Pro，化宝公司
Chief executive officer（CEO），首席执行官
Chief financial officer（CEO），首席财富官
City government，市政府
Collection process，收集流程
Communication of objectives to board of directors，把目标传达给董事会
Competition，in industrial versus information age，竞争，在工业与信息时代
Consensus，共识
Consumer loyalty，客户忠诚度
Continuous improvement，持续改进
Continuous learning，持续学习
Corporate investment，集团公司级投资
Corporate scorecard，集团公司级平衡计分卡
Correlation analysis，相关分析
Cost，成本
Cost reduction，降低成本
Cross-business initiatives，跨业务单元行动方案
Cross-functions，跨职能
Customer acquisition，客户获得率
Customer perspective，客户层面
Customer profitability，客户获利率
Customer relationship，客户关系
Customer retention，客户保持率
Customer satisfaction，客户满意度
Customers，客户
Cycle time，周转期
Decentralization，分权
Direct sales，直接销售

Double-loop learning，双循环学习
Echo Engineering，回声工程公司
Economic value-added（EVA），经济增加值
EDI，见 Electronic data interchange
Education programs，教育计划
Electronic bulletin boards，电子公告栏
Electronic data interchange，电子数据交换
Employees，员工。
Exit stage business units，退出阶段业务单位
Feedback，反馈
Financial measures，财务指标
Financial perspective，财务层面
First-pass yields，首次通过率
FMC Corporation，FMC 公司
Ford，福特公司
Gain-sharing plans，利润分享计划
Global markets，全球市场
Goal-setting programs，目标设定计划
Government agencies，政府机构
Growth stage business units，成长阶段业务单位
Half-life metric，半程量尺
Harvard Business School Council on Competitiveness，哈佛商学院竞争力委员会
Harvest stage business units，成熟阶段业务单位
Hertz，赫兹公司
Hewlett-Packard，惠普公司
HI-Tek，HI-Tek 公司
Honda，本田汽车
Human resources，人力资源
Image，形象
Improve programs，改进计划
Incentive system，激励系统
Indirect sales，间接销售
Industrial age competition，工业时代竞争

Information systems，信息系统
Info Support，信息支持
Infrastructure，基础设施
Innovation process，创新流程
Insurance industry，保险行业
Intangible assets，无形资产
Internal-business-process perspective，内部业务流程层面
Intuit，直觉
Investment decisions，投资决策
Invoicing process，开发票流程
IS. 见 Info Support
J. D. Power Company，J. D. 电力公司
Joint ventures，合资企业
"Kenyon Stores" case，"凯尼恩商店"案例
Lag indicators，滞后指标
Leadership development，领导力开发
Lead indicators，领先指标
Lead time，订货至交货的时间
Learning and growth perspective，学习与成长层面
Lines-of-business（LOBs），业务线
Linkage，连结
LOBs，见 Lines-of-business
Maintained mark-up（MMU），维持固定毛利
Management-by-objectives（MBO） programs，目标管理计划
Management gaming，管理游戏
Management systems，管理系统
Manufacturing cycle effectiveness（MCE）ratio，制造周期效率
Manufacturing organizations，制造业企业
Market development，市场开发
Market segmentation，细分市场
Market share，市场份额
Massachusetts Special Olympics（SO），马萨诸塞州残疾人奥林匹克委员会
Mass Market sales，大众市场销售

"Metro Band" case，"大都会银行" 案例
Missing measures，指标缺失
Mission statement，使命陈述书，使命宣言
Motivation，激励
Motorola，摩托罗拉
Multiple measures，多样化指标
National Electric，国家电力
"National Insurance" case，"国家保险" 案例
National Performance Review（NPR），政府业绩研究
Newsletters，简讯
Nonfinancial measures，非财务指标
Nordstrom，诺德斯罗姆公司
Not-for-profit enterprises，非营利组织
Oiltech case，石油技术公司案例
On-time delivery（OTD），按时交货
Operating companies，运营公司
Operating cycle，运营周期
Operations process，运营流程
Organizational alignment，组织协调一致，企业协调一致
Organizational change，组织变革，企业变革
Organizational learning，组织学习
Organizational unit，组织单元
Outcome measures，成果指标
"Parenting advantage"，母公司优势
Part-per-million（PPM）defect rate，每百万件产品的次品率
Peer review，同行研讨
Performance drivers，业绩动因
Performance measurement，业绩衡量指标
Performance measurement action team（PMAT），业绩衡量行动小组
"Pioneer Petroleum" case，先锋石油公司案例
Planning，计划
Postsale service process，售后服务流程
Pricing，定价

Process cost measurement，流程成本衡量
Process time measure，流程时间衡量
Product and service mix，产品与服务组合
Product development，产品开发
Productivity，生产率
Productivity per employee measure，员工人均生产率指标
Profitability，赢利性
Quality，质量
Rate-of-change metrics，变革率指标
R&D processes，研发流程
Reengineering programs，再造计划
Reputation，名誉
Research and development（R&D），研究与开发
Reskilling，再培训
Resource allocation，资源分配
Resource-based view（RBV），资源基础的观点
Return-on-capital-employed（ROCE），资本报酬率
Revenue growth，收入增长
Revenue mix，收入组合
Revenue per employee，员工人均收入
Revenue productivity，收入生产率
Reward system，奖励制度
Risk management，风险管理
Rockwater，石水公司
Scenario analysis，情景分析
Scorecard construction，平衡计分卡构造
Scorecard implementation，平衡计分卡实施
Senior management. 高级管理层
Service organizations，服务性组织
Service profit chain，服务利润链
Shareholders，股东
Skandia，斯堪的亚

Sourcing，外包
Special Olympics（SO），残疾人奥运会
Stakeholder interests，利益相关者利益
Strategic alignment，战略协同
Strategic business units（SBUs），战略业务单元
Strategic information coverage ratio，战略信息覆盖率
Strategic initiatives，战略行动方案
Strategic job coverage ratio，战略工作胜任率
Strategic learning，战略学习
Strategic objectives，战略目标
Strategic review process，战略研讨流程
Strategy formulation and strategic issue update，战略制定和战略议题修正
Suggestions per employee，员工人均建议
Sunnyvale，California，桑尼维尔市，加利福尼亚
Supplier linkages，供应商连结
Sustain stage business units，维持阶段业务单元
Tableau de Bord（France），仪表盘
Target setting，设定目标值
Teams，团队
Telco，电信公司
Time，周期
Time-to-market，上市时间
Total quality management（TQM）programs，全面质量管理计划
Toyota，丰田
"Trailway to Trolls" index，逐客令指数
Underwriting Performance Model，承保业绩模型
Unit costs，单位成本
U. S. Department of Transportation，美国交通部
U. S. Government Procurement Executive Association，联邦政府采购主管协会
Value-added per employee，员工人均增加值
Value-chain model，价值链模式

Value creation, short versus long wave of, 价值创造，短波与长波
Value propositions, 价值主张
Vision, 愿景
Xerox, 施乐公司

译者小传

刘俊勇，男，1970 年生于河南省新乡市。2002 年于中国人民大学获管理学硕士学位，现为中国人民大学商学院博士研究生。研究方向为公司财务管理、管理会计。参加国家自然科学基金项目《企业业绩评价与激励研究》等多项课题研究。编著《企业业绩评价》等著作 6 部，先后在《管理世界》、《外国经济与管理》、《国际财务与会计》等杂志发表论文 20 余篇。主持多项企业管理咨询项目。

孙薇，女，1969 年生于河南省邓州市。河南财经学院财政金融系讲师，2002 年于复旦大学获经济学硕士学位，现为中国人民大学商学院博士研究生。研究方向为产业经济、国际投资。参加国家自然科学基金项目《企业业绩评价与激励研究》等多项课题研究，主持的课题《基于战略管理的商业银行业绩评价体系重构研究》获河南省科学技术进步奖三等奖。编著《企业业绩评价》等著作，先后在《金融论坛》、《经济经纬》、《外国经济与管理》等杂志发表论文 10 余篇。